不确定信息表示与融合技术

王晓丹　宋亚飞　史朝辉　编著

科 学 出 版 社

北　京

内 容 简 介

本书介绍不确定信息表示与融合的基本理论与若干技术，主要内容包括绪论、模糊集理论基础、直觉模糊集理论基础、证据理论、基于直觉模糊集的不确定信息描述、冲突证据的加权平均组合方法、基于可靠性评估的证据组合方法、区间不确定信息融合方法、时域不确定信息融合方法。整体内容力求系统性和实用性，部分内容体现了当前该领域的最新研究成果。

本书可供信息处理与融合、决策科学等专业高年级本科生、研究生及教师学习和参考，也可供理工类、经管类等相关领域的科研人员参考使用。

图书在版编目(CIP)数据

不确定信息表示与融合技术/王晓丹，宋亚飞，史朝辉编著. —北京：科学出版社，2018. 1

ISBN 978-7-03-055231-0

Ⅰ. ①不… Ⅱ. ①王… ②宋… ③史… Ⅲ. ①信息处理–研究 ②信息融合–研究 Ⅳ. ①G202

中国版本图书馆 CIP 数据核字 (2017) 第 274144 号

责任编辑：杨 丹 赵鹏利／责任校对：郭瑞芝
责任印制：张 伟／封面设计：陈 敬

科学出版社出版
北京东黄城根北街 16 号
邮政编码：100717
http://www.sciencep.com
北京凌奇印刷有限责任公司印刷
科学出版社发行 各地新华书店经销
*
2018 年 1 月第 一 版 开本：720 × 1000 B5
2021 年 3 月第五次印刷 印张：13 3/4
字数：277 000

定价：98.00元

(如有印装质量问题，我社负责调换)

前　言

随着科学技术的发展，信息在人们生活中越来越重要，人们对信息概念的理解也不断加深。不确定性是信息的固有属性。通过融合的手段在不同信息层次上将关系复杂的多源信息去伪、合并和重构，进而得到更加准确、完备的信息，减小观测事物的不确定性，这种信息处理方法就是多传感器信息融合。随着研究的深入，信息融合已发展成为与计算机科学、现代信息处理技术、信号处理、自动控制理论、概率统计及人工智能等多学科密切关联的前沿学科。

虽然证据理论、贝叶斯理论、模糊集理论、可能性理论、粗糙集、随机集等理论的发展不断丰富了不确定信息的表示、处理、融合方法，但由于单一方法的局限性，信息融合中新问题的解决将越来越依赖于多种理论、方法的结合。从对不确定信息处理方法进行的对比性分析结果中可知，证据理论和模糊集理论相结合基本上可以处理所有不确定信息。直觉模糊集作为模糊集的一种推广形式，在不确定信息的表达和处理方面比模糊集更具优势，且具有很好的结合性，因此证据理论和直觉模糊集相结合将更有利于不确定信息的处理和融合，可以为决策层融合提供新的不确定信息表示、处理及融合方法，具有重要的理论意义和应用价值。

本书包含了作者近年的研究工作成果，如针对冲突证据的组合、证据可靠性评估、区间不确定信息融合及时域不确定信息融合等问题。本书以决策层目标融合识别为背景，提出了相应解决方案和方法。

本书的部分内容借鉴引用了国内外专家和学者的最新研究成果，同时本书的出版得到了作者所在单位空军工程大学防空反导学院领导和同事、科学出版社相关领导和责任编辑的关心与支持，在此一并向他们致以崇高的敬意和诚挚的谢意。

感谢国家自然科学基金项目 (61273275、60975026、61573375) 对本书出版的资助支持。

限于作者水平，书中难免存在疏漏和不妥之处，恳请广大读者批评指正，邮件可发送至 afeu_w@163.com 或 afeu_wang@163.com。

作　者

2017 年 8 月

目　　录

第 1 章　绪　　论

1.1　信息与信息融合

1948 年，Shannon 在《通信的数学理论》一书中，从信源角度给出了信息的定义：信息是对事物运动状态或存在方式的不确定性描述。1964 年，控制论的创始人维纳将信息定义为人们在对客观世界的适应过程中与其交换的内容。

在过去的半个多世纪里，信息科学不断发展完善，信息的范畴也不断拓宽，同时，信息的定义也更加具体。Losee[1] 将其定义为过程或函数赋予特征或变量的数值，认为在返回值中蕴含着相关的信息。事物本身固有的信息称为原始信息。为了理解事物的本原，人们必须对事物进行观测，通过观测得到的信息称为观测信息。观测信息在一定程度上反映了事物的原始信息，人们对事物的认识就是建立在事物观测信息的基础上。

但是，事物本身构造和运动规律的不同、观测者的观测能力受限、信息在传播中可能会受到干扰等因素，都会导致观测信息与原始信息之间存在偏差。因此，观测信息有时并不能准确地反映事物的本原，不确定性 (uncertainty) 是事物的固有属性[2]。

为了降低事物的不确定性，人们通常会花大量的时间用于信息的收集。对事物不同来源的观测信息可以以文字、符号、语音、图像等形式存在，它们之间具有独立、竞争、互补、合作等关系。通过融合的手段可在不同信息层次上将关系复杂的多源信息去伪、合并和重构，进而得到更加准确、完备的信息，减小观测事物的不确定性，这种信息处理方法便是多传感器信息融合。

多传感器信息融合通常可简称为数据融合或信息融合，就是通过适当的融合策略或算法，实现具有相关性和互补性的多源信息的有效综合与利用，以期得到一个比单一来源信息更准确、更可靠的结果。多源信息的互补集成可以用于不确定性环境中的辅助决策，其中也包含对自然界中人和动物事物认知机理的探索[3]。

信息融合最早应用于指挥自动化系统中，在信息融合中，多源信息是被加工的对象，协调优化和综合处理是核心。多源信息是对被观测系统各种属性或特征、背景或环境信息给出的定量表示或定性描述。环境的复杂性、传感器或观测者本身的局限性、信息获取技术或方法的不完善等，通常会引起这些信息表现出不确定、不精确、不完全等特征。从军事意义上来说，信息融合技术涉及对多源数据和信息的联合 (association)、相关 (correlation) 以及合并 (combination) 等处理过程，其目的是获得多源信息的统一表现形式，进而对目标的位置、状态、身份等信息进行精确估计，最终实现对战场态势和威胁的综合评估。

信息融合技术在军事系统中被广泛应用，这主要是由于：通过信息融合，各种传感器可以实现性能上的互补，综合来自不同类型传感器的信息可以获得更为可靠准确的信息，提升系统的稳定性，增强其可靠性和抗干扰能力，扩展系统在时空域的覆盖范围，提高系统对空间目标的分辨力，从而对复杂环境中的目标信息进行更加精确的估计。

信息融合是一个比较复杂的系统概念，很难给出一个统一、全面而又准确的定义。

美国国防部三军实验室理事联席会 (Joint Directors of Laboratories，JDL) 从军事应用角度对信息融合进行了定义，即信息融合是将来自多传感器和信息源的数据与信息加以联合、相关和组合，以获得精确的位置估计和身份估计，以及对战场情况和威胁及其重要程度进行适时完整评价的过程[4]。

Waltz 等 [5] 对 JDL 给出的定义进行了修订，用状态估计代替了位置估计，认为信息融合是一种多层次、多方面的处理过程，该过程对多源信息进行检测、结合、相关、估计和组合，以得到精确的状态估计和身份估计，以及完整及时的态势评估和威胁评估。

Hall 等[6] 提出，信息融合是将来自多个同类或异类传感器的信息进行相关处理，并通过对处理后的信息进行融合，以获取比任意单一传感器更加准确信息的方式。

从信息融合的目的出发，可以认为它是对自动或半自动信息处理方法的研究，这些方法可将不同信源和不同要点的信息转换为统一的表示形式，并对它们进行实时的综合处理[7]。

随着信息融合技术在非军事领域的研究和推广，融合的对象也从传感器数据发展为与观测对象相关的全部信息。信息融合一般可定义为[8]：通过计算机技术，按时间序列对若干传感器 (包括硬传感器和软传感器) 获得的观测信息依据一定准则进行自动分析和优化综合，为决策和估计任务提供依据的信息处理过程。

随着对信息融合技术研究的深入，信息融合已发展成为与计算机科学、现代信息处理技术、信号处理、自动控制理论、概率统计及人工智能等多学科密切关联的前沿学科。

1.2 信息融合模型

信息融合模型是信息融合系统搭建、开发、维护、推广、分析等工作的基础，关于信息融合模型的研究一般是针对特定应用领域，根据分析角度的不同，可以将信息融合模型分为结构模型和功能模型[9]。

1. 结构模型

信息融合的结构模型主要研究信息融合系统的内部结构、模块接口、控制与数据流、人机交互等内容，不同的抽象层次对应不同的结构模型。

构建一个信息融合系统，首先必须考虑信息融合的体系结构设计，任何一个信息融合系统都需要考虑以下三个问题：

(1) 在融合系统中选择何种传感器、传感器采用的组合形式，系统输入–输出形式的设定。

(2) 对需要处理的信息结构和形式进行剔选，确保通过融合系统后信息的准确度有所提高。

(3) 对融合系统进行合理的设计，降低系统计算量，提高系统的运算速度和反应时间。

检测级、位置级、属性级结构模型是最常见的信息融合结构模型。检测级结构模型是信息融合系统中最基础的融合结构模型，主要分为并行结构、分散结构、串行结构和树状结构等。位置级结构模型主要分为集中式结构、分布式结构和混合式结构等。属性级结构模型应用较为广泛，例如，军事领域中的目标识别，利用多传感器信息融合技术对目标进行分类识别，就是将关于目标属性的多传感器观测数据通过融合识别算法进行融合和综合分类，从而获得比任何单一传感器更准确的目标属性估计和判决。

根据各传感器输出信息抽象层次的不同，可以将属性级结构模型划分为三个层次[3]：数据层融合 (融合在特征提取之前进行)、特征层融合 (融合在特征提取之后进行) 和决策层融合 (融合在各传感器给出独立属性判决之后进行)。

1) 数据层融合

数据层融合结构如图 1.1 所示，在这种融合结构中，首先对从各传感器获取的观测数据进行关联和配准，然后进行融合，再对融合后的数据进行特征提取和属性判决等后续处理。数据层融合是最低层次的融合，能够提供较多的细节信息，信息损失最少。通常，数据层融合要求多源数据来自于同类型即同质传感器 (如若干个红外) 或是相同量级的传感器 (如红外和可见光图像传感器)，并且存在对系统的数据处理能力和通信带宽等资源的要求较高、容易受环境因素的影响、对参与融合的数据的配准关系要求较苛刻等局限性。

2) 特征层融合

特征层融合结构如图 1.2 所示。特征层融合先从各传感器单独观测数据中提取出具有代表性的特征 (如目标的雷达散射截面积 (RCS)、速度、方向等)，再将提取出的特征信息进行相应的融合处理。为保证参与特征融合的特征矢量源于同一目标，融合中心先对各特征矢量进行关联处理，再对特征进行融合，最后基于融合结果进行后续处理。特征层融合属于中间层次的融合，可以允许参与融合的各传感器是异质传感器，具有较强的灵活性，因此应用范围较广泛。特征层融合对系统的数据处理和通信能力要求相对较低，但是融合的精度也因为信息损失有所下降。

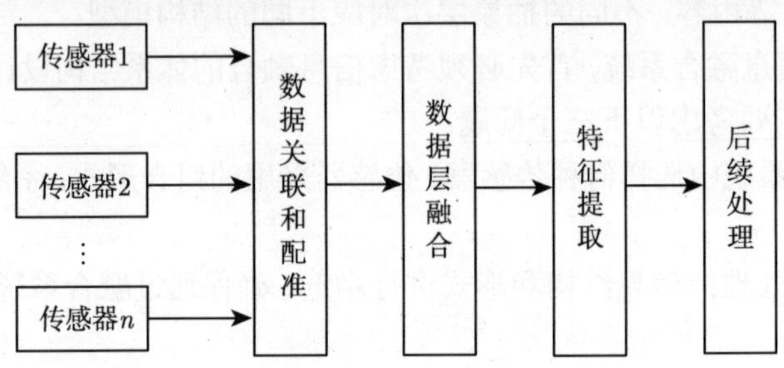

图 1.1　数据层融合结构

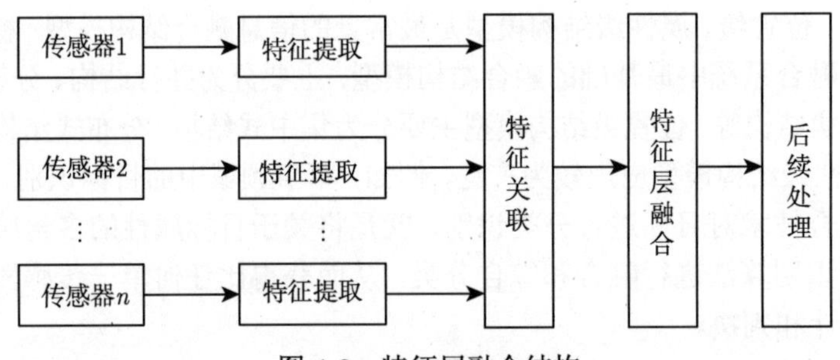

图 1.2　特征层融合结构

3) 决策层融合

决策层融合结构如图 1.3 所示。在决策层融合中，首先分别对由各同类或异类传感器获得的观测数据进行预处理、特征提取和判决，即先根据每个数据源各自的数据做出初步决策，然后融合中心对各决策结果进行融合，最后得出决策结果。同样，为保证参与决策融合的各数据源的决策结果源于同一目标，在融合中心进行决策融合之前，需要对各决策结果进行关联处理。决策层融合是最高层次的融合，参与决策融合的传感器可以是同质或异质的，在信息处理方面具有较高的灵活性，具有对通信带宽的要求较低、抗干扰能力强、对传感器依赖程度低等特点，但也存在信息损失大、精度低等问题。决策层融合是所有融合过程中最重要的环节，也是国内外学者研究的重点。

通常情况下，处理越靠近信源的数据，获得的精度越高。因此，在上述三种结构中，数据层融合的处理精度要高于特征层融合的处理精度，特征层融合的处理精度要高于决策层融合的处理精度。此外，融合结构的选择与所利用的传感器的类型、传感器所进行的预处理及系统的实现都有关系。

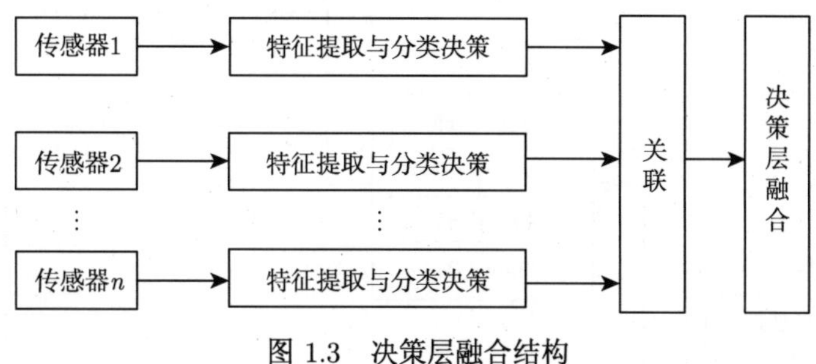

图 1.3 决策层融合结构

2. 功能模型

信息融合的功能模型从功能角度对信息融合系统进行了模块划分，经典的信息融合功能模型有 OODA 模型[10]、瀑布模型[11]、Omnibus 模型[12]、JDL 模型[3]等，其中 JDL 模型最受关注。

1) OODA 模型

OODA 模型结构如图 1.4 所示，它由观测 (observe)、定向 (orient)、决策 (decide) 和行动 (act) 四部分构成，通常被称为 OODA 环。Boyd 建立 OODA 环的主要目的是分析战斗机飞行员的获胜因素，其认为战斗中获胜的飞行员拥有最快的 OODA 环。

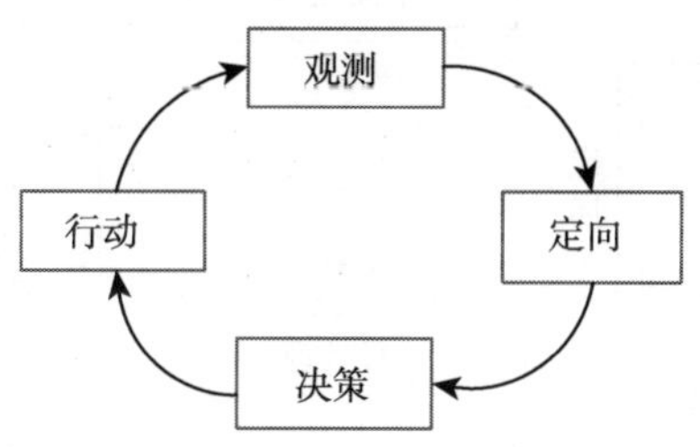

图 1.4 OODA 模型结构

2) 瀑布模型

瀑布模型由三个层次构成，如图 1.5 所示。Level 1 是数据层，完成传感器数据收集和预处理，提供目标的相关信息; Level 2 是特征层，主要进行特征提取、模式处理和特征融合; Level 3 是决策层，主要对目标的状态进行解释并完成决策。另外，为得到更好的决策，在决策输出与传感器系统之间一般存在一条反馈控制回路，提供对系统重新配置的功能。

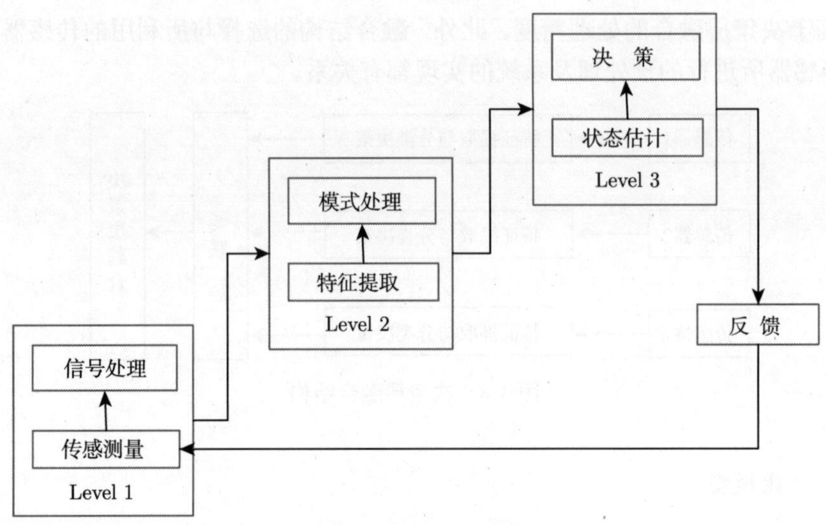

图 1.5　瀑布模型结构

3) Omnibus 模型

Omnibus 模型综合了 OODA 模型和瀑布模型的优点，结构如图 1.6 所示。Omnibus 模型使用了瀑布模型中的基本处理过程，并加强了循环反馈功能。

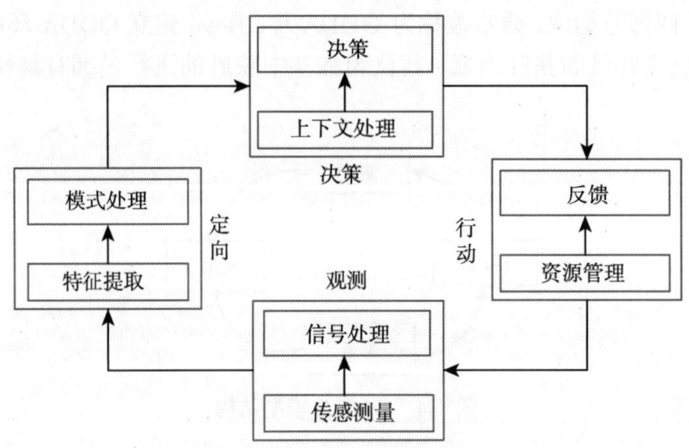

图 1.6　Omnibus 模型结构

4) JDL 模型

JDL 模型最早提出时是为了促进信息融合系统理论的研究人员、设计人员、使用人员之间更好地沟通交流。JDL 模型描述信息融合，将信息融合过程分为数据预处理、目标评估、态势估计、威胁估计、过程评估和认知优化几个部分。

随着信息融合应用的不断广泛和深入，JDL 模型应用范围不断拓展，文献 [13]

和文献 [14] 对 JDL 模型进行了不断的改进与扩展，扩展后的 JDL 模型结构如图 1.7 所示。

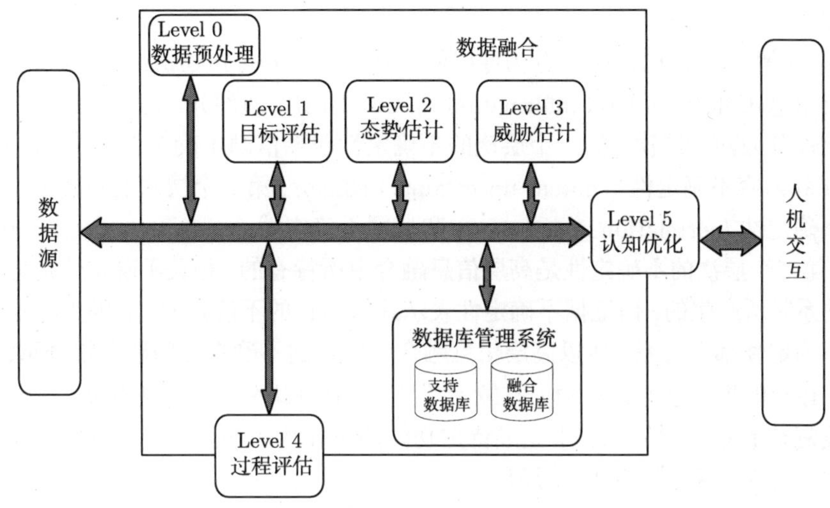

图 1.7 JDL 模型结构

JDL 模型在融合前首先对来自各数据源的数据进行预处理，然后基于各阶段所处理信息的抽象程度以及面向任务的不同完成各级信息融合。一级融合 (Level 1) 主要是基于目标属性特征进行目标识别; 二级融合 (Level 2) 是基于目标信息进行态势评估; 三级融合 (Level 3) 是在态势综合评估的基础上进行威胁分析; 四级融合 (Level 4) 主要针对融合过程进行优化; 五级融合 (Level 5) 是以自适应为目标的认知优化。在该模型中还包括其他辅助功能，如数据库管理、人机交互等。JDL 模型中各部分的具体功能如下。

(1)数据预处理 (data preprocessing)：对传感器提供的数据进行预处理，如图像处理、信号处理、数据矫正、数据滤波等。

(2)目标评估 (object assessment)：主要对不同传感器提供的数据进行抽取和合成，完成对实体速度、加速度、运动方向、位置等属性的估计或预测，以实现对目标身份的估计。

(3)态势估计 (situation assessment)：使用自动推理、人工智能相关方法描述实体或目标之间的关系，或它们与环境之间的关系。

(4)威胁估计 (threat assessment)：对当前所处环境中的威胁因素进行预测，并对采取某种行动的风险和效果进行预测。

(5)过程评估 (process assessment)：通过建立指标体系，根据特定任务目标对融合过程进行综合评价，指导融合过程的自适应调整和资源的优化配置，提高融合系统的性能。

(6) 认知优化 (cognitive optimization)：主要关注融合系统与用户之间的交互，通过改善融合结果的表现方式将融合后的关键信息提供给用户，从而改善决策形成过程。

Waltz等[5] 将 JDL 模型划分为低层信息融合(low-level information fusion，LLIF)和高层信息融合 (high-level information fusion，HLIF) 两部分。高层信息融合中的不确定性分为两个层次：第一个层次的不确定性包括信源不确定性 (source uncertainty) 和内容不确定性 (content uncertainty) 两部分; 第二个层次的不确定性包括相关不确定性 (correlation uncertainty) 和证据不确定性 (evidential uncertainty) 两部分。第二个层次的不确定性是高层信息融合中所特有的，相关不确定性是分析事物间关系时所产生的，而证据不确定性表示最终结论的不确定性，它的大小与其他三种不确定性都有关系。所以高层信息融合中信息的不确定性问题非常严重。

上述功能模型虽然在结构上有较大差异，但是分块分层的思想基本一致，都是将比较复杂的系统划分成若干完成特定功能的子模块。不同功能模型的模块间具有一定的对应关系，如表 1.1 所示。

表 1.1 信息融合不同功能模型模块间的对应关系 [15]

项目	OODA 模型	瀑布模型	Omnibus 模型	JDL 模型
行动	行动	—	—	—
决策	决策	决策	决策	Level 4
威胁估计	定向	—	—	Level 3
状态估计	定向	状态估计	上下文处理	Level 2
信息处理	定向	模式处理 特征提取	模式处理 特征提取	Level 1
信号处理	观测	信号处理	信号处理	Level 0
传感测量	观测	传感测量	传感测量	—

1.3 信息融合的应用及发展

1959 年，苏联数学家 Kolmogorov 首次提出信息集成定理，即任意系统中由单维信息集成的多维信息的信息量大于任意单维信息的信息量。20 世纪 60 年代，Richardson 在对比研究系统增加传感器与不增加传感器两种情况下的性能时发现，系统性能不会随传感器的增加而降低，这从理论上为信息集成定理提供了正面支撑。

国外对信息融合技术的应用可追溯到 1973 年美国开展的多声呐信号融合潜艇探测系统，随后开发的战场管理与目标检测 (BETA) 系统进一步展示了信息融合技术的魅力。信息融合技术在一些实际军事系统中的成功应用，使其受到军事专家的青睐，军事领域的应用需求也一直是信息融合技术发展的主要动力。

从 20 世纪 80 年代开始，信息融合技术的飞速发展催生了以信息融合为中心的新型 C4ISR 工作方式，并产生了战术指挥控制 (TCAC)、海军战争状态分析显示 (TOD)、自动多传感器部队识别 (AMSUI) 等第一代信息融合系统。到 80 年代末期，美军已将大约 50 个具备信息融合能力的功能部件配置到了军用电子信息系统中。

从 20 世纪 90 年代开始，美国、英国等国家陆续研发了全源分析系统 (ASAS)、海军指挥控制系统 (NCCS)、敌方态势估计系统 (ENSCE)、炮兵信息融合系统 (AIDD)、舰载多传感器信息融合系统 (ZKBS) 等第二代信息融合系统。之后，美国开始研制第三代信息融合系统，并于 2001 年将协同空战中心第 10 单元 (TST) 配置到了沙特美军基地。同年，雷声公司的协同作战能力 (CEC) 系统也开始逐步装备美国海军舰队，较大程度提升了美国海军的态势感知能力。随着多源图像情报处理技术的日臻成熟，2008 年美国发起了 "Shadow Harvest" 计划，将雷达、光电和红外图像融合处理系统装配在了 C-130H 运输机上，并于 2010 年部署到了阿富汗。FLIR 公司的 StarSafire HD 也具备了将红外、彩色光电图像实时融合的能力。此外，英国、法国、瑞士等国家都在大力发展多源图像融合装备。

由于信息融合技术在军事应用领域表现出了巨大效能，美国把信息融合作为 GIG、CEC、C4ISR、C4KISR 和弹道导弹防御系统中的关键支撑技术，并开始研发可综合处理信号情报、图像情报、通信情报、地理空间情报、人工情报、公开情报等的新型信息融合系统[16]，诺斯罗普 · 格鲁曼公司甚至评价传感器信息融合技术是传感器技术应用的 "圣杯"[3]。

经过几十年的研究，国外在信息融合技术研究方面取得了显著的成果，涌现出了一批有代表性的优秀学术著作，如 Waltz 和 Llinas 撰写的*Multisensor Data Fusion*(《多传感器数据融合》)[5]、Hall 和 Llinas 合作编著的*Handbook of Multisensor Data Fusion*(《多传感器数据融合手册》)[6]、Hall 和 McMullen 合著的*Mathematical Techniques in Multi-sensor Data Fusion*(《多传感器数据融合中的数学方法》)[14]、Bosse 等撰写的*Concepts, Models, and Tools for Information Fusion*(《信息融合概念、模型及方法》)[17] 等，都为信息融合技术的发展提供了有力的理论指导。

从 20 世纪 80 年代末开始，信息融合理论及应用受到国内研究者的广泛重视，在各个应用领域产生了大量有影响力的成果，韩崇昭等编著的《多源信息融合》[3]、何友等编著的《多传感器信息融合及应用》[16] 和《信息融合理论及应用》[18]、杨万海编著的《多传感器数据融合及其应用》[19] 等，已经成为信息融合领域有代表性的著作。

为了促进世界各国信息融合领域研究者间的沟通和交流，1998 年由 NASA 艾姆斯研究中心和美国陆军研究部联合 IEEE 信号处理学会、IEEE 控制系统学会、IEEE 宇航和电子系统学会共同成立国际信息融合学会 (International Society of Information Fusion，ISIF)，之后，每年召开一次信息融合国际会议。为使全球信息融合领域的学者都能在第一时间获悉本领域的最新动态，国际信息融合学会于 2000 年创办了会刊*Information Fusion*，人们对信息融合技术的关注上升到了一个新的高度。

经过几十年的发展，随着对信息融合技术研究的深入和应用领域的不断拓展，信息融合技术已经成为多个领域的共性基础技术，在目标检测与跟踪、图像融合、目标识别、态势评估、威胁估计、传感器资源管理等方面取得了显著的成果。

各领域的应用特别是军事领域的应用一直是信息融合技术发展最直接的动力。近年来对应用中出现的问题以及对信息融合理论和基本方法的研究结果[20] 表明：不确定性给当今信息融合技术的发展带来了严峻挑战。针对信息的不确定性描述和处理这一信息融合系统面临的最大问题，研究者开展了大量的研究，概率论等描述不确定性信息的数学方法受到了重视。虽然概率论是描述不确定性信息的有效方法，但是它存在高复杂度、不一致性、信息表达能力弱等问题。模糊集理论、证据理论、可能性理论、粗糙集理论等方法的出现较好地弥补了概率论存在的缺陷，逐渐受到广泛关注，并发展成为描述和处理不确定性信息的有效方法。

1.4 不确定信息处理方法及发展

不确定性信息表示方法主要包括定性符号方法 (qualitative and symbolic measure，QSM)、定量方法 (quantitative measure，QM)、混合方法 (hybrid measure，HM) 三类[21]。其中，定性符号方法在基于知识的表示和推理方面存在优势，但是在知识的合成、分析等过程方面实现起来较困难，而且在计算机自动处理方面也有一定难度，因此定性符号方法在信息融合、决策分析等方面并不具有优势。相比之下，定量方法在不确定信息的表示、处理、融合等方面具有更广泛的应用。

1.4.1 不确定信息处理方法综述

19 世纪末，德国数学家 Cantor 创立了经典集合论。经典集合可以精确描述 “非此即彼” 的现象，在此基础上建立的概率论为不确定事件的表示和推理提供了有效的方法，但是，经典集合与概率论无法表示如 “年轻”“年老” 等外延不清的模糊概念。1904 年，德国数学家 Frege 指出这种含糊性源于边界区域的不精确，论域上可以存在一些既不属于某个子集，也不属于它的补集的对象。1965 年，美国加州大学的 Zadeh 教授正式创立了模糊集理论[22]。他将经典集合中元素与论域中的集合之间属于或不属于的关系进行了推广，认为一个集合可以有不完全属于它的元素，即存在部分属于的情况。同样，一个命题也可能部分为真部分为假、亦真亦假。

显然，模糊集的思想与人类自然思维更接近，在模糊集理论中，元素与集合之间的关系用隶属度函数来表示，用隶属度函数来表示模糊性是数学表示方法上的一大进步，实现了不确定信息的数学表示。

然而，在实际问题求解中，隶属度函数往往需要依据专家知识和主观经验确定，隶属度函数的获取方式不够客观，且本身就具有一定的不确定性，同时，模糊集中只通过隶属度函数对不确定性进行描述还不够细腻。为了对不确定性进行精确刻画，1986 年保加利亚学者 Atanassov[23] 提出了直觉模糊集的概念，在隶属度函数的基础上又引入了非隶属度函数，可以更加细腻地描述客观对象的不确定性本质，在不确定信息的表示、量化及不确定决策方面得到了成功的应用。

1982 年，波兰科学家 Pawlak 在 Frege 边界思想的基础上提出了粗糙集理论，将无法确认的个体全部归结到上、下近似集之差的边界区域，并通过等价关系给出了确定的数学表示，较好地描述了 Frege 的边界区域思想。粗糙集理论认为集合边界区域的存在是导致概念存在不确定性的主要原因，集合的边界区域越大，其不确定性程度就越大，反之不确定性程度越小[24]。粗糙集利用已知的知识库，将知识理解为对数据的划分，构成划分的每一个集合就是基本概念，用已知知识库中的知识来近似地表示不确定的知识。粗糙集理论与模糊集理论的最显著区别在于它最大限度地克服了模糊集理论中隶属度函数的主观性，从而受到人们的广泛关注。然而，在许多实际问题中，缺乏可以有效利用的等价关系，这在一定程度上制约了粗糙集理论的应用和发展。

在集合论基础上建立的概率论是最早用于不确定信息处理的数学工具，在相当长的一段历史时期内，也是不确定信息处理唯一可用的数学工具[25]。在概率论中，随机变量之间的关系通过联合概率分布来描述，具有坚实的数学基础，在不确定信息处理方面具有明显优势。基于条件概率的贝叶斯推理可以基于先验概率、条件概率等信息得到可信的结果，因此，贝叶斯推理在实际问题中的应用非常广泛。

然而，贝叶斯推理存在的问题和缺点包括：①对非精确的情况无法处理[26]；②在一些情况下，随机变量的条件概率和先验概率不容易得到[27]；③鲁棒性较差[28]。虽然通过一些方法可以对上述缺点加以弥补，如将先验概率分布近似为主观概率分布、试验概率分布等[29]，但是这些近似方法并不能从根本上解决问题，而且对概率分布进行近似处理将会引入更多的不确定问题。

证据理论是贝叶斯理论的扩展，证据理论的基本思想源于 Dempster 对概率推理方法的理解和改进，后经 Shafer 进一步将该思想系统化、理论化，最终发展成为一种重要的不确定性信息处理理论[30,31]，证据理论又称为 Dempster-Shafer 证据理论，或 D-S 理论 (Dempster-Shafer theory，DST)。在证据理论中，使用非精确概率来描述不确定性，相对于概率论中严格的公理化体系而言，证据理论满足的公理化体系较为宽松。基于证据理论的推理不仅摆脱了对先验概率的依赖，而且对自然语言中的模糊概念也有一定的处理能力，是一种自然且有效的不确定信息处理方法，可在一定程度上弥补贝叶斯理论的不足。

在证据理论中，不确定性信息通过基本概率分配 (basic probability assignment，BPA) 函数、信任函数 (belief function，BF)、似真函数 (plausibility function，PF) 或众信度函数 (commonality function，CF) 等信任量化函数来描述，各函数均有明确的物理意义，且它们之间存在一一对应关系。证据理论中的 Dempster 组合规则为不确定信息的融合提供了方便，因此证据理论在不确定信息处理方面得到了广泛的应用。

1.4.2 证据理论研究进展

在证据理论中，信度可以分配到辨识框架的所有子集，通过 Dempster 组合规则能够对多个独立信源的证据进行合成，从而可以对不确定信息进行有效融合，因此在实际应用中表现出了良好的性质。证据理论中相关概念的物理意义及与其他不确定性理论之间的关系也引起了一些学者的兴趣。近年来，随着应用领域的不断拓展，证据理论中的一些问题逐渐凸显，引起了该领域相关研究者的重视，如证据建模问题、冲突证据组合问题、证据冲突度量问题、证据距离度量问题、BPA 概率转换问题、证据可靠性评估问题以及时域证据组合问题等，目前国内外针对证据理论的研究大都是围绕这几个问题展开。

1. 证据建模问题

不确定信息描述与 BPA 函数的获取是运用证据理论对不确定信息进行处理和融合时需要解决的首要问题，现有方法大都是结合具体应用领域基于模式识别、模糊集等理论建立模型来得到 BPA[32-37]。韩崇昭等[3] 指出 BPA 本质上是一种随机集，即集值随机变量，因此 BPA 的生成问题等价于集值随机变量的分布问题，而目前在数学领域还不能较好地对该分布问题进行建模，这也是 BPA 生成问题的难点所在。为减小信息损失，BPA 的生成越来越注重基于问题本身的内在不确定性的建模，要充分利用无法对其概率进行准确描述的不确定性，以发挥证据理论在不确定信息表示方面的优势[38]。

2. 冲突证据组合问题

冲突证据组合问题是证据理论在实际应用中遇到的最大问题，Zadeh 教授最早指出，Dempster 组合规则在处理高冲突证据时会产生错误的合成结果[39]，通过 Dempster 证据组合的特例提出了 Zadeh 悖论。此后很长时间，Dempster 组合规则的可用性饱受争议，冲突证据的处理也一直是证据理论研究的热点。国内外学者针对冲突证据的合成问题提出了许多改进方法，这些方法大致分成两大类：基于冲突再分配的合成规则修订、基于证据折扣和加权平均的数据模型修订。

修订证据组合规则主要是对 Dempster 组合规则中的归一化过程进行修正，通过一定准则将分配在空集上的基本概率质量重新分配到各焦元上，这在一定程度上解决了 Dempster 合成规则中的悖论问题[40-47]，但基于冲突重新分配的证据组合规则通常不再满足结合律，在对多个证据进行组合时将会带来较大的计算量。

Haenni 认为将 Dempster 组合规则的悖论问题完全归咎于证据组合规则中的归一化过程是不合理的[48]，应该在使用 Dempster 规则组合证据前对数据模型进行修订，即依据某种规则对参与合成的证据源进行修正。Shafer 提出的证据折扣运算[31] 和在 Murphy 方法[49] 基础上发展而来的加权平均法[50] 是广泛使用的证据修订合成方法，这些方法通常需要对证据可靠性进行评估来获取折扣因子或加权平均系数。

证据组合规则的核心在于冲突的处理[51]，从现实情况来看，高冲突的决策是有风险的，将冲突信息舍弃会带来较大的信息损失，通过归一化消除冲突又是不可行的，因此应该将冲突视为一种特殊信息，并从中提取新的知识，从而实现安全、可靠的决策[52,53]。

基于证据推理 (evidential reasoning) 的证据组合算法近年来受到普遍关注[54,55]，该算法由基于广义贝叶斯推理规则构成，充分考虑证据的权重和可靠度。当所有证据都完全可靠时，该算法退化为 Dempster 组合规则，而且满足基本合成法则、一致合成法则、完全合成法则和不完全合成法则。

对于冲突证据组合问题，从目前发展情况来看，任何一种证据组合方法都有其局限性，证据组合方法正向着智能推理[55]、自适应合成[56-58] 和优化合成[59,60] 的方向发展。

3. *证据冲突度量问题*

对证据之间的冲突程度进行合理度量是冲突发现和冲突处理的前提，在证据理论中，最初使用冲突系数 k 即分配给空集的基本概率质量来表示证据之间的冲突程度，在一段时间内，冲突系数 k 被认为是物理意义最直观、应用范围最广泛的证据冲突度量。然而，利用 k 对完全相同的 BPA 之间的冲突进行度量时会得到悖于常理的结果，这是由于 k 所反映的只是各 BPA 焦元之间交集为空集的情况，并不能对证据间的冲突程度进行全面衡量。一些研究者认为证据间的冲突程度可以通过证据距离来反映，其中，Jousselme 等定义的证据距离 d_{J} 被广泛使用[61]。Liu 设计了二元组 $\langle k, d_{\mathrm{J}}\rangle$ 来描述证据间的冲突[62]，受此启发，冲突系数 k 与各种证据距离相结合被用来描述证据间的冲突以及改进证据组合规则[63,64]。

文献 [38] 指出，证据距离可以用来描述证据之间的差异性，虽然与证据间的冲突有一定关联，但二者本质上是两个概念，使用距离直接作为冲突度量并不合适，因为证据距离并不总能满足 Destercke 等定义的证据冲突度量应满足的条件[65]。

由于证据冲突度量综合反映了证据源所提供信息之间的关系，因此应该根据具体应用背景，综合运用信息论和数理逻辑相关知识有针对性地对证据冲突进行全面准确的衡量[66,67]。

4. 证据距离度量问题

证据距离可用于证据的可靠度评估、证据冲突度量和证据分类等问题。在证据理论的发展中，各种证据距离度量陆续被提出，但大都是以 BPA 概率转换为基础，受概率转换方法的影响较大。2001 年，Jousselme 等考虑焦元之间的相似关系直接基于 BPA 函数定义了 Jousselme 证据距离[61]，该证据距离受到了普遍认可，直到现在该方法仍被广泛采用。2012 年，Jousselme 等在文献 [68] 中对现有方法进行了系统的分类总结。2013 年，Jaccard 矩阵的正定性得到了严格的证明[69]，从而从数学上证明了 Jousselme 证据距离是严格的公理化距离度量，满足距离度量的所有公理化性质。Jousselme 证据距离在丰富证据冲突度量的同时，在证据评估方法以及证据组合方法的研究和改进[70] 方面也发挥了重要的作用。

Han 等在文献 [71] 中提出了一种基于模糊集和直觉模糊集的间接证据距离度量方法，首先将证据理论中的 BPA 转换为模糊函数或直觉模糊函数，然后利用模糊集或直觉模糊集理论中的距离度量计算转换后函数之间的距离，以该距离作为原 BPA 间的证据距离。该方法的提出为证据距离度量提供了一种新思路，但是，间接证据距离度量方法的精度会受 BPA 转换方法的影响。

5. BPA 概率转换问题

BPA 概率转换方法是 BPA 转换方法中的一类，通过焦元近似可降低证据推理的复杂度。将 BPA 进行概率转换可兼容已有贝叶斯推理系统，甚至可以通过转换后的概率来度量或验证原 BPA 的不确定性、BPA 间的距离、BPA 间的冲突等关系。BPA 概率转换方法得到了学者越来越多的关注[71]。

BPA 概率转换不仅是决策的重要依据，而且对现有证据距离的定义也有影响，该问题的本质是如何将复合焦元上的概率赋值聚焦到单点命题上。最常见的 BPA 概率转换方法为 Smets 等提出的 Pignistic 概率转换[72]，它是将对复合焦元的概率赋值平均分配到各单点命题上，该方法虽然信息损失最小，但在转换过程中会造成信息熵的增加，不利于决策。于是一些学者提出利用优化的思想来实现 BPA 向概率的转换[73]，但这种方法在优化过程中信息损失较大，且目标函数的选择仍面临较大困难[74]。基于不确定度和信息守恒的概率转换方法[75,76]，符合人类的决策过程，消除了主观因素的影响，对应的间接距离度量方法能够合理有效地度量证据间的距离。事实上，合理的概率转换依据较难建立，如何定义合理的 BPA 概率转换方法成为一个新的研究热点。

6. 证据可靠性评估问题

证据可靠性反映了传感器提供可靠信息的能力，在基于证据理论的多传感器信息融合中，传感器可靠性通过其输出证据的可靠性来体现。证据可靠性分为静态可靠性和动态可靠性。证据静态可靠性通常采用有监督的方法进行评估[70,77]，然而在实际应用中，传感器所处的环境不是固定的，工作环境的任何变化都将影响传感器的可靠度，而且通常条件下无法获取足够的训练样本，因此传感器静态可靠度评估方法有一定的局限性。

在证据组合过程中，证据动态可靠性反映了证据组合过程中各传感器输出证据之间的关系，对证据组合具有重要的意义。基于证据间的距离度量或冲突度量进行证据动态可靠性评估是常见的方法[63,66,78-81]。随着证据 BPA 概率转换方法、证据冲突度量、证据距离度量以及证据不确定性度量等相关研究的深入，结合多属性决策、层次分析法等综合评价方法的证据动态可靠性评估将成为必然趋势[57,82-84]。

7. 时域证据组合问题

与基于空间域的多传感器信息融合不同，时域融合有其自身的特点，针对证据理论的研究大都是基于空间域的信息融合展开，随着目标综合识别等问题的牵引，时域证据融合受到了研究者的关注，但仍缺乏有针对性的时域证据组合方法。

Hong 和 Lynch 首先对基于证据理论的时空不确定信息融合模型进行了研究[85]，以综合目标识别为背景，提出了三种时空信息融合模型：递归集中式融合模型、递归分布无反馈融合模型和递归分布有反馈融合模型。并对三种融合模型的特点进行了分析，但未涉及具体的融合方法。洪昭艺等对这三种融合模型进行了研究与改进，提出一种混合式时空信息融合模型[86]，在进行时域融合时直接运用 Dempster 规则进行证据组合。尽管研究者基于递归集中式融合模型针对目标综合识别中的时域证据融合进行了研究[3,87,88]，但在涉及具体的时域融合方法时，大多直接利用空域证据融合方法，未能反映时域信息序贯性的特点[3,87]，时间因素对时域融合的作用不明显; 有的则是依据空域中各证据直接的相互关系来确定时域融合方法，没有充分利用时域信息之间的相互关系，不能很好地处理时域信息间的冲突[88]。因此，时域证据组合方法还有待进一步深入研究，需要基于时域信息融合的特点构建有针对性的时域证据组合方法。

总之，虽然证据理论在信息融合、模式识别和辅助决策等领域得到了广泛应用，国内外研究者围绕证据理论开展了大量的研究，但制约其深入发展的关键性问题仍未得到有效解决，如 BPA 概率转换、证据可靠性评估、冲突信息处理、时域证据组合等，而且这些问题又相互影响、相互制约。将证据理论与其他理论相结合[89]，则有望突破证据理论自身的限制，解决其发展中遇到的问题，从而实现不确定信息的有效融合。

综上所述，虽然各种不确定性理论的发展不断丰富着不确定信息的处理和融合方法，但任何一种方法都有其针对性和局限性，不确定信息处理中新问题的解决将越来越依赖于多种理论、方法的结合。针对证据理论研究以及基于证据理论的不确定信息处理及应用中存在的问题，直觉模糊集与证据理论的结合正引起越来越多的关注[89]，Khaleghi 等[25] 指出，证据理论和模糊集理论相结合可以处理大部分的不确定性问题，而直觉模糊集作为模糊集的推广形式，在不确定信息的表达和处理方面比模糊集更具优势。因此，直觉模糊集和证据理论的结合将更有利于不确定信息的处理和融合，并有望为问题的解决提供新的方法和途径。

第 2 章　模糊集理论基础

2.1　引　　言

精确数学建立在经典集合论的基础之上，经典集合论由德国数学家 Cantor 于 19 世纪末创立。在经典集合论中，一个研究对象对于某个给定经典集合的关系要么是属于 (记为 “$\in$”)，要么是不属于 (记为 “$\notin$”)，二者必居其一。19 世纪，经过英国数学家布尔 (Bool) 等的研究，这种基于二值逻辑的绝对思维方法抽象后成为布尔代数，它的出现促使数理逻辑成为一门很有实用价值的学科，也成为计算机科学的基础。但是，二值逻辑无法解决一些逻辑悖论，如著名的罗素 (Russell)“理发师悖论”“秃头悖论”“克里特岛人说谎悖论” 等悖论问题。

由于日常生活中各种 “模糊性” 现象的客观存在、逻辑悖论的发现以及海森伯 (Heisenberg) 测不准原理的提出，多值逻辑在 20 世纪二三十年代诞生。罗素曾说：“所有的二值都习惯上假定使用精确符号，因此它仅适用于虚幻的存在，而不适用于现实生活，逻辑比其他学科使我们更接近于天堂。”[90] 他已经认识到了二值逻辑的不足。量子理论学家在二值逻辑的框架中引入了第三值 (或中间值) 来表示不确定性，并进一步引入了不确定性程度，把 “真、假” 看作不确定性的两个极限情况。波兰逻辑学家 Lukasiewicz 首次正式提出了三值逻辑体系，把逻辑真值的值域由{0,1}二值扩展到{0,1/2,1}三值，其中 1/2 表示不确定，后来他又把真值范围从{0,1/2,1}进一步扩展到 [0,1] 的有理数，并最终扩展为 [0,1]。

量子哲学家布莱克 (Black) 利用连续逻辑为集合中的成员赋值，第一个构造了模糊集的隶属函数。布莱克称结构的不确定性为 “模糊性 (vagueness)”。1965 年，美国 Zadeh 教授在发表的论文中正式提出了多值集合理论和模糊集 (fuzzy set，FS)，从而掀起了多值数学结构研究的第二次高潮[91]。此后的二三十年，随着模糊商业产品和新理论、新应用的不断涌现，形成了多值系统研究的第三次浪潮。

模糊集理论最基本的特征是承认差异的中间过渡状态，论域 X 上的一个模糊集 A 是满足某个或者某几个性质的一类对象，每个对象都有一个隶属于 A 的程度，隶属函数 $\mu_A(x)(x \in X)$ 给每个对象 x 分派 [0,1] 上的一个实数作为它的隶属度。

Zadeh 的主要贡献在于把模糊性和数学统一在一起，模糊数学不是把已经很精确的数学变得模糊，而是用精确的数学方法来处理过去无法用数学描述的模糊事物。因为现实世界中要想绝对精确是不可能的，所以实际上只能是将所谓的不准确程度降到最低。Zadeh 的观点不是让数学放弃严格性去迁就模糊性，而是让数学回过头来吸取人脑对模糊现象识别和判决处理的优点，这样就为电子计算机开辟了一条进一步模拟人脑思维特点的道路，使之变得更为“聪明”。模糊数学从诞生的那天起，便和计算机的发展密不可分。

1978 年，Zadeh 提出了可能性理论[92]，阐述了随机性和可能性的差别，这被认为是模糊数学发展的第二个里程碑。可能性理论的出现为模糊数学更为广泛地应用于模式识别和其他领域提供了强有力的理论基础。1986 年，Zadeh 提出并深入探讨了经典概率论不能作为一种不确定性的描述语言用在人工智能中[93]。

模糊集理论的研究领域大致可分为模糊数学理论及其与经典数学、统计数学的关系，模糊语言和模糊逻辑，模糊数学的应用等几个方面。随着模糊知识处理技术的发展，近年来许多新的拓展模糊概念相继被引入，如直觉模糊集、Grey 集、L–模糊集、区间值模糊集、Vague 集等。在这些拓展模糊集理论中，直觉模糊集的研究最为突出也最富有成果。

总之，自 Zadeh 教授提出模糊集理论以来，针对模糊集理论的研究不断深入并取得了丰富的成果，并在众多领域得到了成功的应用[94]。模糊集理论为不确定信息处理提供了有力的工具。

2.2 模糊集及基本运算

在经典集合论中，对于论域中的任何一个元素 (对象)，它与该论域中集合之间的关系只能是属于或不属于，即一个元素 (对象) 是否属于某一集合的特征函数的值域为 0 和 1 两个数，这种二值逻辑为现代数学的发展奠定了基础。Zadeh 模糊集的核心思想在于把特征函数的值域扩展到闭区间 [0,1] 上，将特征函数称为隶属度函数，而把取定的值称为元素相对于集合的隶属度。

2.2.1 模糊集的定义

1. 经典集合与特征函数

人们在研究问题时，总是对局限于一定范围内的对象进行讨论，所讨论的对象的全体称为论域，通常记为 X，也称为全集。例如，在研究复系数代数方程的解时，论域是全体复数的集合; 在研究平面多边形的面积时，论域是平面上全体多边形的集合。

对于经典集合，集合 A 中任意给定的一个元素 x 与集合 A 的关系为 $x \in A$，或者 $x \notin A$，二者必居且仅居其一，这种关系可用二值函数 —— 特征函数表示。

定义 2.1 (特征函数) 设 X 是论域，经典集合 A 是 X 的子集，对于 A 中任意给定的一个元素 x，定义映射 $\chi_A : X \to \{0,1\}$

$$\chi_A(x) = \begin{cases} 1, & x \in A \\ 0, & x \notin A \end{cases}$$

称 χ_A 为集合 A 的特征函数。

引入特征函数的概念后，对集合的研究可以转化为对其特征函数的研究。显然，集合 A 完全由它的特征函数 χ_A 决定，即经典集合可用特征函数完全刻画，因此可以将集合 A 和它的特征函数 χ_A 等同起来。

2. 定义及隶属函数

定义 2.2 (模糊集) 设在论域 X 上定义了一个映射 $\mu_A : X \to [0,1]$，则 μ_A 定义了 X 上的一个模糊子集 A，称 μ_A 为 A 的隶属函数。对于 $x \in X, \mu_A(x)$ 称为 x 对于 A 的隶属度。

从集合角度，模糊集的定义也可以表示如下。

设 $X = \{x_1, x_2, \cdots, x_n\}$ 为非空论域，X 上的模糊集 A 定义为

$$A = \{\langle x, \mu_A(x)\rangle \,|x \in X\}$$

其中，$\mu_A(x) : X \to [0,1]$ 为隶属度函数，表示 x 属于 A 的程度。

与经典集合可用特征函数完全刻画一样，一个模糊集可用隶属函数完全刻画。

与隶属度 $\mu_A(x)$ 对应，称 $v_A(x) = 1 - \mu_A(x)$ 为 x 相对于 A 的非隶属度。

隶属度刻画了 x 与 A 的关系，隶属度 $\mu_A(x)$ 的值越接近于 1，表示 x 属于模糊集 A 的程度越高; $\mu_A(x)$ 的值越接近于 0，表示 x 属于模糊集 A 的程度越低。

可以用隶属函数曲线直观反映出各元素对模糊集的隶属情况，图 2.1 给出了隶属函数 $\mu_A(x)$ 和 $\mu_B(x)$ 对应的隶属函数曲线，$\mu_A(x)$ 和 $\mu_B(x)$ 分别为

$$\mu_A(x) = \begin{cases} 0, & x \leqslant 1 \\ \left[1 + \dfrac{100}{(x-1)^2}\right]^{-1}, & x > 1 \end{cases}$$

$$\mu_B(x) = \begin{cases} 0, & x \leqslant 1 \\ 1 - \dfrac{1}{x}, & x > 1 \end{cases}$$

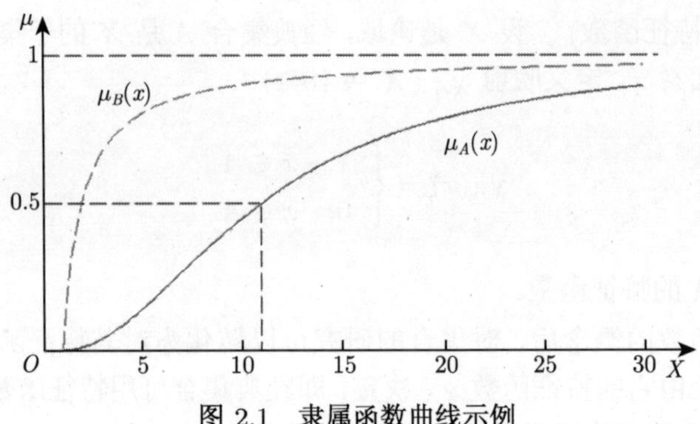

图 2.1 隶属函数曲线示例

对 $x \in X$，当 $\mu_A(x) = 1$ 时，称 x 是 A 的元素; 当 $\mu_A(x) = 0$ 时，称 x 不是 A 的元素。所以，当 $\mu_A(x) \in \{0, 1\}$ 时，A 退化为经典集合。

显然，隶属函数是特征函数的推广，特征函数是隶属函数的特殊情况，经典集合可以看成模糊集的极端情况。相对于模糊集而言，经典集合也称为精确集 (crisp set，CS)。因此，模糊集可以看作经典集合的推广，而精确集则是特殊的模糊集。

给定论域 X 上有无穷多个模糊子集，这是因为映射 $\mu_A : X \to [0, 1]$ 有无穷多种取法，记

$$F(X) = \{A | A : X \to [0, 1]\}$$

称 $F(X)$ 为 X 上的模糊幂集，它是 X 上所有模糊子集构成的集合，是一个普通集。显然，X 的幂集 $P(X)$ 是 $F(X)$ 的一个真子集，即 $P(X) \subset F(X)$。

通常，论域 X 上的所有模糊集可表示为 $\mathrm{FSs}(X)$。

例 2.1 “青年人” 和 “老年人” 是两个模糊概念，可以用模糊集来描述。取年龄论域为闭区间 [0,150]，年龄为 x 的人属于 “青年人” 模糊集 Y 和 “老年人” 模糊集 O 的隶属度分别定义为

$$\mu_Y(x) = \begin{cases} 1, & 0 \leqslant x \leqslant 25 \\ \left[1 + \dfrac{(x-25)^2}{25}\right]^{-1}, & 25 < x \leqslant 150 \end{cases}$$

$$\mu_O(x) = \begin{cases} 0, & 0 \leqslant x \leqslant 50 \\ \left[1 + \dfrac{25}{(x-50)^2}\right]^{-1}, & 50 < x \leqslant 150 \end{cases}$$

可以用如图 2.2 所示的隶属函数曲线反映隶属度的变化。

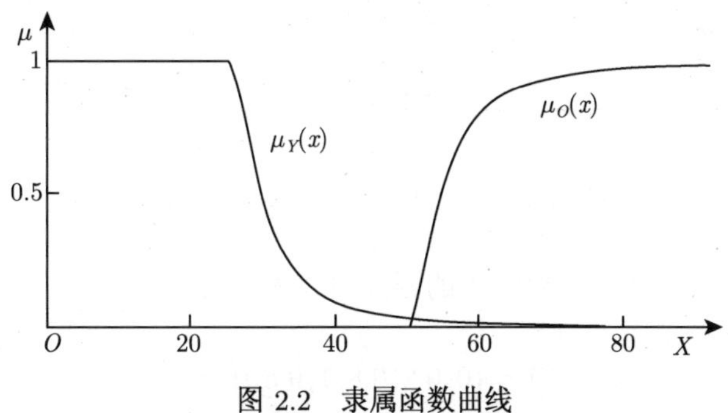

图 2.2 隶属函数曲线

在实际问题的解决中，需要根据问题的性质决定所选取的隶属函数的形式。

3. 模糊不确定性与随机不确定性

尽管模糊数学和概率论都是研究不确定现象，且度量这两种不确定性又都是在 [0,1] 取值，但这两种不确定性是有本质区别的。

概率论所研究和处理的随机现象，其事件本身有着明确的含义，只是事件发生的条件不充分，导致在条件与事件之间不能出现确定的因果关系，从而使事件的出现与否表现出不确定性，这种不确定性称为随机性。

例如，“掷一个骰子时出现 5 点”是一个明确的事件，但掷骰子时并非只出现 5 点，出现 5 点的概率是 1/6。

模糊数学研究和处理模糊现象，它所要处理的事物的概念本身是模糊的，即一个对象是否符合这个概念难以确定，称这种不确定性为模糊性。

例如，“掷一个骰子时出现高点数”是一个模糊概念，掷出了 5 点可以说它有 0.9 的程度可以被看作“掷出高点数”。

2.2.2 模糊集的表示方法

由前面可知，模糊集本质上是论域 X 到 [0,1] 的函数，因此用隶属函数来表示模糊集是最基本的方法。此外，序偶表示法、向量表示法、Zadeh 表示法等都是表示一个模糊集的常用方法。

1. 序偶表示法

将模糊集表示为

$$A = \{\langle x, \mu_A(x)\rangle \,|x \in X\}$$

例如，设 $X = \{1,2,3,4,5,6\}$，接近 4 的程度可以表示为

$$A = \{\langle 1,0\rangle, \langle 2,0.2\rangle, \langle 3,0.8\rangle, \langle 4,1\rangle, \langle 5,0.8\rangle, \langle 6,0.2\rangle\}$$

隶属度为 0 的项可以不写。

2. 向量表示法

论域 $X = \{x_1, x_2, \cdots, x_n\}$ 上的模糊集 A 可以表示为向量:

$$A = (\mu_A(x_1), \mu_A(x_2), \cdots, \mu_A(x_n))$$

设 $X = \{1, 2, 3, 4, 5, 6\}$, 接近 4 的程度可以表示为

$$A = (0, 0.2, 0.8, 1, 0.8, 0.2)$$

向量表示法中，隶属度为 0 的项不能省去。

3. Zadeh 表示法

非空论域 $X = \{x_1, x_2, \cdots, x_n\}$ 上的一个模糊集可表示为

$$A = \mu_A(x_1)/x_1 + \mu_A(x_2)/x_2 + \cdots + \mu_A(x_n)/x_n$$

其中，“+” 表示论域 X 的整体。

设 $X = \{1, 2, 3, 4, 5, 6\}$, 接近 4 的程度可以表示为

$$\begin{aligned} A &= 0/1 + 0.2/2 + 0.8/3 + 1/4 + 0.8/5 + 0.2/6 \\ &= 0.2/2 + 0.8/3 + 1/4 + 0.8/5 + 0.2/6 \end{aligned}$$

隶属度为 0 的项可以不写。

当 X 不是有限集，如实数区间或一些其他情况时，Zadeh 给出的表示方法为

$$A = \int_{x \in X} \mu_A(x)/x \quad \text{或} \quad A = \int_{x \in X} \frac{\mu_A(x)}{x}$$

其中, “$\int$”仅是一种符号表示，并不意味着积分运算。这种表示法适合于任何种类的论域，特别是无限论域中的模糊集的描述。

例如，模糊集 A“年轻人” 可以表示为

$$A = \int_{x \in [0,25]} \frac{1}{x} + \int_{x \in [25,100]} \frac{\left[1 + \dfrac{(x-25)^2}{25}\right]^{-1}}{x} + \int_{x \in [100,150]} \frac{0}{x}$$

2.2.3 典型隶属度函数

构造适当的隶属函数是模糊集理论应用的基础，一种基本的构造隶属函数的方法是参考函数法，即参考一些典型的隶属函数，通过选择适当的参数，或通过拟合、整合、实验等手段得到需要的隶属函数。典型隶属函数可以分为偏小型 (降半矩形、降半 Γ 形、降半正态形、降半柯西形、降半梯形、降岭形)、偏大型 (升半矩形、升半 Γ 形、升半正态形、升半柯西形、升半梯形、升岭形)、中间型 (矩形、尖 Γ 形、正态形、柯西形、梯形、岭形) 等[95]。

在实际问题中，需要根据问题的性质决定选取什么形式的隶属函数。隶属函数的曲线可以根据问题的不同分为直线型、正态型、指数型等。在 MATLAB 工具箱中提供了三角形、梯形、高斯型等十余个内置的常用类型隶属函数。

1. 三角形隶属函数

$$f(x,a,b,c)=\begin{cases}0, & x<a\\ \dfrac{x-a}{b-a}, & a\leqslant x\leqslant b\\ \dfrac{c-x}{c-b}, & b<x\leqslant c\\ 0, & x>c\end{cases}$$

或

$$f(x,a,b,c)=\max\left\{0,\min\left\{\frac{x-a}{b-a},\frac{c-x}{c-b}\right\}\right\}$$

其中，参数 a、c 确定“脚”; 参数 b 确定“峰”。

MATLAB 中命令函数 trimf( ) 用来创建三角形隶属函数。图 2.3 给出了用 MATLAB 命令绘制的 3 组不同 a、b、c 参数对应的三角形隶属函数曲线。

2. 梯形隶属函数

$$f(x,a,b,c,d)=\begin{cases}0, & x<a\\ \dfrac{x-a}{b-a}, & a\leqslant x<b\\ 1, & b\leqslant x<c\\ \dfrac{d-x}{d-c}, & c\leqslant x\leqslant d\\ 0, & x>d\end{cases}$$

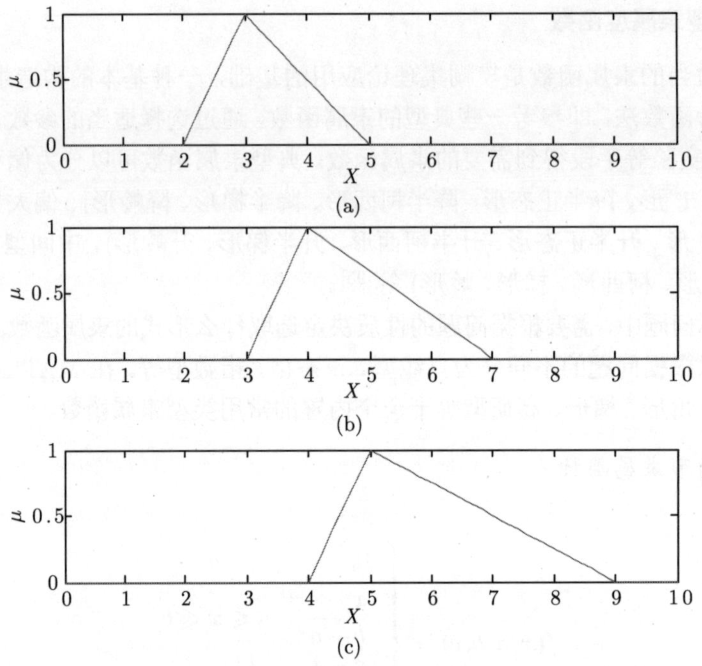

图 2.3 三角形隶属函数曲线举例

或

$$f(x,a,b,c,d)=\max\left\{0,\min\left\{\frac{x-a}{b-a},1,\frac{d-x}{d-c}\right\}\right\}$$

其中，参数 a、d 确定“脚”；参数 b、c 确定“肩”。参数应满足 $a\leqslant b$ 且 $c\leqslant d$，并且规定：当 $a=b$ 或 $c=d$ 时，上述解析式中分子分母均为 0 的选项不出现，且断点处的函数值为 1。当 $b\geqslant c$ 时，上述函数退化为三角形隶属函数。

MATLAB 中命令函数 trapmf( ) 用来创建梯形隶属函数。图 2.4 给出了 4 组不同 a、b、c、d 参数对应的梯形隶属函数曲线。

3. 高斯型隶属函数

$$f(x,\sigma,c)=\exp\left(-\frac{(x-c)^2}{2\sigma^2}\right)$$

其中，参数 σ 决定曲线的宽度；参数 c 决定曲线的中心。

MATLAB 中命令函数 gaussmf( ) 用来创建高斯型隶属函数。图 2.5 给出了 4 组不同 σ、c 参数对应的高斯型隶属函数曲线。

MATLAB 中还提供了创建其他常用隶属函数类型的命令函数，如建立双边高斯型隶属函数的gauss2mf ( )、建立钟形隶属函数的gbellmf( )、建立Sigmoid型隶属函数的sigmf( )、建立由两个 Sigmoid 型函数乘积构成的隶属函数的psigmf( )、建立由

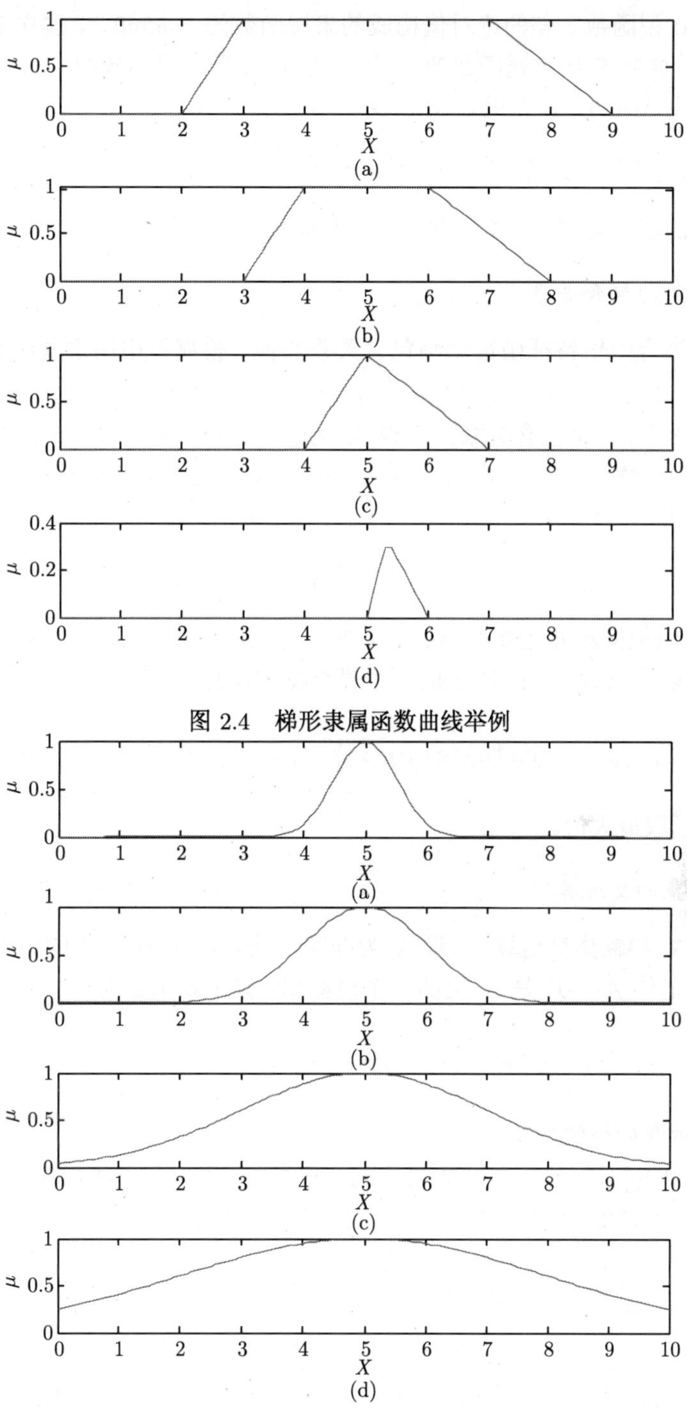

图 2.4 梯形隶属函数曲线举例

图 2.5 高斯型隶属函数曲线举例

两个 Sigmoid 型函数之差的绝对值构成的隶属函数的 dsigmf( )、建立 Z 形隶属函数的 zmf( )、建立 S 形隶属函数的 smf( )、建立 π 型隶属函数的 pimf( ) 等，详细使用方法参见 MATLAB 帮助。

2.2.4 模糊集的基本运算

模糊集的基本运算有包含、并、交、补等。

1. 模糊集的包含关系

与经典集合中用特征函数刻画包含关系类似，模糊集中用隶属函数刻画包含关系。

定义 2.3 (模糊集包含关系) 设 X 为非空论域，A、B 为 X 上的两个模糊集，如果对于任意 $x \in X$，有 $\mu_A(x) \leqslant \mu_B(x)$，称 A 包含于 B(记作 $A \subseteq B$)，也称 A 是 B 的子集。

2. 模糊集的并运算

定义 2.4 (模糊集并运算) 设 X 为非空论域，A、B 为 X 上的两个模糊集，A 与 B 的并 (记作 $A \cup B$) 是 X 上的一个模糊集，其隶属函数为

$$\mu_{A\cup B}(x) = \max\{\mu_A(x), \mu_B(x)\} = \mu_A(x) \vee \mu_B(x), \quad \forall x \in X$$

其中，$\vee$ 表示取最大值。

3. 模糊集的交运算

定义 2.5 (模糊集交运算) 设 X 为非空论域，A、B 为 X 上的两个模糊集，A 与 B 的交 (记作 $A \cap B$) 是 X 上的一个模糊集，其隶属函数为

$$\mu_{A\cap B}(x) = \min\{\mu_A(x), \mu_B(x)\} = \mu_A(x) \wedge \mu_B(x), \quad \forall x \in X$$

其中，$\wedge$ 表示取最小值。

两个模糊集的并、交运算可以推广到一般情形，即对任意指标集 I，若 $A_i(\forall i \in I)$ 是 X 上的模糊集，则模糊集的并、交分别定义为

$$\bigcup_{i\in I} A_i : X \to [0,1], \quad \mu_{\bigcup\limits_{i\in I} A_i}(x) = \bigvee_{i\in I} \mu_{A_i(x)}, \quad \forall x \in X$$

$$\bigcap_{i\in I} A_i : X \to [0,1], \quad \mu_{\bigcap\limits_{i\in I} A_i}(x) = \bigwedge_{i\in I} \mu_{A_i(x)}, \quad \forall x \in X$$

4. 模糊集的补运算

定义 2.6 (模糊集补运算) 设 X 为非空论域，A 为 X 上的一个模糊集，A 的补 (记作 A' 或 A^c 或 $\bar{A}$) 是 X 上的一个模糊集，其隶属函数为

$$\mu_{A^c}(x) = 1 - \mu_A(x), \quad \forall x \in X$$

模糊集 A、B 及其并、交、补运算可以用图 2.6 和图 2.7 来表示。

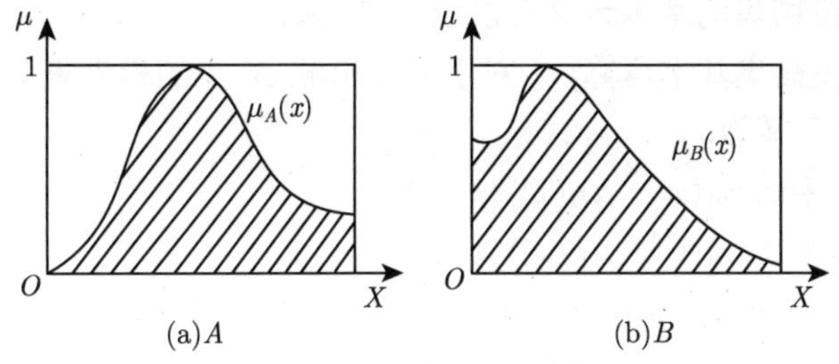

图 2.6 模糊集 A 与 B

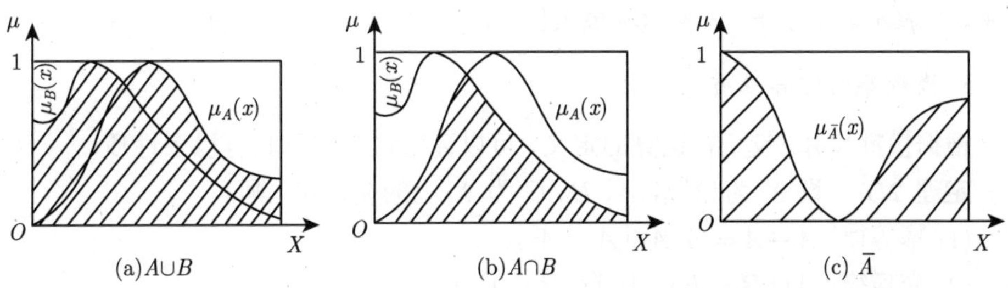

图 2.7 模糊集 A 与 B 并、交、补运算示意图

例 2.2 设论域 $X = \{x_1, x_2, x_3, x_4\}$ 为一个 4 人集合，X 上的模糊集 A 表示“高个子”：

$$A = \{\langle x_1, 0.6\rangle, \langle x_2, 0.5\rangle, \langle x_3, 1\rangle, \langle x_4, 0.4\rangle\}$$

X 上的模糊集 B 表示“胖子”：

$$B = \{\langle x_1, 0.5\rangle, \langle x_2, 0.6\rangle, \langle x_3, 0.3\rangle, \langle x_4, 0.4\rangle\}$$

模糊集“高或胖”为

$$\begin{aligned} A \cup B &= \{\langle x_1, 0.6 \vee 0.5\rangle, \langle x_2, 0.5 \vee 0.6\rangle, \langle x_3, 1 \vee 0.3\rangle, \langle x_4, 0.4 \vee 0.4\rangle\} \\ &= \{\langle x_1, 0.6\rangle, \langle x_2, 0.6\rangle, \langle x_3, 1\rangle, \langle x_4, 0.4\rangle\} \end{aligned}$$

模糊集“又高又胖”为

$$A \cap B = \{\langle x_1, 0.6 \wedge 0.5\rangle, \langle x_2, 0.5 \wedge 0.6\rangle, \langle x_3, 1 \wedge 0.3\rangle, \langle x_4, 0.4 \wedge 0.4\rangle\}$$

$$= \{\langle x_1, 0.5\rangle, \langle x_2, 0.5\rangle, \langle x_3, 0.3\rangle, \langle x_4, 0.4\rangle\}$$

模糊集 “个子不高” 为

$$A^c(x) = \{\langle x_1, 0.4\rangle, \langle x_2, 0.5\rangle, \langle x_3, 0\rangle, \langle x_4, 0.6\rangle\}$$

综上，从逻辑意义上说，模糊集的并、交、补运算表示了模糊概念之间的或、与、非的关系。模糊集的基本运算可以统一定义如下。

定义 2.7 (模糊集基本运算) 对于非空论域 X 上的模糊集 A 和 B，它们之间的基本运算可定义为：

(1) $A\cap B = \{\langle x, \mu_A(x)\wedge\mu_B(x)\rangle\,|x\in X\}$；

(2) $A\cup B = \{\langle x, \mu_A(x)\vee\mu_B(x)\rangle\,|x\in X\}$；

(3) $\bar{A} = A^c = \{\langle x, 1-\mu_A(x)\rangle\,|x\in X\}$；

(4) $A\subseteq B \Leftrightarrow \forall x\in X, \mu_A(x)\leqslant\mu_B(x)$;

(5) $A = B \Leftrightarrow \forall x\in X, \mu_A(x)=\mu_B(x)$。

其中，$\wedge$ 表示取最小值; $\vee$ 表示取最大值; $\bar{A}$、A^c 均表示 A 的补集。

5. 模糊集的运算性质

根据模糊集并、交、补运算的定义，可以证明这些运算具有以下性质。

定理 2.1 设 X 为论域，A、B、C 为 X 上的模糊集，则：

(1) 幂等律，$A\cup A = A, A\cap A = A$;

(2) 交换律，$A\cup B = B\cup A, A\cap B = B\cap A$;

(3) 结合律，$(A\cup B)\cup C = A\cup(B\cup C), (A\cap B)\cap C = A\cap(B\cap C)$;

(4) 吸收律，$A\cup(A\cap B) = A, A\cap(A\cup B) = A$;

(5) 分配律，$A\cap(B\cup C) = (A\cap B)\cup(A\cap C), A\cup(B\cap C) = (A\cup B)\cap(A\cup C)$;

(6) 复原律，$(A^c)^c = A$;

(7) 同一律，$A\cap X = A, A\cup X = X, A\cap\varnothing = \varnothing, A\cup\varnothing = A$;

(8) De Morgan 对偶律，$(A\cup B)^c = A^c\cap B^c, (A\cap B)^c = A^c\cup B^c$。

上述性质可分别证明，以证明 De Morgan 对偶律成立为例。

对 $\forall x\in X$，由于：

$$\begin{aligned}\mu_{(A\cup B)^c}(x) &= 1-\mu_{A\cup B}(x) = 1-(\mu_A(x)\vee\mu_B(x)) = (1-\mu_A(x))\wedge(1-\mu_B(x))\\ &= \mu_{A^c}(x)\wedge\mu_{B^c}(x) = \mu_{(A\cap B)^c}(x)\end{aligned}$$

因此，$(A\cup B)^c = A^c\cap B^c$，同理可以证明：$(A\cap B)^c = A^c\cup B^c$。

对于经典集合，互补律成立，即 $A\cup A^c = X, A\cap A^c = \varnothing$。

但对于模糊集，互补律不再成立，例如，对论域 $X=\{a,b\}$，其上的模糊集 $A=\{\langle a,0.6\rangle,\langle b,0.3\rangle\}$, $A^c=\{\langle a,0.4\rangle,\langle b,0.7\rangle\}$，则

$$A\cup A^c=\{\langle a,0.6\rangle,\langle b,0.7\rangle\}\neq X$$

$$A\cap A^c=\{\langle a,0.4\rangle,\langle b,0.3\rangle\}\neq\varnothing$$

2.3 模糊集的分解定理

模糊集与普通集有着密切的联系，模糊集的 α 截集的概念在理论和实践中都具有重要的意义。

2.3.1 α 截集

1. α 截集的定义

定义 2.8 (α 截集) 设模糊集 $A\in F(X),\alpha\in[0,1]$，称集合 $A_\alpha=\{x\in X|\mu_A(x)\geqslant\alpha\}$ 为模糊集 A 的 α 弱截集，简称 α 截集，α 称为置信水平，简称水平。称集合 $A_{\alpha+}=\{x\in X|\mu_A(x)>\alpha\}$ 为模糊集 A 的 α 强截集。

需要指出的是，A_α 与 $A_{\alpha+}$ 都是普通集，可以理解为：模糊集中隶属度达到某个水平的所有元素的集合。

例 2.3 设模糊集 $A=\{\langle 0.5,a\rangle,\langle 0.7,b\rangle,\langle 0,c\rangle,\langle 0.9,d\rangle,\langle 1,e\rangle\}$，则

$$A_1=\{e\},\quad A_{1+}=\{\varnothing\}$$

$$A_{0.7}=\{b,d,e\},\quad A_{0.7+}=\{d,e\}$$

$$A_{0.9}=\{d,e\},\quad A_{0.9+}=\{e\}$$

例 2.4 在一次面试考试中，五位应试者 $\{x_1,x_2,x_3,x_4,x_5\}$ 的成绩为 $\{100,92,55,68,82\}$，试按照 “择优录取” 的原则来表示。

设模糊集 A 表示优胜者，将各人成绩与最高分的比值作为属于 A 的隶属度：

$$A=\{\langle x_1,1\rangle,\langle x_2,0.92\rangle,\langle x_3,0.55\rangle,\langle x_4,0.68\rangle,\langle x_5,0.82\rangle\}$$

“择优录取” 的过程实际上就是将模糊集 A 转化为普通集的过程，即先确定一个阈值 $\alpha(0\leqslant\alpha\leqslant 1)$，然后挑选出隶属度大于等于 α 的元素。因此，当 α 分别取 0.7、0.9 时有

$$A_{0.7}=\{x_1,x_2,x_5\}$$

$$A_{0.9}=\{x_1,x_2\}$$

2. α 截集的性质

模糊集 A 的 α 截集和 α 强截集具有的性质如定理 2.2 所示。由于这些性质的证明方法类似，以下仅证明其中的几条。

定理 2.2 设 $A, B \in F(X)$, $\alpha, \beta \in [0,1]$，则截集有如下性质：

(1) $(A \cup B)_\alpha = A_\alpha \cup B_\alpha, (A \cup B)_{\alpha^+} = A_{\alpha^+} \cup B_{\alpha^+}$;

(2) $(A \cap B)_\alpha = A_\alpha \cap B_\alpha, (A \cap B)_{\alpha^+} = A_{\alpha^+} \cap B_{\alpha^+}$;

(3) 若 $\alpha \leqslant \beta$, 则 $A_\beta \subseteq A_\alpha$, $A_{\beta^+} \subseteq A_{\alpha^+}$;

(4) 若 $A \subseteq B$, 则 $A_\alpha \subseteq B_\alpha$, $A_{\alpha^+} \subseteq B_{\alpha^+}$;

(5) $A_{\alpha^+} \subseteq A_\alpha$;

(6) $\bigcup\limits_{\beta>\alpha} A_{\beta^+} = A_{\alpha^+}, \bigcup\limits_{\beta>\alpha} A_\beta = A_{\alpha^+}$;

(7) $\bigcap\limits_{\beta<\alpha} A_\beta = A_\alpha, \bigcap\limits_{\beta<\alpha} A_{\beta^+} = A_\alpha$;

(8) $(\bar{A})_\alpha = \overline{A_{(1-\alpha)^+}}, (\bar{A})_{\alpha^+} = \overline{A_{(1-\alpha)}}$。

证明 性质 (1)：

$$\begin{aligned}(A \cup B)_\alpha &= \{x|\mu_{A\cup B}(x) \geqslant \alpha)\} \\ &= \{x|\mu_A(x) \vee \mu_B(x) \geqslant \alpha\} \\ &= \{x|\mu_A(x) \geqslant \alpha\} \cup \{x|\mu_B(x) \geqslant \alpha\} = A_\alpha \cup B_\alpha\end{aligned}$$

性质 (3)：

由 $x \in A_\beta \Rightarrow \mu_A(x) \geqslant \beta \geqslant \alpha \Rightarrow x \in A_\alpha$, 所以，$A_\beta \subseteq A_\alpha$。

性质 (4)：

由 $A \subseteq B$ 可知，$\forall x \in X$ 有 $\mu_A(x) \leqslant \mu_B(x) \Rightarrow \forall x \in A_\alpha$，则

$$\begin{aligned}\mu_A(x) \geqslant \alpha &\Rightarrow \mu_B(x) \geqslant \mu_A(x) \geqslant \alpha \\ &\Rightarrow x \in B_\alpha \\ &\Rightarrow A_\alpha \subseteq B_\alpha\end{aligned}$$

性质 (6)：

由 $\alpha < \beta, A_{\beta^+} \subseteq A_{\alpha^+} \Rightarrow \bigcup\limits_{\beta>\alpha} A_{\beta^+} \subseteq A_{\alpha^+}$。

以下再证明 $A_{\alpha^+} \subseteq \bigcup\limits_{\beta>\alpha} A_{\beta^+}$。

设 $x \in A_{\alpha^+}$，则 $\mu_A(x) > \alpha$。取 $\beta_0 = \dfrac{1}{2}(\alpha + \mu_A(x))$，则 $\alpha > \beta_0$，但这时：$\mu_A(x) =$

$2\beta_0-\alpha=\beta_0+(\beta_0-\alpha)>\beta_0$，即对 $x\in A_{\beta_0}$，又有 $A_{\alpha+}\subseteq\bigcup\limits_{\beta>\alpha}A_{\beta+}$，所以 $\bigcup\limits_{\beta>\alpha}A_{\beta+}=A_{\alpha+}$。

性质 (8)：

仅证明第二式，第一式同理可证。

$$\begin{aligned}x\in\bar{A}_{\alpha+}&\Leftrightarrow\mu_{\bar{A}}(x)>\alpha\\&\Leftrightarrow\mu_A(x)<1-\alpha\\&\Leftrightarrow x\notin A_{(1-\alpha)}\\&\Leftrightarrow x\in\overline{A_{(1-\alpha)}}\end{aligned}$$

从以上性质可以看出：α 值越小，A_α 所包含的元素越多。这种让 α 由大到小取值，而 A_α 所包含的元素则由少到多的过程，实际上是一种分类过程。α 取值越大，A_α 所包含的元素越少，分出的类就越多，分类越细; 反之，α 取值越小，A_α 所包含的元素越多，分类越粗。

2.3.2 支撑集和核

支撑集和核是常用的特殊的 α 截集。

定义 2.9 (支撑集和核) 设模糊集 $A\in F(X)$，则：

(1) 称 $A_{0+}=\{x\in X|\mu_A(x)>0\}$ 为模糊集 A 的支撑集，记为 Supp$A$;

(2) 称 $A_1=\{x\in X|\mu_A(x)=1\}$ 为模糊集 A 的核，记为 Ker$A$;

(3) 若 Ker$A\neq\varnothing$，称 A 为正规模糊集;

(4) 称 Supp$A-$Ker$A$ 为 A 的边界。

模糊集 A 的支撑集和核有如下性质。

(1) Supp(Supp$A$) $=$ Supp$A$。

(2) Ker(Ker$A$) $=$ Ker$A$。

由于 Supp$A$ 和 Ker$A$ 已经是普通集，而普通集的支撑集和核都是其自身，这两个性质显然可以得证。

(3) $A\cap B=\varnothing\Leftrightarrow$ Supp$A\cap$Supp$B=\varnothing$。

性质 (3) 证明 (用反证法)：

若 $A\cap B=\varnothing$，即对 $\forall x\in X$，$\mu_A(x)\wedge\mu_B(x)=0$，此时，若 Supp$A\cap$Supp$B\neq\varnothing$，则 $\exists x\in X$，即 $x\in$ Supp$A$ 且 $x\in$ Supp$B$，即 $\mu_A(x)>0$ 且 $\mu_B(x)>0$，于是 $\mu_A(x)\wedge\mu_B(x)>0$，与已知矛盾。

反之，若 Supp$A\cap$Supp$B=\varnothing$，此时，若有 $A\cap B\neq\varnothing$，则 $\exists x\in X$，使 $\mu_{A\cap B}(x)>0$，即 $\mu_A(x)\wedge\mu_B(x)>0$，于是有 $\mu_A(x)>0$，$\mu_B(x)>0$，$x\in$ Supp$A$ 且 $x\in$ Supp$B$，故 Supp$A\cap$Supp$B\neq\varnothing$，与已知矛盾。

图 2.8 表达了模糊集的截集、核与支撑集间的关系。

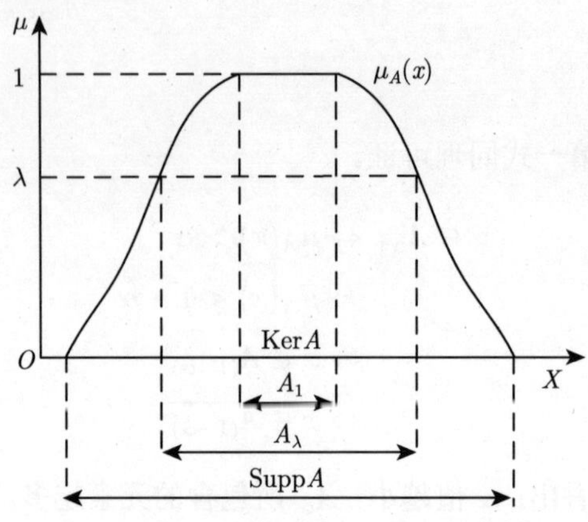

图 2.8　模糊集的截集、核与支撑集

2.3.3　数乘模糊集

常用的另一个特殊的模糊集是数乘模糊集，又称数积、截积。

定义 2.10 (数乘模糊集)　设模糊集 $A \in F(X), \alpha \in [0,1]$，对 $\forall x \in X$，定义模糊集 αA 为

$$\mu_{\alpha A}(x) = \alpha \wedge \mu_A(x)$$

称 αA 为数乘模糊集，即 α 与 A 的数积 αA 仍为 X 上的模糊集。

由定义 2.10，可以推出数乘模糊集的以下两个性质：

(1) 若 $\alpha_1 \leqslant \alpha_2$，则 $\alpha_1 A \subseteq \alpha_2 A$;

(2) 若 $A \subseteq B$，则 $\alpha A \subseteq \alpha B$。

性质 (2) 证明：

因为 $A \subseteq B$，所以 $\mu_A(x) \leqslant \mu_B(x)$，$\alpha \wedge \mu_A(x) \leqslant \alpha \wedge \mu_B(x)$，$\mu_{\alpha A}(x) \leqslant \mu_{\alpha B}(x)$，因此，$\alpha A \subseteq \alpha B$。

图 2.9 表达了模糊集与其数积间的关系。

2.3.4　分解定理

定理 2.3 (分解定理)　设模糊集 $A \in F(X)$，$\alpha \in [0,1]$，则有

$$A = \bigcup_{\alpha \in (0,1]} \alpha A_\alpha \text{ 和 } A = \bigcup_{\alpha \in (0,1)} \alpha A_\alpha$$

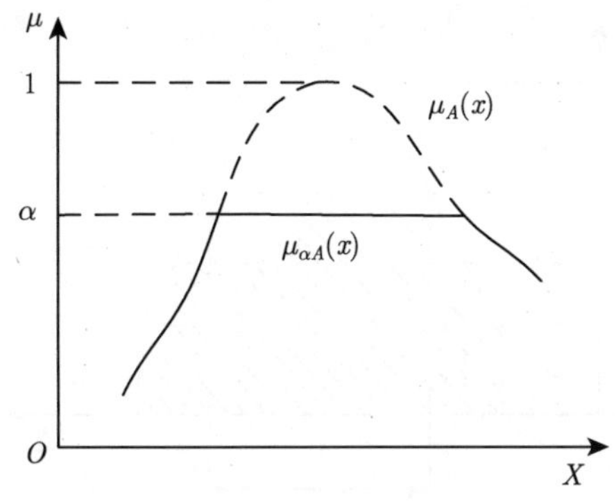

图 2.9 模糊集的数积

证明 因为 A_α 是普通集，所以：

$$\chi_{A_\alpha}(x)=\begin{cases}1, & \mu_A(x)\geqslant\alpha\\ 0, & \mu_A(x)<\alpha\end{cases}$$

对 $\forall x\in X$，有

$$\begin{aligned}\mu_{\bigcup\limits_{\alpha\in(0,1]}\alpha A_\alpha}(x)&=\vee(\alpha\wedge\chi_{A_\alpha}(x))\\ &=\max\begin{cases}\bigvee\limits_{0<\alpha\leqslant\mu_A(x)}(\alpha\wedge\chi_{A_\alpha}(x))\\ \bigvee\limits_{\mu_A(x)<\alpha\leqslant 1}(\alpha\wedge\chi_{A_\alpha}(x))\end{cases}\\ &=\bigvee_{0<\alpha\leqslant\mu_A(x)}\alpha\\ &=\mu_A(x)\end{aligned}$$

即 $A=\bigcup\limits_{\alpha\in(0,1]}\alpha A_\alpha$。

同理可证另一等式。

分解定理的直观表示如图 2.10 所示。

图 2.10 中给出了三个不同水平的 α、α'、α'' 对应的 $\mu_{\alpha A}(x)$ 的图形。由图可知，当 α 取 $[0,1]$ 时，对 $\forall x\in X$，$\mu_A(x)$ 的值就是含有元素 x 的一切 A_α 中最大的 α 值。

可以看出每个 α 都可以限定出一个矩形，矩形的面积等于 αA_α。显然，当 α 分得越细，获得的阶梯形折线就越接近曲线 $\mu_A(x)$。如果 α 取遍 $[0,1]$ 上的所有值，将所有 αA_α 求并，便可以得到模糊集。因此，分解定理给出了利用普通集 A_α 表示模糊集 A 的理论依据和一种实际做法，为模糊集的研究提供了有力工具。

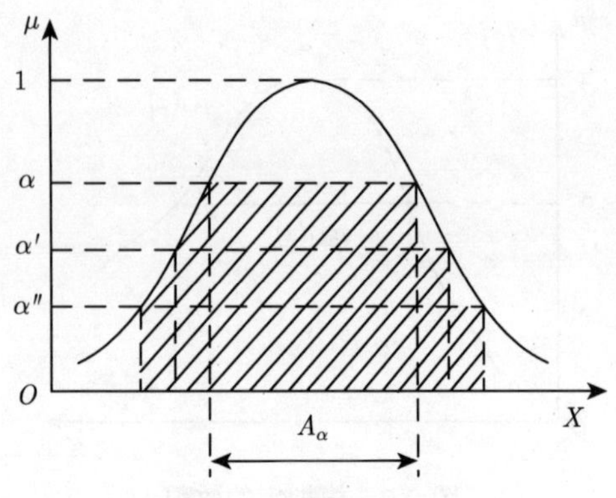

图 2.10 分解定理示意图

模糊集是普通集的推广，而模糊集的 α 截集又是普通集。分解定理提供了把模糊集分解为普通集的数乘模糊集的并的方法，利用分解定理可使某些模糊集的问题转化为普通集问题来解决，这也正反映了模糊集与普通集的密切联系。所以，分解定理在理论研究中十分重要。

例 2.5 设模糊集 $A=\{\langle x_1,0.5\rangle,\langle x_2,0.6\rangle,\langle x_3,1\rangle,\langle x_4,0.7\rangle,\langle x_5,0.3\rangle\}$，则 $A_1=\{x_3\}$, $A_{0.7}=\{x_3,x_4\}$, $A_{0.6}=\{x_2,x_3,x_4\}$, $A_{0.5}=\{x_1,x_2,x_3,x_4\}$, $A_{0.3}=\{x_1,x_2,x_3,x_4,x_5\}$。

由分解定理可知：

$$\begin{aligned}A&=1A_1\cup 0.7A_{0.7}\cup 0.6A_{0.6}\cup 0.5A_{0.5}\cup 0.3A_{0.3}\\&=\langle x_3,1\rangle\cup(\langle x_3,0.7\rangle,\langle x_4,0.7\rangle)\\&\quad\cup(\langle x_2,0.6\rangle,\langle x_3,0.6\rangle,\langle x_4,0.6\rangle)\\&\quad\cup(\langle x_1,0.5\rangle,\langle x_2,0.5\rangle,\langle x_3,0.5\rangle,\langle x_4,0.5\rangle)\\&\quad\cup(\langle x_1,0.3\rangle,\langle x_2,0.3\rangle,\langle x_3,0.3\rangle,\langle x_4,0.3\rangle,\langle x_5,0.3\rangle)\end{aligned}$$

将其右边的各数乘模糊集直接作并运算，不难验证结果恰是模糊集 A。

2.4 模糊度与贴近度

模糊度用来度量一个模糊集的模糊程度，贴近度用来衡量两个模糊集彼此“相近”的程度。

2.4.1 模糊度

1. 模糊度的定义

模糊系统理论问世的同时，人们就提出了对模糊集模糊程度量化问题。模糊度的概念最早在 1972 年被提出，后来又经过其他学者的补充，形成了下面关于模糊度的定义。

定义 2.11 (模糊度) 设 X 的模糊幂集为 $F(X)$，若映射 $d: F(X) \to [0,1]$ 满足以下条件：

(1) $d(A) = 0 \Leftrightarrow A \in P(X)$，即 A 为普通集;

(2) $d(A) = 1 \Leftrightarrow \forall x \in X, \mu_A(x) = \dfrac{1}{2}$;

(3) 若 $A, B \in F(X)$，对于 $\forall x \in X$，当 $\left|\mu_A(x) - \dfrac{1}{2}\right| \leqslant \left|\mu_B(x) - \dfrac{1}{2}\right|$ 时，则有 $d(B) \leqslant d(A)$;

(4) $d(\bar{A}) = d(A)$，其中 $\bar{A}$ 是 A 的补。

称 d 定义了 $F(X)$ 中模糊集的一个模糊度。

以上模糊度的概念与人的常识相符合。

条件 (1) 表明：普通集不模糊，故 $d(\bar{A}) = 0$。

条件 (2) 表明：对 $\forall x \in X, \mu_A(x) = \dfrac{1}{2}$ 的情况，每个元素 x 都处于属于和不属于之间，这时最难判断，即最模糊。

条件 (3) 可以由条件 (2) 自然推出，即一个模糊集的各元素的隶属函数值越接近 $\dfrac{1}{2}$，该模糊集的模糊程度应越大。

条件 (4) 要求 A 与 $\bar{A}$ 的模糊程度相同。

有时，在定义 2.11 中可以再加一条：

(5) $d(A \cup B) + d(A \cap B) = d(A) + d(B)$。

以保证两个模糊集在进行交、并运算时模糊度的一致性。

定理 2.4 设 $X = \{x_1, x_2, \cdots, x_n\}$，且映射 $d: F(X) \to [0,1]$，即 $\forall A \in F(X)$ 有

$$d(A) = g\left(\sum_{i=1}^{n} f(\mu_A(x_i))\right)$$

其中，$g(x)$ 在 $[0,a] \to [0,1]$ 严格增加且 $g(0) = 0, a = \displaystyle\sum_{i=1}^{n} f\left(\frac{1}{2}\right), f: [0,1] \to [0,\infty)$ 满足条件：

(1) $\forall x \in [0,1], f(x) = f(1-x)$;

(2) $f(0) = 0$;

(3) $f(x)$ 在 $\left[0, \dfrac{1}{2}\right]$ 上严格增加。

则 $d(A)$ 是 A 在 $F(X)$ 上的模糊度。

证明　(1) $A \in P(X) \Leftrightarrow d(A)=0$。

① 先证 “$\Rightarrow$”。

当 $A \in P(X)$ 时，$\forall x_i \in X$ 有 $\mu_A(x_i)=0$ 或 1，而 $f(0)=f(1)=0$，故 $d(A)=g\left(\sum\limits_{i=1}^{n} f(\mu_A(x_i))\right)=g\left(\sum\limits_{i=1}^{n} f(0)\right)=g(0)=0$。

② 再证 “$\Leftarrow$”。

当 $d(A)=0$ 时，即 $d(A)=g\left(\sum\limits_{i=1}^{n} f(\mu_A(x_i))\right)=0, x_i \in X$。

由函数 $g(x)$ 在 $[0,a]$ 上严格增加，可知 $\sum\limits_{i=1}^{n} f(\mu_A(x_i))=0$。

由函数 $f(x)$ 的定义可知 $f(x) \geqslant 0$，所以 $f(\mu_A(x_i))=0$。

又由 $f(x)=f(1-x), \forall x \in [0,1]$，可知 $f(x)$ 的图像关于 $x=\dfrac{1}{2}$ 对称; 而 $f(x)$ 在 $\left[0,\dfrac{1}{2}\right]$ 上严格增加，所以 $f(x)$ 在 $\left[\dfrac{1}{2},1\right]$ 上严格减少，$f(0)=f(1)=0$。

因此，由 $f(\mu_A(x_i))=0$ 可得 $\mu_A(x_i)=0$ 或 1，即 $A \in P(X)$。

(2) $\forall x \in X$，$\mu_A(x)=\dfrac{1}{2} \Leftrightarrow d(A)=1$。

①先证 “$\Rightarrow$”。

$$d(A)=g\left(\sum_{i=1}^{n} f(\mu_A(x_i))\right)=g\left(\sum_{i=1}^{n} f\left(\frac{1}{2}\right)\right)=g(a)=1$$

② 再证 “$\Leftarrow$”。

$$d(A)=1 \Rightarrow g\left(\sum_{i=1}^{n} f(\mu_A(x_i))\right)=1 \Rightarrow \sum_{i=1}^{n} f(\mu_A(x_i))=a$$

由 $f(x)$ 的条件可知：$\forall A \in [0,1]$，$f(x) \leqslant \dfrac{1}{2}$，又因为 $\sum\limits_{i=1}^{n} f\left(\dfrac{1}{2}\right)=a$，所以 $\mu_A(x_i)=\dfrac{1}{2}, \forall x_i \in X$。

(3) 若 $A,B \in F(X)$，对于 $\forall x \in X$，当 $\left|\mu_A(x)-\dfrac{1}{2}\right| \leqslant \left|\mu_B(x)-\dfrac{1}{2}\right|$ 时，则有 $d(B) \leqslant d(A)$，$\forall x_i \in X$, $\left|\mu_A(x_i)-\dfrac{1}{2}\right| \leqslant \left|\mu_B(x_i)-\dfrac{1}{2}\right|$，设 $\mu_B(x_i) \leqslant \mu_A(x_i) \leqslant \dfrac{1}{2}$，而 $f(x)$ 在 $\left[0,\dfrac{1}{2}\right]$ 上严格增加，所以 $f(\mu_A(x_i)) \leqslant f(\mu_B(x_i))$，可得 $\sum\limits_{i=1}^{n} f(\mu_B(x_i)) \leqslant$

$\sum_{i=1}^{n} f(\mu_A(x_i))$。

又因为 $g(x)$ 在 $[0,a] \to [0,1]$ 严格增加，所以可得 $d(B) = g\left(\sum_{i=1}^{n} f(\mu_B(x_i))\right) \leqslant g\left(\sum_{i=1}^{n} f(\mu_A(x_i))\right) = d(A)$，得证。

(4) 由于 $\mu_{\bar{A}}(x_i) = 1 - \mu_A(x_i)$，$f(x) = f(1-x)$，$d(A) = g\left(\sum_{i=1}^{n} f(\mu_A(x_i))\right) = g\left(\sum_{i=1}^{n} f(1 - \mu_A(x_i))\right) = d(\bar{A})$。

例 2.6　设 $X = \{x_1, x_2, \cdots, x_n\}$，对 $\forall A \in F(X)$，有 $f(\mu_A(x_i)) = |\mu_A(x_i) - \mu_{A_{\frac{1}{2}}}(x_i)|^p, p > 0, d_p(A) = \frac{2}{n^{\frac{1}{p}}}\left(\sum_{i=1}^{n} |\mu_A(x_i) - \mu_{A_{\frac{1}{2}}}(x_i)|^p\right)^{\frac{1}{p}}$，证明：$d_p(A)$ 是 A 的模糊度。

证明　根据定理 2.4 和已知条件，可得 $g(y) = 2\left(\frac{y}{n}\right)^{\frac{1}{p}}$，显然它满足定理条件。

下面考虑 $f(y)$。

对于模糊集 A 的 $\frac{1}{2}$ 截集 $A_{\frac{1}{2}}$，有

$$A_{\frac{1}{2}}(x_i) = \begin{cases} 1, & \mu_A(x_i) \geqslant \frac{1}{2} \\ 0, & \mu_A(x_i) < \frac{1}{2} \end{cases}$$

若记 $y = \mu_A(x_i)$，则 $\forall y \in [0,1]$，有

$$f(y) = \begin{cases} |y-1|^p, & y \geqslant \frac{1}{2} \\ |y-0|^p, & y < \frac{1}{2} \end{cases}$$

即

$$f(y) = \left|\frac{1}{2} - \left|\frac{1}{2} - y\right|\right|^p$$

显然：

(1) $f(1-y) = \left|\frac{1}{2} - \left|\frac{1}{2} - (1-y)\right|\right|^p = \left|\frac{1}{2} - \left|\frac{1}{2} - y\right|\right|^p = f(y)$。

(2) $f(0) = \left|\frac{1}{2} - \left|\frac{1}{2} - 0\right|\right|^p = 0$。

(3) $\forall y_1, y_2 \in \left[0, \frac{1}{2}\right]$，当 $y_1 < y_2$ 时，$f(y_1) = \left|\frac{1}{2} - \left|\frac{1}{2} - y_1\right|\right|^p = y_1^p < y_2^p = f(y_2)$。

可见，$f(y)$ 满足定理 2.4 的三个条件，故 $d_p(A)$ 是模糊集 A 的模糊度。

任何满足上述原则定义的映射都可以作为模糊度的度量。目前常用的方法，一是用距离的概念，二是用熵的概念来定义模糊度。

2. 基于距离的模糊度度量

定义 2.12 (模糊集的距离) 设 $A, B \in F(X)$，

(1) 若 $X = \{x_1, x_2, \cdots, x_n\}$ 是有限集，定义：

$$M(A, B) = \left[\frac{1}{n}\sum_{i=1}^{n} |\mu_A(x_i) - \mu_B(x_i)|^p\right]^{\frac{1}{p}}$$

(2) 若 $X = [a, b]$ 是实数集上有限闭区间，定义：

$$M(A, B) = \left[\frac{1}{b-a}\int_a^b |\mu_A(x) - \mu_B(x)|^p \mathrm{d}x\right]^{\frac{1}{p}}$$

其中，p 是正实数。称 $M(A, B)$ 为模糊集 A、B 之间的相对 Minkowski 距离。

特别地，当 $p = 1$ 时，称 $M(A, B)$ 为相对 Hamming 距离，记为 $M_{\mathrm{H}}(A, B)$，具体表达式为

$$M_{\mathrm{H}}(A, B) = \frac{1}{n}\sum_{i=1}^{n} |\mu_A(x_i) - \mu_B(x_i)|$$

或

$$M_{\mathrm{H}}(A, B) = \frac{1}{b-a}\int_a^b |\mu_A(x) - \mu_B(x)| \mathrm{d}x$$

当 $p = 2$ 时，称 $M(A, B)$ 为相对 Euclid 距离，记为 $M_{\mathrm{E}}(A, B)$，具体表达式为

$$M_{\mathrm{E}}(A, B) = \sqrt{\frac{1}{n}\sum_{i=1}^{n} (\mu_A(x_i) - \mu_B(x_i))^2}$$

或

$$M_{\mathrm{E}}(A, B) = \sqrt{\frac{1}{b-a}\int_a^b (\mu_A(x) - \mu_B(x))^2 \mathrm{d}x}$$

Minkowski 距离反映出两个模糊集的整体差异。模糊度的大小是由各元素的隶属度与 $\frac{1}{2}$ 的差异大小决定的。借用距离的概念可以得出：

定义 2.13 设模糊集 $A \in F(X)$, $X = \{x_1, x_2, \cdots, x_n\}$，$A$ 的 0.5 截集是 $A_{\frac{1}{2}}$，定义：

(1) $L(A)=2M_{\mathrm{H}}(A,A_{\frac{1}{2}})=\dfrac{2}{n}\sum\limits_{i=1}^{n}|\mu_A(x_i)-\mu_{A_{\frac{1}{2}}}(x_i)|$;

(2) $R(A)=2M_{\mathrm{E}}(A,A_{\frac{1}{2}})=2\sqrt{\dfrac{1}{n}\sum\limits_{i=1}^{n}(\mu_A(x_i)-\mu_{A_{\frac{1}{2}}}(x_i))^2}$。

称 $L(A)$ 为模糊集 A 的 L-模糊度，称 $R(A)$ 为模糊集 A 的 R-模糊度。

可以比较容易地验证，以模糊集及其 0.5 截集的相对 Minkowski 距离定义的这两种模糊度满足前面关于模糊度定义中的几条原则。

当 X 是有限闭区间 $[a,b]$ 时，有

$$L(A)=\frac{2}{b-a}\int_a^b|\mu_A(x)-\mu_{A_{\frac{1}{2}}}(x)|\mathrm{d}x$$

$$R(A)=2\sqrt{\frac{1}{b-a}\int_a^b(\mu_A(x)-\mu_{A_{\frac{1}{2}}}(x))^2\mathrm{d}x}$$

例 2.7 设 $X=\{x_1,x_2,x_3,x_4,x_5\}$，模糊集 $A=\{(0.9,x_1),(1,x_2),(0.2,x_3),(0.5,x_4)\}$，则 $A_{\frac{1}{2}}=\{x_1,x_2,x_4\}$，记模糊集形式是 $A_{\frac{1}{2}}=\{(1,x_1),(1,x_2),(1,x_4)\}$，故

$$L(A)=\frac{2}{5}\times(|0.9-1|+|1-1|+|0.2-0|+|0.5-1|+|0-0|)=0.32$$

$$R(A)=2\sqrt{\frac{1}{5}\times(0.1^2+0^2+0.2^2+0.5^2+0^2)}=0.49$$

$L(A)$ 有时被称为线性模糊度，对同一个模糊集 A，$L(A)$ 与 $R(A)$ 的差异反映了对模糊程度大小理解的差异。采用哪一个更合适是由实际问题决定的。

3. 基于熵的模糊度度量

熵在热力学中表示热量转变为功的程度，在统计物理中熵被作为分子运动无规则性的一种度量，在信息论中它又被用来作为剩余信息量大小的一种度量。在概率论中，Hartley 于 1928 年第一次引用经典熵的概念，并提出用 $\ln k$ 来描述 k 个不同结局的随机试验的不确定性，即一个事件可能出现的结果越多，这个事件的不确定性就越大。借用这种思想，在模糊数学中用熵来表示模糊度。

定义 2.14 (模糊集的熵) 设模糊集 $A\in F(X)$，有限集 $X=\{x_1,x_2,\cdots,x_n\}$，定义：

$$H(A)=\frac{1}{n\ln 2}\sum_{i=1}^{n}S(\mu_A(x_i))$$

为模糊集 A 的熵，这里 $S(x)$ 是 Shannon 函数，其定义是：$\forall x\in[0,1]$，

$$S(x)=-x\ln x-(1-x)\ln(1-x)$$

且规定:

$$S(0)=\lim_{x\to 0^+}S(x)=0,\quad S(1)=\lim_{x\to 1^-}S(x)=0$$

把模糊集 A 的熵 $H(A)$ 作为它的模糊度，可以验证，$H(A)$ 也满足关于模糊度定义中的几条原则。

2.4.2 贴近度

贴近度用来衡量两个模糊集彼此“相近”的程度，其定义如下。

定义 2.15 (贴近度) 设 $F(X)$ 是 X 的模糊幂集，若映射 $N:F(X)\times F(X)\to[0,1]$ 满足条件:

(1) $N(A,B)=N(B,A)$;

(2) $N(A,A)=1$;

(3) 若 $C\subseteq B\subseteq A$，则有 $N(A,C)\leqslant N(B,A)$。

则称 N 在 $F(X)$ 上定义了一个贴近度，称 $N(A,B)$ 为模糊集 A 与 B 的贴近度。

应用模糊集的距离概念，可以很自然地得出：模糊集 A 与 B 的距离越小，它们的贴近度越大。

定义 2.16 (Hamming 贴近度与 Euclid 贴近度) 若模糊集 $A,B\in F(X)$，则:

(1) $N_{\mathrm{H}}(A,B)=1-M_{\mathrm{H}}(A,B)$ 为模糊集 A 与 B 的 Hamming 贴近度;

(2) $N_{\mathrm{E}}(A,B)=1-M_{\mathrm{E}}(A,B)$ 为模糊集 A 与 B 的 Euclid 贴近度。

其中，$M_{\mathrm{H}}(A,B)$ 和 $M_{\mathrm{E}}(A,B)$ 分别是模糊集 A 与 B 的相对 Hamming 距离及相对 Euclid 距离。因此，当 $X=\{x_1,x_2,\cdots,x_n\}$ 是有限集时，有

$$N_{\mathrm{H}}(A,B)=1-\frac{1}{n}\sum_{i=1}^{n}|\mu_A(x_i)-\mu_B(x_i)|$$

$$N_{\mathrm{E}}(A,B)=1-\sqrt{\frac{1}{n}\sum_{i=1}^{n}(\mu_A(x_i)-\mu_B(x_i))^2}$$

若 X 是闭区间 $[a,b]$，则有

$$N_{\mathrm{H}}(A,B)=1-\frac{1}{b-a}\int_a^b|\mu_A(x)-\mu_B(x)|\mathrm{d}x$$

$$N_{\mathrm{E}}(A,B)=1-\sqrt{\frac{1}{b-a}\int_a^b(\mu_A(x)-\mu_B(x))^2\,\mathrm{d}x}$$

除利用距离概念定义的贴近度外，还有测度贴近度、格贴近度等，以下再给出贴近度的另一种定义。

定义 2.17 (贴近度) 设 $X=\{x_1,x_2,\cdots,x_n\}$ 为有限集，$A,B\in F(X)$，则定义模糊集 A 与 B 的贴近度如下：

$$N_M(A,B)=\frac{\sum_{i=1}^{n}[\mu_A(x_i)\wedge\mu_B(x_i)]}{\sum_{i=1}^{n}[\mu_A(x_i)\vee\mu_B(x_i)]}$$

例 2.8 设 $X=\{x_1,x_2,x_3,x_4\}$，模糊集 $A=\{(0.8,x_1),(0.4,x_2),(0.7,x_3),(0.5,x_4)\}$，$B=\{(0.5,x_1),(0.6,x_2),(0.3,x_4)\}$，则

$$\begin{aligned}N_M(A,B)&=\frac{(0.8\wedge 0.5)+(0.4\wedge 0.6)+(0.7\wedge 0)+(0.5\wedge 0.3)}{(0.8\vee 0.5)+(0.4\vee 0.6)+(0.7\vee 0)+(0.5\vee 0.3)}\\&=\frac{1.2}{2.6}=0.46\end{aligned}$$

对于模糊度和贴近度，有不同的定义方法，很难说哪一个更好一些，在实际应用中，通常是根据具体问题的要求采用合适的公式来计算。

2.5 模糊关系及其运算

2.5.1 模糊关系

关系是集合论中的一个重要概念。

1. 经典关系

定义 2.18 (二元关系) 设 X，Y 是非空经典集，$X\times Y=\{(X,Y);x\in X,y\in Y\}$ 为 X 与 Y 的笛卡儿积，又称直接积; 若 $R\subseteq X\times Y$，则称 R 是 X 到 Y 的二元关系，简称关系。若 R 是 X 到 Y 的关系，$(x,y)\in R$，则称 x 与 y 是 R 相关的，或 x 与 y 具有 R 关系，记为 xRy。X 到 X 的关系称为 X 上的关系。即集合 X，Y 的直接积 $X\times Y$ 的子集合 R 是 X 到 Y 的二元关系。

一般地，n 个集合的直接积 $X_1\times X_2\times\cdots\times X_n$ 的子集称为 $X_1\times X_2\times\cdots\times X_n$ 上的 n 元关系。

关系作为特殊的经典集，经典集的并、交、补运算及其性质，以及特征函数表示法，对于关系仍然适用，此外，关系还有 "逆" 与 "合成" 运算。

定义 2.19 (逆关系) 设 R 是 X 到 Y 的关系，令 $R^{-1}=\{(y,x)|(x,y)\in R\}$，则 R^{-1} 是 Y 到 X 的关系，称为 R 的逆关系。

定义 2.20 (合成关系) 设 R 是 X 到 Y 的关系，S 是 Y 到 Z 的关系，令

$$R\circ S=\{(x,z)\in X\times Z|\text{存在}y\in Y,\text{使得}(x,y)\in X\times Y\text{且}(y,z)\in Y\times Z\}$$

则 $R \circ S$ 是 X 到 Z 的关系，称为 R 与 S 的合成 (复合) 关系。

如果直接用经典集合的名字作为其特征函数的名字，那么当 R 是 X 到 Y 的关系时，其逆关系 R^{-1} 的特征函数为：$R^{-1}(y,x) = R(x,y), \forall (y,x) \in Y \times X$。如果 R 是 X 到 Y 的关系，S 是 Y 到 Z 的关系，则 $R \circ S(x,z) = \bigvee_{y \in Y} [R(x,y) \wedge S(y,z)]$。

当 $X = \{x_1, x_2, \cdots, x_n\}, Y = \{y_1, y_2, \cdots, y_m\}$ 为有限集时，X 到 Y 的关系 R 可以直观地表示为 Boole 矩阵 (以 0 或 1 为元素的矩阵)$(r_{ij})_{n \times m}$：

$$r_{ij} = R(x_i, y_j) = \begin{cases} 1, & (x_i, y_j) \in R \\ 0, & (x_i, y_j) \notin R \end{cases}$$

2. 模糊关系与逆关系

与模糊子集是经典集合的推广一样，模糊关系是普通关系的推广。客观事物之间除了“绝对的”有关系和没有关系之外，有时还要讨论关系的深浅，如“有些关系”“关系密切”等，这就产生了模糊关系的概念。例如，父子关系是普通关系，而两人之间彼此“熟悉”的关系则是模糊关系。

对经典集合，集合 X，Y 的直接积 $X \times Y$ 的子集合 R 是 X 到 Y 的二元关系。推广到模糊集有：$X \times Y$ 的模糊子集 R 为一个 X 到 Y 的二元模糊关系。

定义 2.21 (模糊关系) 设 X, Y 是非空经典集，X 到 Y 的一个模糊 (二元) 关系 R 是指 $X \times Y$ 上的一个模糊集 $R : X \times Y \to [0,1]$，对任意 $(x,y) \in X \times Y$，隶属度 $R(x,y)$ 表示了 X 中元素 x 与 Y 中元素 y 具有关系 R 的程度。X 到 X 的模糊关系称为 X 上的模糊关系，它刻画的是 X 中的元素彼此之间相关的程度。

一般地，n 个集合的直接积 $X_1 \times X_2 \times \cdots \times X_n$ 上的一个 n 元模糊关系是指 $X_1 \times X_2 \times \cdots \times X_n$ 上的一个模糊集，隶属度 $R(x_1, x_2, \cdots, x_n)$ 反映了 $(x_1, x_2, \cdots, x_n)$ 具有这种关系的程度。

当 X, Y 均为有限集时，X 到 Y 的模糊关系 R 可以用模糊矩阵来表示，设集合 $X = \{x_1, x_2, \cdots, x_n\}$，$Y = \{y_1, y_2, \cdots, y_m\}$，$R$ 是 X 到 Y 的一个模糊关系，定义矩阵 $R = (r_{ij})_{n \times m}$，$r_{ij} = R(x_i, y_j)$，称 R 为模糊关系矩阵或模糊矩阵。

模糊矩阵 R 的元素 $r_{ij} \in [0,1]$，特别地：当 $r_{ij} = 0$ 时，称 R 为零矩阵，它表示 X 和 Y 的任意元素之间均无关系; 当 $r_{ij} = 1$ 时，称 R 为全矩阵，它表示 X 和 Y 的任意两个元素之间均有关系。

如果对所有的 r_{ij} 有 $r_{ij} \equiv 0$ 或 $r_{ij} \equiv 1$，则 R 是一个普通的二元关系矩阵，当集合 X，Y 给定后，$X \times Y$ 上的模糊关系与模糊矩阵在不计行与列的排列次序的意义上是一一对应的。

例 2.9 设 $X=\{x_1,x_2,x_3\}$ 表示三家工厂，$Y=\{y_1,y_2\}$ 是两种原料，用 R 表示工厂对原料的依赖程度，它是 X 到 Y 的一个模糊关系。设

$$R=0.3/(x_1,y_1)+0.8/(x_2,y_1)+0.7/(x_1,y_2)+0.2/(x_2,y_2)+1/(x_3,y_2)$$

模糊关系 R 的模糊矩阵是

$$\begin{array}{c} \\ x_1 \\ x_2 \\ x_3 \end{array}\begin{array}{c} \begin{array}{cc} y_1 & y_2 \end{array} \\ \begin{bmatrix} 0.3 & 0.7 \\ 0.8 & 0.2 \\ 0 & 1 \end{bmatrix} \end{array}$$

定义 2.22 (逆关系) 设 $R\in F(X\times Y)$，定义 $R^{-1}\in F(Y\times X)$:

$$R^{-1}(y,x)=R(x,y),\quad \forall (y,x)\in Y\times X$$

称 Y 到 X 的模糊关系 R^{-1} 是 R 的逆关系。

当 R 与 R^{-1} 用模糊矩阵表示时，其对应的模糊矩阵互为转置。

2.5.2 模糊关系合成运算

模糊关系 R 是直接积 $X\times Y$ 的模糊子集，因此，有关模糊子集的运算及运算性质都完全适用于模糊关系。

模糊关系的运算及其性质如下。

设 R_1、R_2 是集合 X 到 Y 的模糊关系，则:

(1) 包含，$R_1\subseteq R_2$，即 $R_1(x,y)\leqslant R_2(x,y)$;

(2) 相等，$R_1=R_2$，即 $R_1\subseteq R_2$ 且 $R_2\subseteq R_1$;

(3) 并, $R_1\cup R_2$，即 $(R_1\cup R_2)(x,y)=R_1(x,y)\vee R_2(x,y)$;

(4) 交，$R_1\cap R_2$，即 $(R_1\cap R_2)(x,y)=R_1(x,y)\wedge R_2(x,y)$;

(5) 补, $\overline{R}_1$，即 $\overline{R}_1(x,y)=1-R_1(x,y)$。

以上的关系式对 $\forall (x,y)\in X\times Y$ 都是成立的。模糊关系的并、交、补运算也是正好反映了逻辑上的或、与、非这三种逻辑关系。

模糊关系的另一个重要运算是合成运算。

定义 2.23 (模糊关系合成运算) 设 $R\in F(X\times Y)$，$S\in F(Y\times Z)$ 分别是 X 到 Y、Y 到 Z 的模糊关系，$*$ 是一个 t-模，定义它们的合成 $R\circ S\in F(X\times Z)$ 是 X 到 Z 的基于 t-模 $*$ 的一个模糊关系，其隶属度函数为

$$(R\circ S)(x,z)=\vee_{y\in Y}\left[R(x,y)*S(y,z)\right],\quad \forall (x,z)\in X\times Z$$

根据不同的需要，模糊关系有不同形式的合成方式，经常使用的合成运算如 max-min 合成 (选择取小 t-模)、max-product(选择乘积 t-模)。

max-min 合成即最大–最小合成如下：

$$(R\circ S)(x,z)=\forall_{y\in Y}\left[R(x,y)\wedge S(y,z)\right],\quad \forall x\in X,\quad \forall z\in Z$$

当 X、Y、Z 都是有限集时，合成关系可通过模糊矩阵的运算得出。

设 $R\in F(X\times Y), R=(r_{ij})_{m\times k}$，$S\in F(Y\times Z), S=(s_{ij})_{k\times n}$，则

$$\begin{aligned} T&=R\circ S=(t_{ij})_{m\times n}\\ (t_{ij})&=T(x_i,z_j)\\ &=\bigvee_{q=1}^{k}\left[R(x_i,y_q)\wedge S(y_q,z_j)\right]\\ &=\bigvee_{q=1}^{k}\left[r_{iq}\wedge s_{qj}\right]\\ i&=1,2,\cdots,m;\quad j=1,2,\cdots,k \end{aligned}$$

即 T 的模糊矩阵的第 i 行第 j 列的元素是把矩阵 R 的第 i 行元素与矩阵 S 的第 j 列元素分别作取小运算，再把所有取小的结果作取大运算得来的。这与线性代数中矩阵乘法的法则相似，只是把普通矩阵乘法的乘法和加法运算变为了取小和取大运算。模糊矩阵的合成也称为模糊矩阵的乘积，简称模糊乘法。

例 2.10　设 $R\in F(X\times Y)$，$S\in F(Y\times Z)$

$$R=\begin{bmatrix}0.2&0.7&0.9\\1&0&0.4\end{bmatrix}$$

$$S=\begin{bmatrix}0.5&0.6\\1&0\\0.3&0.7\end{bmatrix}$$

则

$$\begin{aligned} R\circ S&=\begin{bmatrix}0.2&0.7&0.9\\1&0&0.4\end{bmatrix}\circ\begin{bmatrix}0.5&0.6\\1&0\\0.3&0.7\end{bmatrix}\\ &=\begin{bmatrix}(0.2\wedge 0.5)\vee(0.7\wedge 1)\vee(0.9\wedge 0.3)&(0.2\wedge 0.6)\vee(0.7\wedge 0)\vee(0.9\wedge 0.7)\\(1\wedge 0.5)\vee(0\wedge 1)\vee(0.4\wedge 0.3)&(1\wedge 0.6)\vee(0\wedge 0)\vee(0.4\wedge 0.7)\end{bmatrix}\\ &=\begin{bmatrix}0.7&0.7\\0.5&0.6\end{bmatrix} \end{aligned}$$

模糊关系的合成运算很容易向多个模糊关系的情况推广，这种推广的合理性是以结合律为保证的。

定理 2.5 设有模糊关系 $R \in F(X \times Y)$，$S, Q \in F(Y \times Z)$，$T \in F(Z \times W)$，模糊关系的合成运算具有下列性质：

(1) $R \circ (S \circ T) = (R \circ S) \circ T$;

(2) $R \circ (S \cup Q) = (R \circ S) \cup (R \circ Q), (S \cup Q) \circ T = (S \circ T) \cup (Q \circ T)$;

(3) $R \circ (S \cap Q) \subseteq (R \circ S) \cap (R \circ Q)$, $(S \cap Q) \circ T \subseteq (S \circ T) \cap (Q \circ T)$;

(4) 若 $S \subseteq Q$，则 $R \circ S \subseteq R \circ Q, S \circ T \subseteq Q \circ T$。

证明略。

当 R 是 X 上的模糊关系时，讨论 R 自身的合成可得出模糊关系的幂的概念。

定义 2.24 (模糊关系的幂运算) 设模糊关系 $R \in F(X \times X)$，定义 R 的幂运算如下：

(1) R^0 定义为恒等关系，即 $R^0(x, x) = 1$;

(2) $R^1 = R, R^k = R^{k-1} \circ R$，称 R^k 为模糊关系 R 的 k 次合成，k 为正整数。

2.6 扩张原理与模糊数

扩张原理是模糊集理论中最基本的原理之一，它提供了把普通集合论的结果推广到模糊集的一般方法。

2.6.1 扩张原理

1. **一元映射的扩张**

受到特征函数的启发，Zadeh 提出以下原理。

扩张原理 I 设 f 是集合 X 到 Y 的一个映射，$f: X \to Y$。由 f 可诱导出如下两个映射：

$$\tilde{f}: F(X) \to F(Y), \quad \tilde{f}^{-1}: F(Y) \to F(X)$$

其定义如下：

$$\mu_{\tilde{f}(A)}(y) = \begin{cases} \bigvee\limits_{f(x)=y} \mu_A(x), & y \in f(X) \\ 0, & y \notin f(X) \end{cases}, \quad \forall A \in F(X)$$

$$\mu_{\tilde{f}^{-1}(B)}(x) = \mu_B(f(x)), \quad \forall B \in F(Y)$$

其中，映射 $\tilde{f}$，$\tilde{f}^{-1}$ 称为由 f 诱导出的模糊变换和模糊逆变换；$\tilde{f}(A)$ 是模糊集 A 在映射 $\tilde{f}$ 下的象，它是 Y 中的模糊集，用 $\mu_{\tilde{f}(A)}(y)$ 表示 y 对这个模糊集的隶属度。

例 2.11　设 $X=\{a,b,c,d,e\},Y=\{1,2,3,4\}$，映射 $f:X\to Y$ 定义为

$$f(x)=\begin{cases}1, & x=a,c\\3, & x=b,d\\4, & x=e\end{cases}$$

设 X 上的模糊集 $A=\{(0.4,a),(1,b),(0.6,c),(0.2,d),(0.5,e)\}$，由扩张原理得

$$\mu_{\tilde{f}(A)}(1)=\bigvee_{f(x)=1}\mu_A(x)=\mu_A(a)\vee\mu_A(c)=0.6$$

同理，因 $2\notin f(X)$，所以：

$$\mu_{\tilde{f}(A)}(2)=0$$

$$\mu_{\tilde{f}(A)}(3)=\mu_A(b)\vee\mu_A(d)=1$$

$$\mu_{\tilde{f}(A)}(4)=\mu_A(e)=0.5$$

即

$$\tilde{f}(A)=\{(0.6,1),(1,3),(0.5,4)\}$$

再设 Y 上的模糊集 $B=\{(0.3,1),(0.5,2),(0.9,3),(1,4)\}$，由扩张原理得

$$\mu_{\tilde{f}^{-1}(B)}(a)=\mu_B(f(a))=\mu_B(1)=0.3$$

同理求出：

$$\mu_{\tilde{f}^{-1}(B)}(b)=0.9$$
$$\mu_{\tilde{f}^{-1}(B)}(c)=0.3$$
$$\mu_{\tilde{f}^{-1}(B)}(d)=0.9$$
$$\mu_{\tilde{f}^{-1}(B)}(e)=1$$

即

$$\tilde{f}^{-1}(B)=\{(0.3,a),(0.9,b),(0.3,c),(0.9,d),(1,e)\}$$

定理 2.6　若映射 $f:X\to Y$ 诱导的扩张映射是 $\tilde{f}^{-1}:F(Y)\to F(X)$，模糊集 $A,B\in F(X)$，则：

(1) $\tilde{f}(A)=\varnothing\Leftrightarrow A=\varnothing$;

(2) $A\subseteq B\Rightarrow\tilde{f}(A)\subseteq\tilde{f}(B)$;

(3) $\tilde{f}(A\cup B)=\tilde{f}(A)\cup\tilde{f}(B)$;

(4) $\tilde{f}(A\cap B)\subseteq\tilde{f}(A)\cap\tilde{f}(B)$。

定理 2.7　若映射 $f:X\to Y$ 诱导的扩张逆映射是 $\tilde{f}:F(X)\to F(Y)$，模糊集 $A,B\in F(X)$，则：

(1) $\tilde{f}^{-1}(\varnothing)=\varnothing$;

(2) 若 f 为满射，且有 $\tilde{f}^{-1}(B)=\varnothing$，则有 $B=\varnothing$;

(3) 若 $B\subseteq A$，则有 $\tilde{f}^{-1}(B)\subseteq\tilde{f}^{-1}(A)$;

(4) $\tilde{f}^{-1}(A\cup B)=\tilde{f}^{-1}(A)\cup\tilde{f}^{-1}(B)$;

(5) $\tilde{f}^{-1}(A\cap B)=\tilde{f}^{-1}(A)\cap\tilde{f}^{-1}(B)$;

(6) $\overline{\tilde{f}^{-1}(A)}=\tilde{f}^{-1}(\overline{A})$。

定理 2.8 若映射 $f:X\to Y$，$\tilde{f}$ 和 $\tilde{f}^{-1}$ 是由 f 诱导出的模糊变换和模糊逆变换，设 $A\in F(X)$，$B\in F(Y)$，则:

(1) $\tilde{f}^{-1}(\tilde{f}(A))\supseteq A$;

(2) $\tilde{f}^{-1}(\tilde{f}(B))\subseteq B$。

上述定理都可直接从定义出发进行推导证明。

2. 二元映射的扩张

可以把两个普通集的直接积的概念推广到模糊集的情况。

定义 2.25 (直接积) 若 $A\in F(X)$，$B\in F(Y)$，对 $\forall x\in A$，$\forall y\in B$，有

$$\mu_{A\times B}(x,y)=\mu_A(x)\wedge\mu_B(y)$$

则称 $A\times B$ 为模糊集 A 与 B 的直接积。

扩张原理II 若映射 $f:X\times Y\to W$，由 f 可诱导出一个 X 的模糊子集与 Y 的模糊子集的直接积到 W 的模糊子集的映射，记为 $\tilde{f}$，设 $A\in F(X)$，$B\in F(Y)$，有

$$\mu_{\tilde{f}(A\times B)}(w)=\begin{cases}\bigvee\limits_{f(x,y)=w}[\mu_A(x)\wedge\mu_B(y)], & w\in f(X\times Y)\\ 0, & w\notin f(X\times Y)\end{cases}$$

扩张原理II的思想方法与扩张原理I完全相同，只是映射 f 不同而已，对于扩张原理II的性质也可用类似的方法加以讨论和证明。

例 2.12 设集合 $X=\{a,b,c\}$，$Y=\{e,f,g\}$，$W=\{1,2,3,4\}$，定义映射 $f(X\times Y)\to W$ 为

$$f(x,y)=\begin{cases}1, & (x,y)=(a,e),(b,f),(c,g)\\ 2, & (x,y)=(b,e),(c,f),(a,g)\\ 3, & (x,y)=(c,e),(a,f),(b,g)\end{cases}$$

设 $A\in F(X)$，$B\in F(Y)$，定义 $A=\{(0.5,a),(0.8,c)\}$，$B=\{(0.2,e),(0.6,f)\}$。则由模糊集直接积的定义可以计算出:

$$A\times B=\{(0.2,(a,e)),(0.5,(a,f)),(0.2,(c,e)),(0.6,(c,f))\}$$

由扩张原理Ⅱ:

$$\begin{aligned}\mu_{\tilde{f}(A\times B)}(1) &= \bigvee_{f(x,y)=1} \mu_{A\times B}(x,y)\\ &= \mu_{A\times B}(a,e)\vee\mu_{A\times B}(b,f)\vee\mu_{A\times B}(c,g)\\ &= 0.2\vee 0\vee 0\\ &= 0.2\end{aligned}$$

或直接计算:

$$\begin{aligned}\mu_{\tilde{f}(A\times B)}(1) &= \bigvee_{f(x,y)=1} (\mu_A(x)\wedge\mu_B(y))\\ &= [\mu_A(a)\wedge\mu_B(e)]\vee[\mu_A(b)\wedge\mu_B(f)]\vee[\mu_A(c)\wedge\mu_B(g)]\\ &= (0.5\wedge 0.2)\vee(0\wedge 0.6)\vee(0.8\wedge 0)\\ &= 0.2\end{aligned}$$

同理可计算出:

$$\mu_{\tilde{f}(A\times B)}(2) = 0.6$$

$$\mu_{\tilde{f}(A\times B)}(3) = 0.5$$

因为 $4\notin f(X\times Y)$，所以 $\mu_{\tilde{f}(A\times B)}(4)=0$。

综上可以得到:

$$\tilde{f}(A\times B) = \{(0.2,1),(0.6,2),(0.5,3)\}$$

总之，利用扩张原理，可以把普通集映射能解决的问题推广到模糊集中，再用模糊集的映射方法解决。特别地，二元运算实质是一个二元映射，在定义了模糊数后，就可以用扩张原理来解决模糊数的运算问题。相比一元映射的扩张，二元映射的扩张问题更为复杂，但在实际问题的求解中同样具有重要的应用价值。

2.6.2　凸模糊集与模糊数

在诸如生物学、社会工程学、经济管理、系统科学等软科学领域中，所涉及的数量几乎都有一定的模糊性，模糊数是表示这些模糊概念的常用方法。

1. 凸集

在平面或空间内，如果连接区域 D 中任意两点的线段上的所有点都在 D 内，则称区域 D 为凸集。

以平面为例，在平面上建立直角坐标系，设 $A_1(x_1,y_1)$，$A_2(x_2,y_2)$ 是任意两点，则线段 A_1A_2 上任一点的坐标满足下式：

$$(x,y)=\lambda(x_1,y_1)+(1-\lambda)(x_2,y_2),\quad \lambda\in[0,1]$$

若记 $u=(x,y),u_1=(x_1,y_1),u_2=(x_2,y_2)$ 为向量形式，上式可化简为

$$u=\lambda u_1+(1-\lambda)u_2$$

当平面区域 D 为凸集时，若 $u_1,u_2\in D$，则满足上式的 $u\in D$，用特征函数表示就是

$$x_D(\lambda u_1+(1-\lambda)u_2)\geqslant x_D(u_1)\wedge x_D(u_2)$$

上述结果可以推广到 n 维向量空间的情况。

2. 凸模糊集

下面把凸集概念推广到模糊集中，并给出凸模糊集的定义。

为了明确起见，设论域 X 为 n 维实向量空间，即 X 中的向量是 n 维有序的实数，两个向量相加是它们对应分量相加，实数与向量的数乘是这个数乘以向量的每一个分量。

定义 2.26 (凸模糊集) 设论域 X 是向量空间，模糊集 $A\in F(X)$，若对任意向量 $x_1,x_2\in D$ 和任意实数 $\lambda\in[0,1]$，有

$$\mu_A(\lambda x_1+(1-\lambda)x_2)\geqslant\mu_A(x_1)\wedge\mu_A(x_2)$$

则称 A 是一个凸模糊集。

当 X 是实数集，即一维实向量空间时，若 A 是定义于连续区间的模糊集，则它的隶属函数曲线是一条上凸或下凸的曲线，如图 2.11 所示。

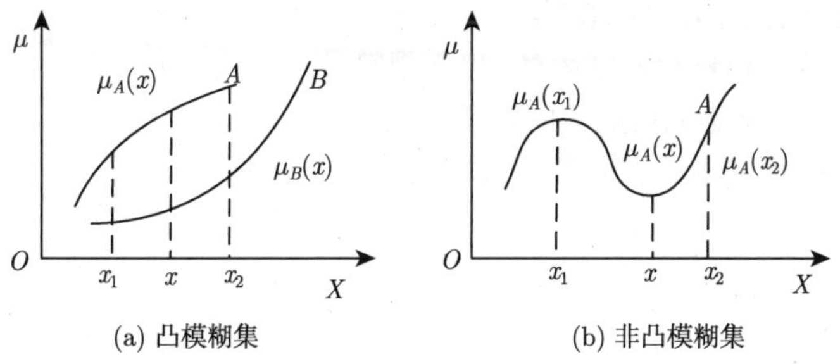

(a) 凸模糊集 (b) 非凸模糊集

图 2.11 凸模糊集与非凸模糊集

例 2.13 设 X 是实数集，模糊集 $A \in F(X)$，A 的隶属函数定义为

$$\mu_A(x) = \begin{cases} 0, & x < 0 \\ \mathrm{e}^{-x}, & x \geqslant 0 \end{cases}$$

设 $x_1 \leqslant x_2$，讨论 A 的凸性。

讨论 若 $\lambda \in [0,1]$，$x = \lambda x_1 + (1-\lambda)x_2$，则:

(1) 当 $x_1 \leqslant x_2 < 0$ 时，$\mu_A(x) = 0 = \mu_A(x_1) \wedge \mu_A(x_2)$;

(2) 当 $x_1 < 0, x_2 \geqslant 0$ 时，$\mu_A(x_1) \wedge \mu_A(x_2) = 0, \mu_A(x) > 0$;

(3) 当 $0 \leqslant x_1 \leqslant x_2$ 时，$\mu_A(x) = \mathrm{e}^{-\lambda x_1 + (\lambda-1)x_2} = \mathrm{e}^{\lambda(x_2 - x_1) - x_2} \geqslant \mathrm{e}^{-x_2} = \mu_A(x_1) \wedge \mu_A(x_2)$。故总有 $\mu_A(x) \geqslant \mu_A(x_1) \wedge \mu_A(x_2)$，$A$ 为凸模糊集。

定理 2.9 模糊集 A 为凸模糊集的充要条件是: 对 $\forall \alpha \in [0,1]$，A_α 为普通凸集。

证明 必要性:

$A_\alpha = \{x | \mu_A(x) \geqslant \alpha\}$，若 A 为凸模糊集，则 $\forall x_1, x_2 \in A_\alpha$，对任意的 $\lambda \in [0,1]$，有 $\mu_A(\lambda x_1 + (1-\lambda)x_2) \geqslant \mu_A(x_1) \wedge \mu_A(x_2)$，从而有 $\lambda x_1 + (1-\lambda)x_2 = x \in A_\alpha$，故 A_α 为凸集。

充分性:

若对 $\forall \alpha \in [0,1]$，A_α 为凸集，任取 $x_1, x_2 \in A_\alpha$，令 $\alpha = \mu_A(x_1) \wedge \mu_A(x_2)$，则 $\mu_A(x_1) > \alpha$，$\mu_A(x_2) > \alpha$，$x_1, x_2 \in A_\alpha$，因 A_α 为凸集，对 $\lambda \in [0,1]$，有 $\lambda x_1 + (1-\lambda)x_2 = x \in A_\alpha$，即 $\mu_A(\lambda x_1 + (1-\lambda)x_2) \geqslant \alpha = \mu_A(x_1) \wedge \mu_A(x_2)$。

定理 2.10 若 $A, B \in F(X)$ 是凸模糊集，则 $A \cap B$ 也是凸模糊集。

证明略。

3. 区间数

与模糊数相关的概念是区间数，在计算数学的区间分析中也用到了区间数。

定义 2.27 (区间数) 设 $\mathbf{R}$ 为实数域，$a, b \in \mathbf{R}$，且 $a \leqslant b$，称闭区间 $[a,b]$ 为区间数，区间数的全体记为 $I(\mathbf{R})$。

区间数同样可以进行四则运算，以下用符号 “$*$” 代表加、减、乘、除四种运算之一，可以给出区间数四则运算的定义。

定义 2.28 (区间数四则运算) 设 $[a,b], [c,d]$ 为两个区间数，$*$ 为实数域 $\mathbf{R}$ 上的一种四则运算，若:

$$[m,n] = \{x * y | x \in [a,b], y \in [c,d]\}$$

则 $[m,n] = [a,b] * [c,d]$。

在作除法时，为保证除法有意义，规定 $0 \notin [c,d]$。

可以从定义直接推出以下公式:

(1) $[a,b]+[c,d]=[a+c,b+d]$;

(2) $[a,b]-[c,d]=[a-d,b-c]$;

(3) $[a,b]*[c,d]=[\min\{a*c,a*d,b*c,b*d\},\max\{a*c,a*d,b*c,b*d\}]$;

(4) $[a,b]\div[c,d]=[a,b]*\left[\dfrac{1}{d},\dfrac{1}{c}\right]$。

例 2.14 设区间数 $[a,b]=[-2,4]$,$[c,d]=[1,3]$,则

$$[-2,4]+[1,3]=[-2+1,4+3]=[-1,7]$$

$$[-2,4]-[1,3]=[-2-3,4-1]=[-5,3]$$

$$\begin{aligned}[-2,4]*[1,3]&=[\min\{(-2)*1,(-2)*3,4*1,4*3\},\max\{(-2)*1,(-2)*3,4*1,4*3\}]\\&=[-6,12]\end{aligned}$$

$$[-2,4]\div[1,3]=[-2,4]*\left[\frac{1}{3},1\right]=[-2,4]$$

可以说区间数是模糊数的雏形,例如,区间数 $[1,3]$ 可以理解为"接近于 2 的数",但这样做没有考虑接近的程度大小,因此是十分粗糙的描述。引入模糊数可以更精确地表示"接近于 2 的数"一类概念。

4. 模糊数

定义 2.29 (模糊数) 设 $\mathbf{R}$ 为实数域,模糊集 $A\in F(\mathbf{R})$,若 A 满足:

(1) A 是正规模糊集,即 $\mathrm{Ker}A\neq\varnothing$;

(2) 对任意 $\alpha\in[0,1]$,A_α 皆为一个区间数。

则称 A 是 $\mathbf{R}$ 上的一个模糊数。

若 $A\in\mathbf{R}$ 且 A_1 为单点集,即 $A_1=\{a\}$,则称 A 为严格模糊数。

若 $A\in\mathbf{R}$ 且 $\mathrm{Supp}A$ 有界,则称 A 为有限模糊数。

若 $A\in\mathbf{R}$ 且 $\forall\lambda\in[0,1]$,A_λ 有界,则称 A 为有界模糊数。

若 $A\in\mathbf{R}$ 且 $\mathrm{Supp}A$ 所含都是正实数,则称 A 为正模糊数。

若 $A\in\mathbf{R}$ 且 $\mathrm{Supp}A$ 所含都是负实数,则称 A 为负模糊数。

由模糊数的定义可以看出,区间数是模糊数的特例,模糊数是区间数的推广。

例 2.15 证明 A 是严格模糊数 (a,σ 为参数,且 $\sigma>0$),其中 A 为如下三角模糊数:

$$\mu_A(x)=\begin{cases}\dfrac{1}{\sigma}x+\dfrac{\sigma-a}{\sigma}, & a-\sigma\leqslant x\leqslant a\\ -\dfrac{1}{\sigma}x+\dfrac{\sigma+a}{\sigma}, & a\leqslant x\leqslant a+\sigma\\ 0, & \text{其他}\end{cases}$$

证明　(1) A 为正规模糊集。令 $\mu_A(x)=1$，即 $\dfrac{1}{\sigma}x+\dfrac{\sigma-a}{\sigma}=1$，得 $x=a$，故 $\mathrm{Ker}A=\{a\}=\varnothing$。

(2) A_λ 是闭区间。令 $\mu_A(x)\geqslant\lambda$，即令 $\dfrac{1}{\sigma}x+\dfrac{\sigma-a}{\sigma}\geqslant\lambda$，得 $x\geqslant a-(1-\lambda)\sigma$，而由 $-\dfrac{1}{\sigma}x+\dfrac{\sigma+a}{\sigma}\geqslant\lambda$，得 $x\leqslant a+(1-\lambda)\sigma$，于是：

$$A_\lambda=[a-(1-\lambda)\sigma,a+(1-\lambda)\sigma]$$

(3) $A_1=\{a\}$ 是单点集。

所以 A 是严格模糊数。

5. 模糊数的运算

实数的四则运算都可看作二元映射 $\mathbf{R}\times\mathbf{R}\to\mathbf{R}$，例如，加法可看作 $\forall x_1,x_2\in\mathbf{R}$，定义 $f(x_1,x_2)=x_1+x_2=x'$，并直接把 $f(x_1,x_2)$ 记为 x_1+x_2，因此，可直接应用扩张原理 II 来定义模糊数的运算。

定义 2.30 (模糊数的运算)　设 "$*$" 代表实数域 $\mathbf{R}$ 上的四则运算，A,B 是 $\mathbf{R}$ 上的两个模糊数，它们作 $*$ 运算的结果为 $C=A*B$，则对 $\forall x\in\mathbf{R}$，有

$$\mu_C(x)=\mu_{A*B}(x)=\bigvee_{x_1*x_2=x}[\mu_A(x_1)\wedge\mu_B(x_2)]$$

由于四则运算被看作映射时都是满射，故不存在 x 不属于象集的情况。

对定义在实数域的模糊数进行运算很困难，需要对隶属函数的关系式进行一系列的分析研究，而且不便于计算机实现。解决此困难的方法之一：对模糊数进行离散化处理，即只考虑它在某些点的隶属度。模糊数经过离散化处理后，其运算变得容易很多，而且可以用计算机方便地实现。

第3章 直觉模糊集理论基础

3.1 引 言

直觉模糊集 (intuitionistic fuzzy set，IFS) 理论由保加利亚学者 Atanassov 于 1986 年提出[23]。Atanassov 系统地定义并提出了直觉模糊集的基本概念及相关运算和定理，奠定了直觉模糊集的理论基础。

由于直觉模糊集在 Zadeh 模糊集的基础上增加了非隶属度的概念，可以描述“非此非彼”的概念，更接近于人的认知规律，能够更加细腻地刻画不确定性，而且对语义信息也有较好的表达能力，因此在模式识别、多属性决策、故障诊断、自动控制等领域获得了广泛的应用。

IFS 理论层面的研究主要集中在直觉模糊运算[96-103]、直觉模糊距离或相似度度量[104-108]、直觉模糊熵[109,110] 等方面。研究者围绕直觉模糊距离或相似度度量开展了大量研究，基于 Euclid 距离、Hamming 距离、余弦相似度定义的直觉模糊相似度度量因其明确的物理意义而备受关注，但由于不满足距离公理或违背直观分析的现象时有发生，所以不断有研究者通过分析隶属度、非隶属度以及犹豫度之间的关系来定义新的 IFS 距离或相似度度量。Beliakov 等在文献 [107] 中指出，使用单一数值描述的直觉模糊距离或相似度度量无法避免反直观现象的出现，他提出的向量化直觉模糊相似度度量为该问题的解决提供了新的思路。

随着直觉模糊集理论研究的逐步深入，其应用价值也受到越来越多的重视。从直觉模糊神经网络、直觉模糊专家系统，到直觉模糊多属性决策[111-114]、直觉模糊优化[115] 和直觉模糊集信息系统[116,117]，直觉模糊集理论的应用研究领域不断拓展[118-128]。在研究较为集中的直觉模糊多属性决策方面，属性权重的确定、信息集成算子构建等都是需要进一步解决的问题，不同的属性权重确定方法，分别依据不同直觉模糊距离或相似度度量和直觉模糊熵建立优化模型，得出的权重系数不一致而导致决策结果存在较大差异的情况仍然存在，如何综合利用各方面信息、结合决策者主观偏好建立稳定的优化模型是增强多属性决策鲁棒性的关键，仍需要进一步深入研究。

直觉模糊集在信息表述方面具有较强的灵活性，既可以用隶属度和非隶属度的形式表示，也可以用区间的形式来描述，这与证据理论中以信任函数和似真函数表示的可信度区间 [Bel，Pl] 类似[89]。由于直觉模糊集理论具有较强的结合性，因此可以将直觉模糊集与证据理论相结合。从已有研究成果[129-134] 来看，在多属性决策问题中利用证据理论对评价结果进行融合，可以实现更合理的决策[129-131]; 借助直觉模糊集可以更直观地描述证据理论中的不精确信息[89]，更有利于推理和决策; 基于直觉模糊集对证据组合规则进行改进[133] 可以在提高计算效率的同时进一步改善对冲突信息的处理能力。

可以说，随着直觉模糊集理论的发展和研究的深入，将直觉模糊集理论与证据理论相结合，对于破解证据理论发展中的难题，以及为不确定信息处理和融合提供有效的方法具有重要的意义。

3.2　直觉模糊集及其基本运算

在模糊集中，通过隶属度函数对不确定性进行描述。直觉模糊集在隶属度函数的基础上又引入了非隶属度函数并导出了犹豫度的概念，通过隶属度函数和非隶属度函数对不确定性信息进行表述，对不确定性的描述更为精细，因此直觉模糊集在不确定信息的表达和处理方面比模糊集更具优势，在不确定信息的表示、量化以及不确定决策方面得到了成功的应用。

3.2.1　直觉模糊集的定义

定义 3.1 (直觉模糊集)　设 $X=\{x_1,x_2,\cdots,x_n\}$ 为非空论域，X 上的直觉模糊集 A 定义为

$$A=\{\langle x,\mu_A(x),v_A(x)\rangle|x\in X\} \tag{3.1}$$

其中，$\mu_A(x):X\to[0,1]$ 和 $v_A(x):X\to[0,1]$ 分别为 x 相对于 A 的隶属度函数和非隶属度函数，且满足 $\forall x\in X$：

$$\mu_A(x)+v_A(x)\leqslant 1 \tag{3.2}$$

在直觉模糊集中，由于隶属度函数与非隶属度函数的和不大于 1，可以导出另一个函数，即犹豫度函数。称 $\pi_A(x):X\to[0,1]$ 为 x 相对于 A 的犹豫度函数，犹豫度函数 $\pi_A(x)$ 表示为

$$\pi_A(x)=1-\mu_A(x)-v_A(x) \tag{3.3}$$

犹豫度函数 $\pi_A(x)$ 表示对元素 x 隶属于 A 的犹豫程度的一种测度，且 $\forall x\in X$，$\pi_A(x)\in[0,1]$。

记论域 X 上直觉模糊集的全体为IFSs(X)，且 $\forall A\in$ IFSs(X)。

除定义 3.1 外，直觉模糊集还有其他表述方式。研究表明，直觉模糊集与 Vague 集是等价的，而且也可以用区间的形式来表述。直觉模糊集 $\langle\mu_A(x),v_A(x)\rangle$ 可以用

区间 $[\mu_A(x), 1 - v_A(x)]$ 来表示，$\mu_A(x)$ 和 $1 - v_A(x)$ 分别表示 x 属于 A 的隶属度的下界和上界，这与区间模糊集的表述方式相似，因此，直觉模糊集与区间模糊集之间可以互相转化。

对于直觉模糊集 $A \in \mathrm{IFSs}(X)$，当犹豫度函数 $\pi_A(x) = 0$ 时，非隶属度函数 $v_A(x) = 1 - \mu_A(x)$，此时，直觉模糊集 A 退化为 Zadeh 模糊集。

因此，模糊集可以看作特殊的直觉模糊集，同样，精确集也是直觉模糊集的一个特例。由此可见：精确集、模糊集均是直觉模糊集的特殊形式，精确集、模糊集都可以在直觉模糊框架内统一表示。

假设 $\mathrm{FS}(X)$ 表示论域 X 上 Zadeh 模糊集的全体，$\forall A = \{\mu_A(x)\} \in \mathrm{FS}(X)$，则隶属度函数 $\mu_A(x) \in [0,1]$ 既包含证据信息的支持程度 $\mu_A(x)$，又包含反对程度 $(1 - \mu_A(x))$，但其无法表达证据信息“非此即彼”的中立状态。而 $\forall A \in \mathrm{IFS}(X)$，其隶属度函数 $\mu_A(x)$、非隶属度函数 $v_A(x)$ 以及犹豫度函数 $\pi_A(x)$ 可分别表示对证据信息的支持、反对和中立程度。所以直觉模糊集有效地扩展了 Zadeh 模糊集对不确定信息的表述能力。

推论 3.1 设 A 为论域 $X = \{x_1, x_2, \cdots, x_n\}$ 中的任意非空精确子集，即 $A \subseteq X$ 且 $A \neq \varnothing$，那么 A 可以表示为直觉模糊集 $\tilde{A} = \{\langle x, \mu_{\tilde{A}}(x), v_{\tilde{A}}(x)\rangle | x \in X\}$。其中，若 $x \in A$，则 $\mu_{\tilde{A}}(x) = 1$，$v_{\tilde{A}}(x) = 0$; 否则，$\mu_{\tilde{A}}(x) = 0$，$v_{\tilde{A}}(x) = 1$。

例如，论域 $X = \{x_1, x_2, x_3, x_4\}$ 中的子集 $A = \{x_1, x_2\}$、$B = \{x_1, x_2, x_3\}$ 可分别表示为如下直觉模糊集 $\tilde{A}$、$\tilde{B}$:

$$\tilde{A} = \{\langle x_1, 1, 0\rangle, \langle x_2, 1, 0\rangle, \langle x_3, 0, 1\rangle, \langle x_4, 0, 1\rangle\}$$

$$\tilde{B} = \{\langle x_1, 1, 0\rangle, \langle x_2, 1, 0\rangle, \langle x_3, 0, 1\rangle, \langle x_4, 0, 1\rangle\}$$

3.2.2 直觉模糊集基本运算

定义 3.2(直觉模糊集基本运算) 对于论域 X 上的直觉模糊集 $A \in \mathrm{IFSs}(X)$ 和 $B \in \mathrm{IFSs}(X)$，它们之间的基本运算可定义为:

(1) $A \cap B = \{\langle x, \mu_A(x) \wedge \mu_B(x), v_A(x) \vee v_B(x)\rangle | x \in X\}$;

(2) $A \cup B = \{\langle x, \mu_A(x) \vee \mu_B(x), v_A(x) \wedge v_B(x)\rangle | x \in X\}$;

(3) $\overline{A} = A^c = \{\langle x, v_A(x), \mu_A(x)\rangle | x \in X\}$;

(4) $A \subseteq B \Leftrightarrow \mu_A(x) \leqslant \mu_B(x), v_A(x) \geqslant v_B(x), \forall x \in X$;

(5) $A = B \Leftrightarrow \mu_A(x) = \mu_B(x), v_A(x) = v_B(x), \forall x \in X$。

其中，$\wedge$、$\vee$ 分别表示取极大、极小运算。

显然，定义 3.2 中的所有运算规则同样适用于模糊集。

定理 3.1 对于论域 $X = \{x_1, x_2, \cdots, x_n\}$ 上的精确子集 $A, B \subseteq X$，A, B 之间的运算满足定义 3.2 中的规则。

证明　设精确集 A、B 可分别表示为直觉模糊集 $\tilde{A}$、$\tilde{B}$。

(1) 设 $C=A\cap B$，则 C 可表示为 $C=\{x|x\in A \text{ 且 } x\in B\}$，其对应的直觉模糊集为 $\tilde{C}$。

根据推论 3.1 可得：当 $x\in A$ 且 $x\in B$ 时，$\mu_{\tilde{C}}(x)=1$，$v_{\tilde{C}}(x)=0$; 当 $x\notin A$ 或 $x\notin B$ 时，$\mu_{\tilde{C}}(x)=0$，$v_{\tilde{C}}(x)=1$。

而当 $x\in A$ 且 $x\in B$ 时，同样有

$$\mu_{\tilde{A}}(x)=\mu_{\tilde{B}}(x)=1,\quad \mu_{\tilde{A}}(x)\wedge\mu_{\tilde{B}}(x)=1$$

$$v_{\tilde{A}}(x)=v_{\tilde{B}}(x)=0,\quad v_{\tilde{A}}(x)\vee v_{\tilde{B}}(x)=0$$

当 $x\notin A$ 或 $x\notin B$ 时，有

$$\mu_{\tilde{A}}(x)=0\text{或}\mu_{\tilde{B}}(x)=0,\quad \mu_{\tilde{A}}(x)\wedge\mu_{\tilde{B}}(x)=0$$

$$v_{\tilde{A}}(x)=1\text{或}v_{\tilde{B}}(x)=1,\quad \mu_{\tilde{A}}(x)\vee\mu_{\tilde{B}}(x)=1$$

因此可得

$$\mu_{\tilde{C}}(x)=\mu_{\tilde{A}}(x)\wedge\mu_{\tilde{B}}(x),\quad v_{\tilde{C}}(x)=v_{\tilde{A}}(x)\vee v_{\tilde{B}}(x)$$

(2) 设 $D=A\cup B$，则 D 可表示为 $D=\{x|x\in A\text{或}x\in B\}$，其对应的直觉模糊集为 $\tilde{D}$。

根据推论 3.1 可得：当 $x\in A$ 或 $x\in B$ 时，$\mu_{\tilde{D}}(x)=1, v_{\tilde{D}}(x)=0$; 当 $x\notin A$ 且 $x\notin B$ 时，$\mu_{\tilde{D}}(x)=0$，$v_{\tilde{D}}(x)=1$。

而当 $x\in A$ 或 $x\in B$ 时，有

$$\mu_{\tilde{A}}(x)=1\text{或}\mu_{\tilde{B}}(x)=1,\quad \mu_{\tilde{A}}(x)\vee\mu_{\tilde{B}}(x)=1$$

$$v_{\tilde{A}}(x)=0\text{或}v_{\tilde{B}}(x)=0,\quad v_{\tilde{A}}(x)\wedge v_{\tilde{B}}(x)=0$$

当 $x\notin A$ 且 $x\notin B$ 时，有

$$\mu_{\tilde{A}}(x)=0\text{且}\mu_{\tilde{B}}(x)=0,\quad \mu_{\tilde{A}}(x)\vee\mu_{\tilde{B}}(x)=0$$

$$v_{\tilde{A}}(x)=1\text{且}v_{\tilde{B}}(x)=1,\quad v_{\tilde{A}}(x)\wedge v_{\tilde{B}}(x)=1$$

因此可得

$$\mu_{\tilde{D}}(x)=\mu_{\tilde{A}}(x)\vee\mu_{\tilde{B}}(x),\quad v_{\tilde{D}}(x)=v_{\tilde{A}}(x)\wedge v_{\tilde{B}}(x)$$

(3) 由于 $A^c=\{x|x\notin A\}$，设其对应的直觉模糊集为 $\tilde{A}^c$，则：当 $x\notin A$，即 $\mu_{\tilde{A}}(x)=0, v_{\tilde{A}}(x)=1$ 时，$\mu_{\tilde{A}^c}(x)=1$，$v_{\tilde{C}}(x)=0$; 当 $x\in A$，即 $\mu_{\tilde{A}}(x)=1$，$v_{\tilde{A}}(x)=0$ 时，$\mu_{\tilde{A}^c}(x)=0$，$v_{\tilde{C}}(x)=1$。

因此可得

$$\mu_{\tilde{A}^c}(x)=v_{\tilde{A}}(x),\quad \mu_{\tilde{A}^c}(x)=\mu_{\tilde{A}}(x)$$

(4) 不失一般性，可令 $A=\{x_1,x_2,\cdots,x_p\}$，$B=\{x_1,x_2,\cdots,x_{p+1},\cdots,x_q\}$，$1\leqslant p\leqslant q\leqslant n$。显然，$A\subseteq B$。

对于 $\tilde{A}$，有下列关系：

$$\mu_{\tilde{A}}(x_1)=\mu_{\tilde{A}}(x_2)=\cdots=\mu_{\tilde{A}}(x_p)=1$$

$$v_{\tilde{A}}(x_1)=v_{\tilde{A}}(x_2)=\cdots=v_{\tilde{A}}(x_p)=0$$

$$\mu_{\tilde{A}}(x_{p+1})=\mu_{\tilde{A}}(x_{p+2})=\cdots=\mu_{\tilde{A}}(x_n)=0$$

$$v_{\tilde{A}}(x_{p+1})=v_{\tilde{A}}(x_{p+2})=\cdots=v_{\tilde{A}}(x_n)=1$$

对于 $\tilde{B}$，有

$$\mu_{\tilde{B}}(x_1)=\mu_{\tilde{B}}(x_2)=\cdots=\mu_{\tilde{B}}(x_{p+1})=\cdots=\mu_{\tilde{B}}(x_q)=1$$

$$v_{\tilde{B}}(x_1)=v_{\tilde{B}}(x_2)=\cdots=v_{\tilde{B}}(x_{p+1})=\cdots=v_{\tilde{B}}(x_q)=0$$

$$\mu_{\tilde{B}}(x_{q+1})=\mu_{\tilde{B}}(x_{q+2})=\cdots=\mu_{\tilde{B}}(x_n)=0$$

$$v_{\tilde{B}}(x_{q+1})=v_{\tilde{B}}(x_{q+2})=\cdots=v_{\tilde{B}}(x_n)=0$$

显然：当 $1\leqslant i\leqslant p$ 时，$\mu_{\tilde{A}}(x_i)=\mu_{\tilde{B}}(x_i)$，$v_{\tilde{A}}(x_i)=v_{\tilde{B}}(x_i)$; 当 $p+1\leqslant i\leqslant q$ 时，$\mu_{\tilde{A}}(x_i)<\mu_{\tilde{B}}(x_i)$，$v_{\tilde{A}}(x_i)>v_{\tilde{B}}(x_i)$; 当 $q+1\leqslant i\leqslant n$ 时，$\mu_{\tilde{A}}(x_i)=\mu_{\tilde{B}}(x_i)$，$v_{\tilde{A}}(x_i)=v_{\tilde{B}}(x_i)$。

因此可得

$$\mu_{\tilde{A}}(x)\leqslant\mu_{\tilde{B}}(x),\quad v_{\tilde{A}}(x)\geqslant v_{\tilde{B}}(x),\quad \forall x\in X$$

反之，由于 $\mu_{\tilde{A}}(x)$、$\mu_{\tilde{B}}(x)$、$v_{\tilde{A}}(x)$、$v_{\tilde{B}}(x)$ 的取值范围为 0 或 1，所以由 $\mu_{\tilde{A}}(x)\leqslant\mu_{\tilde{B}}(x)$，$v_{\tilde{A}}(x)\geqslant v_{\tilde{B}}(x)$ 可知：属于 A 的元素一定属于 B，但 B 中的元素不一定属于 A，即 $A\subseteq B$。

最终可得

$$A\subseteq B\Leftrightarrow\mu_A(x)\leqslant\mu_B(x),v_A(x)\geqslant v_B(x),\forall x\in X$$

(5) $A=B\Leftrightarrow\mu_A(x)=\mu_B(x),v_A(x)=v_B(x),\forall x\in X$ 显然成立。

因此，精确集之间的运算满足定义 3.2 中的规则。

3.2.3 直觉模糊集的截集

定义 3.3 (直觉模糊集的截集) 设 $A=\{\langle x,\mu_A(x),v_A(x)\rangle|x\in X\}$ 为论域 X 上的直觉模糊集，对 $\forall\alpha,\beta\in[0,1]$ 且 $\alpha+\beta\leqslant 1$，称集合 $A_{(\alpha,\beta)}$ 为 A 的截集：

$$A_{(\alpha,\beta)}=\{x|\mu_A(x)\geqslant\alpha,v_A(x)\leqslant\beta,x\in X\} \tag{3.4}$$

其中，(α,β) 为双重阈值或双重置信水平。称 $A_{S(\alpha,\beta)}=\{x|\mu_A(x)>\alpha,v_A(x)<\beta,x\in X\}$ 为 A 的强截集。

因此，对于每组数据 (α,β)，均可确定论域 X 上的一个经典集合 $A_{(\alpha,\beta)}$，它是直觉模糊集 A 在 (α,β) 这一信任程度上的逆像，称式 (3.4) 为直觉模糊集的截运算。并且，当 $(\alpha,\beta)=(1,0)$ 时，称 $A_{(1\ ,\ 0)}$ 为集合 A 的核，记作 Ker$A$。显然，$\forall\alpha_1,\alpha_2,\beta_1,\beta_2\in[0,1]$，$0\leqslant\alpha_1+\beta_1\leqslant 1$，$0\leqslant\alpha_2+\beta_2\leqslant 1$，若 $\alpha_1\leqslant\alpha_2$ 且 $\beta_1\geqslant\beta_2$，则 $A_{(\alpha_2,\beta_2)}\subseteq A_{(\alpha_1,\beta_1)}$。

3.3 直觉模糊数及其扩展运算

单元素论域 $X=\{x\}$ 中的直觉模糊集可以简记为 $\langle\mu_A(x),v_A(x)\rangle$ 或 $\langle\mu_A,v_A\rangle$，$A=\langle\mu_A,v_A\rangle$ 常用来表示一个直觉模糊数 (intuitionistic fuzzy value，IFV)。

3.3.1 直觉模糊数

定义 3.4 (直觉模糊数) 假设 A 为有限论域 X 上的直觉模糊集，如果 $\forall\lambda\in[0,1]$，$x_1,x_2\in X$，有下式成立：

$$\mu_A(\lambda x_1+(1-\lambda x_2))\geqslant\min\{\mu_A(x_1),\mu_A(x_2)\}$$

$$v_A(\lambda x_1+(1-\lambda x_2))\leqslant\max\{v_A(x_1)+v_A(x_2)\}$$

则称 A 为凸直觉模糊集。若 $\exists x_0\in X$，$\langle\mu_A(x_0),v_A(x_0)\rangle=\langle 1,0\rangle$，则称 A 为正规的凸直觉模糊集，并称 A 为直觉模糊数，记作序偶对 $\langle\mu_A(x),v_A(x)\rangle$。

论域 X 上直觉模糊数的全体可记为 IFV(X)。

由此可见，直觉模糊数是特殊的直觉模糊集，所以关于直觉模糊集的运算法则同样适用于直觉模糊数的运算。

定义 3.5 (直觉模糊得分函数与精确函数) 假设 $A=\langle\mu_A(x),v_A(x)\rangle\in\text{IFV}(X)$，则：

(1) 称 $S(A)=\mu_A(x)-v_A(x)$ 为直觉模糊数 A 的直觉模糊得分函数；

(2) 称 $H(A)=\mu_A(x)+v_A(x)$ 为 A 的直觉模糊精确函数。

显然，$H(A)+\pi_A(x)=1$，即犹豫度函数值越大，直觉模糊精确度越低，反之，则直觉模糊精确度越高，完全符合不确定性推理的实际。

定理 3.2[96] 设 $\forall A_1=\langle\mu_{A_1}(x),v_{A_1}(x)\rangle, A_2=\langle\mu_{A_2}(x),v_{A_2}(x)\rangle\in \mathrm{IFV}(X)$，则直觉模糊数的逻辑大小可定义如下。

(1) 若 $S(A_1)\neq S(A_2)$，则可根据得分函数判定直觉模糊数的大小。

(2) 若 $S(A_1)=S(A_2)$，则:

① 若 $H(A_1)=H(A_2)$，则 A_1 等于 A_2，记作 $A_1=A_2$;

②若 $H(A_1)<H(A_2)$，则 A_1 小于 A_2，记作 $A_1<A_2$;

③ 若 $H(A_1)>H(A_2)$，则 A_1 大于 A_2，记作 $A_1>A_2$。

3.3.2 直觉模糊数扩展运算

定义 3.6 (直觉模糊加权平均算子[97]) 假设 $A_i=\langle\mu_{A_i}(x),v_{A_i}(x)\rangle\in \mathrm{IFV}(X)$，$i=[1,n]$，定义直觉模糊算子 $\mathrm{IFWA}:X^n\to X$，如果:

$$\mathrm{IFWA}_\omega(A_1,A_2,\cdots,A_n)=\omega_1A_1+\omega_2A_2+\cdots+\omega_nA_n=\sum_{i=1}^{n}\omega_iA_i$$

则称 IFWA 为直觉模糊加权平均算子，其中 $\omega_1,\omega_2,\cdots,\omega_n$ 分别为 $A_1,A_2,\cdots,A_n$ 的加权系数，且 $\omega_i\in[0,1]$，$\sum\limits_{i-1}^{n}\omega_i=1$。特别地，当 $\omega_i\equiv 1/n$ 时，称 IFWA 为直觉模糊平均算子。

根据定义 3.6 可知，IFWA 集成运算结果仍为直觉模糊数，且

$$\mathrm{IFWA}_\omega(A_1,A_2,\cdots,A_n)=\left\langle 1-\prod_{i=1}^{n}(1-\mu_{A_i}(x))^{\omega_i},\prod_{i=1}^{n}(v_{A_i}(x))^{\omega_i}\right\rangle$$

定义 3.7 (直觉模糊加权几何算子[97]) 假设 $A_i-\langle\mu_{A_i}(x),v_{A_i}(x)\rangle\in \mathrm{IFV}(X)$，$i=[1,n]$，定义直觉模糊算子 $\mathrm{IFWG}:X^n\to X$，如果:

$$\mathrm{IFWG}_\omega(A_1,A_2,\cdots,A_n)=\prod_{i=1}^{n}\omega_iA_i=\left\langle\prod_{i=1}^{n}(\mu_{A_i}(x))^{\omega_i},1-\prod_{i=1}^{n}(1-v_{A_i}(x))^{\omega_i}\right\rangle$$

则称 IFWG 为直觉模糊加权几何算子，其中 $\omega_1,\omega_2,\cdots,\omega_n$ 分别为 $A_1,A_2,\cdots,A_n$ 的指数加权系数，且 $\omega_i\in[0,1],\sum\limits_{i=1}^{n}\omega_i=1$。

在直觉模糊数集成运算中，直觉模糊算子的提出有效地解决了信息丢失而引起的决策准确性和合理性降低的问题，其中 IFWA_ω 研究的是整体数据集的系统特性，而 IFWG_ω 则强调单个数据对系统运行的影响。

假设 $\{A_i\},\{B_i\},i\in[1,n]$ 为有限域 X 上的 IFS，$\forall x\in X$，如果 $A_i\leqslant B_i$，即 $\mu_{A_i}(x)\leqslant\mu_{B_i}(x)$ 且 $v_{A_i}(x)\geqslant v_{B_i}(x)$，则

$$\mathrm{IFWA}_\omega(A_1,A_2,\cdots,A_n)\leqslant \mathrm{IFWA}_\omega(B_1,B_2,\cdots,B_n)$$

$$\mathrm{IFWG}_\omega(A_1, A_2, \cdots, A_n) \leqslant \mathrm{IFWG}_\omega(B_1, B_2, \cdots, B_n)$$

3.4　直觉模糊关系及其合成运算

3.4.1　直觉模糊关系

直觉模糊关系是一个建立在集合直积论域上的特殊直觉模糊集，由于增加了属性参数，直觉模糊关系不仅满足模糊关系理论基本性质及其运算规则，而且呈现出了新的直觉模糊特性。

定义 3.8 (直觉模糊关系[98])　设 X, Y 为普通、有限、非空集合或论域，称定义在 $X \times Y$ 上的直觉模糊集 R 为从 X 到 Y 的二元直觉模糊关系，可表示为

$$R = \{\langle (x, y),\ \mu_R(x, y),\ \gamma_R(x, y)\rangle | x \in X, y \in Y\}$$

其中，$\mu_R(x, y), \gamma_R(x, y) : X \times Y \to [0,\ 1]$ 分别表示直觉模糊关系 R 的隶属度函数与非隶属度函数，且 $\forall (x, y) \in X \times Y$，$0 \leqslant \mu_R(x, y) + \gamma_R(x, y) \leqslant 1$。

记 $X \times Y$ 上直觉模糊关系集合的全体为 $R_{\mathrm{IF}}(X \times Y)$。特别地：当 $\langle \mu_R(x, y), \gamma_R(x, y)\rangle \equiv \langle 0, 1\rangle$ 时，称 R 为直觉模糊零关系，记作 0_{IF}；当 $\langle \mu_R(x, y), \gamma_R(x, y)\rangle \equiv \langle 1, 0\rangle$ 时，称 R 为直觉模糊全关系，记作 E_{IF}；当 $\begin{cases} \langle \mu_R(x, y), \gamma_R(x, y)\rangle \equiv \langle 1, 0\rangle, & x = y \\ \langle \mu_R(x, y), \gamma_R(x, y)\rangle \equiv \langle 0, 1\rangle, & x \neq y \end{cases}$ 时，称 R 为直觉模糊恒等关系，记作 I_{IF}。

定义 3.9 (直觉模糊逆关系[98])　设 $R \in R_{\mathrm{IF}}(X \times Y)$，若定义 $R^{-1} \in R_{\mathrm{IF}}(Y \times X)$ 为

$$R^{-1} = \langle \mu_{R^{-1}}(y, x), \gamma_{R^{-1}}(y, x)\rangle = \langle \mu_R(x, y), \gamma_R(x, y)\rangle$$

则称 Y 到 X 的直觉模糊关系 R^{-1} 为 R 的直觉模糊逆关系。

性质 3.1　若 R, P 表示 $X \times Y$ 上从 X 到 Y 的直觉模糊关系，$\forall (x, y) \in X \times Y$，则：

(1) $R \leqslant P \Leftrightarrow \mu_R(x, y) \leqslant \mu_P(x, y)$ 且 $\gamma_R(x, y) \geqslant \gamma_P(x, y)$；

(2) $R \preceq P \Leftrightarrow \mu_R(x, y) \leqslant \mu_P(x, y)$ 且 $\gamma_R(x, y) \leqslant \gamma_P(x, y)$；

(3) $R = P \Leftrightarrow \mu_R(x, y) = \mu_P(x, y)$ 且 $\gamma_R(x, y) = \gamma_P(x, y)$；

(4) $R \vee P = \{\langle (\mu_R(x, y) \vee \mu_P(x, y),\ \gamma_R(x, y) \wedge \gamma_P(x, y)\rangle | x \in X,\ y \in Y\}$；

(5) $R \wedge P = \{\langle \mu_R(x, y) \wedge \mu_P(x, y),\ \gamma_R(x, y) \vee \gamma_P(x, y)\rangle | x \in X,\ y \in Y\}$；

(6) $R^c = \{\langle \gamma_R(x, y),\ \mu_R(x, y)\rangle | x \in X,\ y \in Y\}$。

定理 3.2　设 R、P 和 Q 分别为 $X \times Y$ 上的直觉模糊关系，则：

(1) $R \leqslant P \Rightarrow R^{-1} \leqslant P^{-1}$；

(2) $(R \vee P)^{-1} = R^{-1} \vee P^{-1}$；

(3) $(R \wedge P)^{-1} = R^{-1} \wedge P^{-1}$;

(4) $(R^{-1})^{-1} = R$;

(5) $R \wedge (P \vee Q) = (R \wedge P) \vee (R \wedge Q), R \vee (P \wedge Q) = (R \vee P) \wedge (R \vee Q)$;

(6) $R \vee P \geqslant R, R \vee P \geqslant P, R \wedge P \leqslant R, R \wedge P \leqslant P$;

(7) 若 $R \geqslant P$ 且 $R \geqslant Q$，则 $R \geqslant (P \vee Q)$，若 $R \leqslant P$ 且 $R \leqslant Q$，则 $R \leqslant (P \wedge Q)$。

证明 根据直觉模糊关系的定义及其性质证明定理 3.2 的 (1)、(3) 和 (5) 式，其余类似。

(1) 由 $R \leqslant P$，$\forall (x, y) \in X \times Y$，则

$$\begin{cases} \mu_R(x,y) = \mu_{R^{-1}}(y,x) \leqslant \mu_P(x,y) = \mu_{P^{-1}}(y,x) \\ \gamma_R(x,y) = \gamma_{R^{-1}}(y,x) \geqslant \gamma_P(x,y) = \gamma_{P^{-1}}(y,x) \end{cases}$$

故 $R^{-1} \leqslant P^{-1}$，(1) 式成立。

(3) $\mu_{(R\wedge P)^{-1}}(y,x) = \mu_{(R\wedge P)}(x,y) = \mu_R(x,y) \wedge \mu_P(x,y) = \mu_{R^{-1}}(y,x) \wedge \mu_{P^{-1}}(y,x)$，则

$$\mu_{(R\wedge P)^{-1}}(y,x) = \mu_{(R^{-1}\wedge P^{-1})}(y,x)$$

同理，$\gamma_{(R\wedge P)^{-1}}(y,x) = \gamma_{(R^{-1}\wedge P^{-1})}(y,x)$，则 (3) 式成立。

(5) $\mu_{R\wedge(P\vee Q)}(x,y) = \mu_R(x,y) \wedge (\mu_P(x,y) \vee \mu_Q(x,y))$

$$\begin{aligned} &= (\mu_R(x,y) \wedge \mu_P(x,y)) \vee (\mu_R(x,y) \wedge \mu_Q(x,y)) \\ &= \mu_{R\wedge P}(x,y) \vee \mu_{R\wedge Q}(x,y) = \mu_{(R\wedge P)\vee(R\wedge Q)}(x,y) \end{aligned}$$

同理，$\gamma_{R\wedge(P\vee Q)}(x,y) = \gamma_{(R\wedge P)\vee(R\wedge Q)}(x,y)$，则命题成立。

由此可见，直觉模糊关系是对模糊关系的直觉模糊化拓展。

若 X, Y 为有限论域，则从 X 到 Y 的二元直觉模糊关系 R 可表示为矩阵的形式，称该矩阵为直觉模糊关系矩阵，记作 $R = \{\langle \mu_{ij}, \gamma_{ij} \rangle\}_{m\times n}$，其中 $\mu_{ij} = \mu_R(x_i, y_j)$，$\gamma_{ij} = \gamma_R(x_i, y_j)$ 分别表示元素 x_i 与 y_j 间符合与不符合直觉模糊关系 R 的置信程度，即

$$R = \begin{bmatrix} \langle \mu_R(x_1,y_1), \gamma_R(x_1,y_1) \rangle & \langle \mu_R(x_1,y_2), \gamma_R(x_1,y_2) \rangle & \cdots & \langle \mu_R(x_1,y_n), \gamma_R(x_1,y_n) \rangle \\ \langle \mu_R(x_2,y_1), \gamma_R(x_2,y_1) \rangle & \langle \mu_R(x_2,y_2), \gamma_R(x_2,y_2) \rangle & \cdots & \langle \mu_R(x_2,y_n), \gamma_R(x_2,y_n) \rangle \\ \vdots & \vdots & & \vdots \\ \langle \mu_R(x_m,y_1), \gamma_R(x_m,y_1) \rangle & \langle \mu_R(x_m,y_2), \gamma_R(x_m,y_2) \rangle & \cdots & \langle \mu_R(x_m,y_n), \gamma_R(x_m,y_n) \rangle \end{bmatrix}$$

若 X_1，X_2，$\cdots$，X_n 表示 n 个集合，则直积论域 $X_1 \times X_2 \times \cdots \times X_n$ 上的 n 元直觉模糊关系 R 可定义为

$$R = \{\langle \mu_R(x_1, x_2, \cdots, x_n),\ \gamma_R(x_1, x_2, \cdots, x_n) \rangle | x_i \in X_i, i = 1, 2, \cdots, n\}$$

其中，$\mu_R, \gamma_R : X_1 \times X_2 \times \cdots \times X_n \to [0,\ 1]$ 满足条件：$\forall (x_1, x_2, \cdots, x_n) \in X_1 \times X_2 \times \cdots \times X_n, 0 \leqslant \mu_R(x_1, x_2, \cdots, x_n) + \gamma_R(x_1, x_2, \cdots, x_n) \leqslant 1$。

定义 3.10 (直觉模糊关系的截集[101])　设二元直觉模糊关系 $R \in R_{\mathrm{IF}}(X \times Y)$，$\forall \alpha, \beta \in [0,1]$ 且 $\alpha + \beta \leqslant 1$，则定义 R 的 (α, β) 截集 $R_{(\alpha,\beta)}$ 为

$$R_{(\alpha,\beta)} = \{(x,y) | \mu_R(x,y) \geqslant \alpha, \gamma_R(x,y) \leqslant \beta, (x,y) \in X \times Y\}$$

显然，$R_{(\alpha,\beta)}$ 是一个经典二元关系。特别地，当 $R = \{\langle \mu_{ij}, \gamma_{ij} \rangle\}_{m \times n}$ 为直觉模糊关系矩阵时，$R_{(\alpha,\beta)}$ 就称作 R 的截矩阵，即 $R_{(\alpha,\beta)} = (r_{ij})_{m \times n}$，其中，当 $\mu_{ij} \geqslant \alpha$ 且 $\gamma_{ij} \leqslant \beta$ 时，$r_{ij} = 1$，否则，$r_{ij} = 0$。

定理 3.3　设 $R \in R_{\mathrm{IF}}(X \times Y)$，$\forall \alpha, \beta \in [0,1]$，且 $\alpha + \beta \leqslant 1$，则 $(R^{-1})_{(\alpha,\beta)} = (R_{(\alpha,\beta)})^{-1}$。

3.4.2　直觉模糊关系合成运算

1. 直觉模糊三角模及其剩余蕴涵

模糊三角模及其剩余蕴涵是关于 Zadeh 模糊集“交”“并”运算的一般化描述，是进行模糊推理、模糊优化以及模糊控制与决策的理论基础，其在模糊理论体系中占有重要的地位。直觉模糊三角模及其剩余蕴涵是模糊三角模及其剩余蕴涵的直觉模糊扩展。

定义 3.11 (完备格[99])　假设集合 $L^* = \{(x_1, x_2) \,|x_1, x_2 \in [0,1], x_1 + x_2 \leqslant 1\}$ 及运算 $\leqslant_{L^*}$，若 $\forall x = (x_1, x_2) \in L^*$，$y = (y_1, y_2) \in L^*$，均有 $(x_1, x_2) \leqslant_{L^*} (y_1, y_2) \Leftrightarrow x_1 \leqslant y_1$ 且 $x_2 \geqslant y_2$ 成立，则称 $(L^*, \leqslant_{L^*})$ 为完备格。

因此，直觉模糊集 A 在论域 X 上可通过映射 $X \to L^* : x \mapsto (\mu_A(x), \gamma_A(x))$ 转化为格的形式，且 $0_{L^*} = (0,1)$，$1_{L^*} = (1,0)$。

定义 3.12 (直觉模糊三角模[99,100])　假设映射 $\varPhi_{\mathrm{IF}} : L^* \times L^* \to L^*$，$\forall x^i = (x_1^i, x_2^i) \in L^*$，$i = 1, 2, \cdots$，若 $\varPhi_{\mathrm{IF}}$ 具备以下特性：

(1) 两极性，$\varPhi_{\mathrm{IF}}(0_{L^*}, 0_{L^*}) = 0_{L^*}, \varPhi_{\mathrm{IF}}(1_{L^*}, 1_{L^*}) = 1_{L^*}$；

(2) 交换性，$\varPhi_{\mathrm{IF}}(x^1, x^2) = \varPhi_{\mathrm{IF}}(x^2, x^1)$；

(3) 交合性，$\varPhi_{\mathrm{IF}}(\varPhi_{\mathrm{IF}}(x^1, x^2), x^3) = \varPhi_{\mathrm{IF}}(x^1, \varPhi_{\mathrm{IF}}(x^2, x^3))$；

(4) 单调性，$x^1 \leqslant_{L^*} x^2, x^3 \leqslant_{L^*} x^4 \Rightarrow \varPhi_{\mathrm{IF}}(x^1, x^3) \leqslant_{L^*} \varPhi_{\mathrm{IF}}(x^2, x^4)$。

则称 $\varPhi_{\mathrm{IF}}$ 为直觉模糊三角模，且：$\forall x \in L^*$，若 $\varPhi_{\mathrm{IF}}(x, 1_{L^*}) = x$，称 $\varPhi_{\mathrm{IF}}$ 为直觉模糊 T 模，记作 T_{IF}；$\forall x \in L^*$，若 $\varPhi_{\mathrm{IF}}(x, 0_{L^*}) = x$，称 $\varPhi_{\mathrm{IF}}$ 为直觉模糊 S 模，记作 S_{IF}。

显然，若令 $L^* = [0,1]$，直觉模糊 T 模和 S 模就可转化为直觉模糊 T-范数与 S-范数。

定义 3.13 (对偶直觉模糊三角模[99])　假设 $\varPhi_{\mathrm{IF}}^1, \varPhi_{\mathrm{IF}}^2$ 分别表示 $L^* = [0,1]$ 上的直觉模糊三角模，若对 $\forall x = (x_1, x_2) \in L^*$，均有 $\varPhi_{\mathrm{IF}}^1(x_1, x_2) = 1 - \varPhi_{\mathrm{IF}}^2(1 - x_1, 1 - x_2)$

成立，则称 Φ_{IF}^1，Φ_{IF}^2 为对偶直觉模糊三角模。

由直觉模糊范数的对偶性可知，直觉模糊 T 模和 S 模是对偶直觉模糊三角模。

定义 3.14 (T-可表示的直觉模糊三角模[100]) 假设 $T_{\mathrm{IF}}, S_{\mathrm{IF}}$ 分别表示直觉模糊 T 模与 S 模，$\forall x^1, x^2 \in L^*$，定义 $[0,1]\times[0,1]\to[0,1]$ 的二元算子 $\varGamma$ 和 $\varPsi$ 为

$$\begin{cases} \varGamma(x^1,x^2)=(T_{\mathrm{IF}}(x_1^1,x_2^1), S_{\mathrm{IF}}(x_1^2,x_2^2)) \\ \varPsi(x^1,x^2)=(S_{\mathrm{IF}}(x_1^1,x_2^1), T_{\mathrm{IF}}(x_1^2,x_2^2)) \end{cases}$$

根据模运算的对偶性可知：

$$\varGamma(x^1,x^2)=(T_{\mathrm{IF}}(x_1^1,x_2^1), 1-T_{\mathrm{IF}}(1-x_1^2,1-x_2^2))$$

$$\varPsi(x^1,x^2)=(1-T_{\mathrm{IF}}(1-x_1^1,1-x_2^1), T_{\mathrm{IF}}(x_1^2,x_2^2))$$

容易验证 $0\leqslant T_{\mathrm{IF}}(x_1^1,x_2^1)+1-T_{\mathrm{IF}}(1-x_1^2,1-x_2^2)\leqslant 1$，则 $\varGamma,\varPsi$ 满足定义 3.12 的四条特性，且 $\varGamma(x^1,1)=x^1, \varPsi(x^1,0)=x^1$。

因此，二元算子 $\varGamma$ 和 $\varPsi$ 可分别表示直觉模糊 T 模和 S 模，并称为 T-可表示的直觉模糊三角模。

定义 3.15 (直觉模糊三角模剩余蕴涵[99]) 假设 $\varPhi$ 是 $L^*=[0,1]$ 上的下半连续 T-可表示的直觉模糊三角模，定义 $L^*\times L^*\to L^*$ 上的二元算子 $\varTheta_\varPhi$ 为

$$\varTheta_\varPhi(x^1,x^2)=\sup\{x^3\in L^* \,|\varPhi(x^1,x^3)\leqslant_{L^*} x^2,\ \forall x^1,x^2,x^3\in L^*\}$$

称 $\varTheta_\varPhi$ 为 $\varPhi$ 的直觉模糊三角模剩余蕴涵。

定理 3.4 设 θ_T 是三角 T 模的剩余蕴涵，$\varTheta_\varPsi$ 为 $L^*=[0,1]$ 上 $\varPhi$ 的直觉模糊三角模，则 $\varTheta_\varPhi$ 的剩余蕴涵可表示为

$$\varTheta_\varPhi(x^1,x^2)=(\theta_T(x_1^1,x_1^2)\wedge\theta_T(1-x_2^1,1-x_2^2), 1-\theta_T(1-x_2^1,1-x_2^2)),\ \ \forall x^1,x^2\in L^*$$

证明
$$\begin{aligned}\varTheta_\varPhi(x^1,x^2)&=\sup\{x^3\in L^* \,|\varPhi(x^1,x^3)\leqslant_{L^*} x^2\}\\ &=\sup\{x^3\in L^* \,|T_{\mathrm{IF}}(x_1^1,x_1^3), 1-T_{\mathrm{IF}}(1-x_2^1,1-x_2^3)\leqslant_{L^*}(x_1^2,x_2^2)\}\\ &=\sup\{x^3\in L^* \,|T_{\mathrm{IF}}(x_1^1,x_1^3)\leqslant x_1^2, T_{\mathrm{IF}}(1-x_2^1,1-x_2^3)\leqslant 1-x_2^2\}\end{aligned}$$

由于 $0\leqslant x_1^3+x_2^3\leqslant 1$，则对 x^3 求上界，等价于分别对 x_1^3，x_2^3 求上界和下界。因此，为确保 $x_1^3+x_2^3\in[0,1]$，对 x_1^3 增加约束项，即

$$\begin{aligned}\varTheta_\varPhi(x^1,x^2)=&(\sup\{x_1^3\in L^* \,|T_{\mathrm{IF}}(x_1^1,x_1^3)\leqslant x_1^2, T_{\mathrm{IF}}(1-x_2^1,x_1^3)\leqslant 1-x_2^2\},\\ &\inf\{x_2^3\in L^* \,|T_{\mathrm{IF}}(1-x_2^1,1-x_2^3)\leqslant 1-x_2^2\})\\ =&(\theta_T(x_1^1,x_1^2)\wedge\theta_T(1-x_2^1,1-x_2^2), 1-\sup\{(1-x_2^3)\\ &\in L^* \,|T_{\mathrm{IF}}(1-x_2^1,1-x_2^3)\leqslant 1-x_2^2)\})\\ =&(\theta_T(x_1^1,x_1^2)\wedge\theta_T(1-x_2^1,1-x_2^2), 1-\theta_T(1-x_2^1,1-x_2^2))\end{aligned}$$

定理 3.4 将三角模剩余蕴涵与直觉模糊三角模剩余蕴涵运算联系起来，从而简化了直觉模糊三角模剩余蕴涵运算过程，提高了运算效率。

2. 直觉模糊关系的合成运算

定义 3.16 (直觉模糊合成关系[98]) 假设 α、β、λ 和 ρ 分别为直觉模糊 T 或 S 三角模，但不一定是两两对偶的关系。若 $\forall R \in R_{\mathrm{IF}}(X \times Y)$，$P \in R_{\mathrm{IF}}(Y \times Z)$，则直觉模糊合成关系 $R^{\alpha}_{\lambda} \circ^{\beta}_{\rho} P \in R_{\mathrm{IF}}(X \times Z)$ 可定义为

$$R\,^{\alpha}_{\lambda} \circ^{\beta}_{\rho}\, P = \{\langle \mu_{R\,^{\alpha}_{\lambda}\circ^{\beta}_{\rho}\,P}(x,z),\ \gamma_{R\,^{\alpha}_{\lambda}\circ^{\beta}_{\rho}\,P}(x,z)\rangle | x \in X,\ z \in Z\}$$

其中，

$$\mu_{R\,^{\alpha}_{\lambda}\circ^{\beta}_{\rho}\,P}(x,z) = \underset{y}{\alpha}\{\beta[\mu_R(x,y),\ \mu_P(y,z)]\}$$

$$\gamma_{R\,^{\alpha}_{\lambda}\circ^{\beta}_{\rho}\,P}(x,z) = \underset{y}{\lambda}\{\rho[\gamma_R(x,y),\ \gamma_P(y,z)]\}$$

且 $\forall (x,z) \in X \times Z$，$\mu_{R\,^{\alpha}_{\lambda}\circ^{\beta}_{\rho}\,P}(x,z), \gamma_{R\,^{\alpha}_{\lambda}\circ^{\beta}_{\rho}\,P}(x,z) \in [0,1], 0 \leqslant \mu_{R\,^{\alpha}_{\lambda}\circ^{\beta}_{\rho}\,P}(x,z) + \gamma_{R\,^{\alpha}_{\lambda}\circ^{\beta}_{\rho}\,P}(x,z) \leqslant 1$。取 $\alpha = \vee$, $\beta = \wedge$, $\lambda = \wedge, \rho = \vee$，并简记上述关系为 $R \circ P \in R_{\mathrm{IF}}(X \times Z)$。

假设 $X = \{x_1, x_2, \cdots, x_m\}$、$Y = \{y_1, y_2, \cdots, y_n\}$ 和 $Z = \{z_1, z_2, \cdots, z_l\}$ 均为有限论域，由于二元直觉模糊关系 R 可表示为直觉模糊关系矩阵，直觉模糊关系 $R \in R_{\mathrm{IF}}(X \times Y)$ 可表示为 $m \times n$ 阶直觉模糊关系矩阵 $(\langle \mu_R(x_i, y_k), \gamma_R(x_i, y_k)\rangle)_{m\times n}$，直觉模糊关系 $P \in R_{\mathrm{IF}}(Y \times Z)$ 可表示为 $n \times l$ 阶直觉模糊关系矩阵 $(\langle \mu_R(y_k, z_j), \gamma_R(y_k, z_j)\rangle)_{n\times l}$。所以直觉模糊合成关系 $S = R \circ P \in R_{\mathrm{IF}}(X \times Z)$ 可相应地表示为 $m \times l$ 阶直觉模糊合成关系矩阵 $(\langle \mu_S(x_i, z_j), \gamma_R(x_i, z_j)\rangle)_{m\times l}$，其矩阵元素可定义为

$$\langle \mu_S(x_i, z_j), \gamma_R(x_i, z_j)\rangle = \left\langle \bigvee_{k=1}^{n} (\mu_R(x_i, y_k) \wedge \mu_R(y_k, z_j)),\ \bigwedge_{k=1}^{n} (\mu_R(x_i, y_k) \vee \mu_R(y_k, z_j)) \right\rangle$$

其中，$i = 1, 2, \cdots, m$; $j = 1, 2, \cdots, l$。

定理 3.5[98] 假设 R, P, S 分别表示二元直觉模糊关系，且其相互间可进行直觉模糊合成运算，则其满足:

(1) 结合律，$(R \circ P) \circ S = R \circ (P \circ S)$;

(2) 左右分配律, $(R \vee P) \circ S = (R \circ S) \vee (P \circ S), R \circ (P \vee S) = (R \circ P) \vee (R \circ S)$;

(3) 单调性，$R \leqslant P \Rightarrow (R \circ S) \leqslant (P \circ S)$;

(4) 严格性，$(R \wedge P) \circ S \leqslant (R \circ S) \wedge (P \circ S), R \circ (P \wedge S) \leqslant (R \circ P) \wedge (R \circ S)$。

定理 3.6 [98] 假设 $R \in R_{\mathrm{IF}}(X \times Y)$，$P \in R_{\mathrm{IF}}(Y \times Z)$，则 $(R \circ P)^{-1} = P^{-1} \circ R^{-1}$。

性质 3.2 假设直觉模糊关系 $R \in R_{\mathrm{IF}}(X \times X)$，则:

(1) $R \circ I_{\mathrm{IF}} = I_{\mathrm{IF}} \circ R = R$;

(2) $R \circ 0_{\mathrm{IF}} = 0_{\mathrm{IF}} \circ R = 0_{\mathrm{IF}}$;

(3) $R^{m+1} = R^m \circ R,\ R^0 = I_{\mathrm{IF}}$。

性质 3.3 假设直觉模糊关系 $R \in R_{\mathrm{IF}}(X \times X)$，则 R 是:

(1) 自反的，$\forall x \in X,\ \langle \mu_R(x,x), \gamma_R(x,x)\rangle = \langle 1, 0\rangle$;

(2) 逆自反的，$\forall x \in X,\ \langle \mu_R(x,x), \gamma_R(x,x)\rangle = \langle 0, 1\rangle$，即 R^{-1} 是自反的;

(3) 对称的，$\forall (x,y) \in X \times X$，则 $R = R^{-1}$，即 $\mu_R(x,y) = \mu_R(y,x)$ 且 $\gamma_R(x,y) = \gamma_R(y,x)$，否则，称为不对称的;

(4) 传递的，$\forall \lambda \in [0,1]$，$(x,y,z) \in X \times Y \times Z$，若 $\mu_R(x,y) \geqslant \lambda$ 且 $\gamma_R(x,y) \leqslant \lambda$ 与 $\mu_R(y,z) \geqslant \lambda$ 且 $\gamma_R(y,z) \leqslant \lambda$ 成立，则 $\mu_R(x,z) \geqslant \lambda$ 且 $\gamma_R(x,z) \leqslant \lambda$。

定义 3.17[98] 假设直觉模糊关系 $R \in R_{\mathrm{IF}}(X \times X)$，那么:

(1) 若 R 满足自反性、逆自反性和对称性，则称 R 为直觉模糊相似关系，且当 X 为有限论域时，称 R 为直觉模糊相似矩阵;

(2) 若 R 满足自反性、逆自反性、对称性和传递性，则称 R 为直觉模糊等价关系，且当 X 为有限论域时，称 R 为直觉模糊等价矩阵。

第4章 证据理论

4.1 引　言

1967 年，美国哈佛大学的 Dempster 教授提出了上下概率的概念[30]，取消了概率的可加性限制条件，为证据理论的建立奠定了基础。Dempster 模型[30] 基于多值映射，是上下概率模型的一个特例，由于该模型可以有效处理概率模型与上下概率模型难以解决的某些问题，因此受到了研究者的广泛关注。Dempster 模型将概率论中的概率函数推广为信任函数，但是由于信任函数不再遵循概率论中的一些经典原理，因此受到一些研究者的质疑[135]。

1976 年，Dempster 的学生 Shafer 对该模型进行完善补充，出版了 *A Mathematical Theory of Evidence*(《证据的数学理论》)[31] 一书，该书标志着证据理论的正式诞生。与经典概率论相似，证据理论使用 $[0,1]$ 的实数来表示对各命题的信任程度，即信任函数，因此，证据理论也被称作信任函数理论。与经典概率论不同，证据理论将信任程度分配到事件所有可能的集合上，并不仅限于单个事件。由于证据理论是对经典概率论直接和自然的扩展，所以被众多学者所接受，证据理论本身也得到了广泛的关注和发展。

相对于 Dempster 模型，证据理论具有更加坚实的数学基础，但其对信任函数的解释是在概率论的框架内进行，即基本概率分配函数，Dempster 模型中一些问题的合理性仍然未能从根本上进行证明，而且，证据理论也被一些概率论的坚持者认为是不必要的[136]。尽管如此，证据理论在批评与质疑中依然备受关注，相关学者从更明确的物理意义、更坚实的理论基础及更丰富的数学形式等角度出发对证据理论进行不断的完善，证据理论中相关概念的内涵和外延被不断深化与拓展，经过几十年的发展，证据理论已成为不确定性信息处理的主要方法之一。

随着证据理论应用范围的不断广泛，研究者逐渐发现，证据理论对大部分不确定性融合与决策问题都可以获得较为合理的结果，但对某些极端情况的处理则可能会出现并不合理的结果，甚至会出现悖论[39,135,137]。相关研究者认为，证据建模的合理性[48,51,138] 以及证据组合的有效性[51,138,139] 是造成这些不合理结果的主要原因。为了解决存在的问题，研究者一方面对证据建模和证据组合规则理论基础进行修正或改进，另一方面则面向实际应用提出证据理论的具体应用策略，尤其是在不确定信息融合领域，构建了大量基于证据理论的不确定信息处理系统和算法，在实际应用问题的解决中发挥了重要的作用。

4.2 证据理论的数学基础

证据理论基于概率论建立，是对经典概率论直接和自然的扩展。本节将从概率论相关基础出发，介绍证据理论的基本概念、符号定义、Dempster 组合规则、证据理论的主要问题等。

4.2.1 概率模型

概率论使用概率测度来描述事件的不确定性，是最早用于不确定信息处理的数学方法，在很长的一段历史时期内，它也是不确定信息处理唯一可用的数学工具[25]。经过三个多世纪的发展完善，概率论已经拥有一套完整的不确定性信息表示和推理方法，并发展成为具备不确定信息表示和推理能力的成熟理论体系。

定义 4.1 (概率分布函数) 若函数 $p:\Theta\rightarrow[0,1]$ 满足 $\sum\limits_{\theta\in\Theta}p(\theta)=1$，则称其为概率分布函数。

定义 4.2 (概率函数) 若函数 $P:2^{\Theta}\rightarrow[0,1]$ 满足下列性质，则称其为概率函数：

(1) $P(\varnothing)=0$;

(2) $P(\Theta)=1$;

(3) $\forall A_1,A_2\subseteq\Theta$，若 $A_1\cap A_2=\varnothing$，那么 $P(A_1\cup A_2)=P(A_1)+P(A_2)$。

定义 4.2 中的性质 (3) 可以扩展至多子集的情况，即在 Θ 的 n 个子集 $A_1,A_2,\cdots,A_n(n\geqslant 2)$ 中，若任意两个的交集都为空集，那么：

$$P\left(\bigcup_{i=1}^{n}A_i\right)=\sum_{i=1}^{n}P(A_i) \tag{4.1}$$

离散变量的概率分布函数与概率函数之间存在以下关系：

$$P(A)=\sum_{\theta\in A}p(\theta) \tag{4.2}$$

$$P(\{\theta\})=p(\theta) \tag{4.3}$$

定义 4.3 (条件概率) 对于事件 $A,B\subseteq\Theta$，若 $P(A)>0$，则在事件 A 发生的条件下事件 B 发生的概率可用条件概率表示为

$$P(B|A)=\frac{P(A\cap B)}{P(A)} \tag{4.4}$$

式 (4.4) 又称为概率模型中的信息更新规则，这一过程也称为条件化 (conditioning)，在该过程中 $P(A)$ 为条件化概率信息。

当某些变量的概率信息已知时，可以利用概率论中的信息更新规则来获取其他相关变量的概率，该过程即概率推理。经典的贝叶斯推理就是基于条件概率进行概率估计的。

定理 4.1 (贝叶斯定理) 设随机试验 E 的样本空间为 Θ，事件 $A \subseteq \Theta$，$B_1, B_2, \cdots, B_n$ 为样本空间 Θ 的一个划分，且满足 $P(A) > 0$，$P(B_i) > 0$，$i = 1, 2, \cdots, n$，则

$$P(B_i|A) = \frac{P(A|B_i)P(B_i)}{P(A)} \tag{4.5}$$

其中

$$P(A) = \sum_{j=1}^{n} P(A|B_j)P(B_j) \tag{4.6}$$

依据贝叶斯定理可以进行贝叶斯推理。式 (4.5) 和式 (4.6) 中，$P(B_j)$ 为先验概率；$P(A|B_j)$ 为条件概率；$P(B_i|A)$ 为后验概率。通过贝叶斯定理可计算得到后验概率 $P(B_i|A), i = 1, 2, \cdots, n$，在此基础上依据最大可能性 (maximum likelihood，ML) 准则或最大后验 (maximum a-posteriori，MAP) 概率准则进行决策 [140]。

概率模型具有坚实的数学基础和完善的理论体系，应用十分广泛，但它却难以有效地描述完全未知的信任状态。在概率模型中，通常用 Θ 上的均匀分布来表示对真实结果的一无所知，但当 $\forall A, B \subseteq \Theta$ 满足 $|A| > |B|$($|\cdot|$ 表示集合的势) 时，出现 $P(A) > P(B)$ 的结果，该结果明显与完全无知的情况相矛盾。因此一些学者指出，均匀分布这一附加假设的合理性无法得到证明[141]。

4.2.2 上下概率模型

概率模型中，$\forall A \subseteq \Theta$ 的概率用 $[0, 1]$ 中的实数 $P(A)$ 来表示。事实上，在部分情况下，并不能精确地用唯一的概率数值来估计某一事件发生的概率，而是只能用包含若干个离散数值的集合或一个连续的取值区间来对概率进行估计，上下概率模型的提出就是为了更好地处理这种情况。

假设有一枚特殊的硬币，两面完全一样，但不知其都为正面 (H) 还是都为反面 (T)。利用这枚硬币进行抛掷实验时，可以得到出现正面的概率为 $P(H) = 0$ 或 $P(H) = 1$，即 $P(H) \in \{0,1\}$；同样可以得到 $P(T) = 0$ 或 $P(T) = 1$，即 $P(T) \in \{0,1\}$。

对于所有此类概率取值不确定的情况，可用一个集合 Π 来表示该事件所有可能的概率取值，利用概率可能取到的最大值与最小值来唯一确定该集合。

定义 4.4 (上下概率函数) 若事件 $A \subseteq \Theta$ 的概率无法进行精确估计，其所有可能的概率取值构成集合 $\varPi$。上概率函数 $P^*: 2^{\Theta} \to [0,1]$ 与下概率函数 $P_*: 2^{\Theta} \to [0,1]$ 分别定义为

$$P^*(A) = \sup_{P \in \varPi} P(A) \tag{4.7}$$

$$P_*(A) = \inf_{P \in \varPi} P(A) \tag{4.8}$$

且满足

$$P_*(A) \leqslant P(A) \leqslant P^*(A) \tag{4.9}$$

以及

$$P^*(A) = 1 - P_*(\bar{A}) \tag{4.10}$$

其中，$\bar{A}$ 为 Θ 中 A 的补集。

不难发现，当 $P_*(A) = P^*(A)$ 时，上下概率退化为一般概率模型中的概率取值。

对于事件 $B \subseteq \Theta$，当其发生的概率 $P(B) > 0$ 时，在此条件下可以对 $\varPi$ 中的概率取值进行条件化，该过程与概率模型中的条件化相同，可以将 $\varPi$ 中每个概率取值按式 (4.4) 计算条件概率 $P(A|B)$，经过条件化后，概率集合更新为 $\varPi_{A|B}$：

$$\varPi_{A|B} = \left\{ P(B) > 0, \forall A \subseteq \Theta, P(A|B) = \frac{P(A \cap B)}{P(B)} \right\} \tag{4.11}$$

因此，$\forall A \subseteq \Theta$，其条件化上下概率可表示为

$$P^*(A|B) = \sup_{P(A|B) \in \varPi_{A|B}} = \sup_{P \in \varPi} P(A|B) \tag{4.12}$$

$$P_*(A|B) = \inf_{P(A|B) \in \varPi_{A|B}} = \inf_{P \in \varPi} P(A|B) \tag{4.13}$$

由此可见，上下概率模型与基本概率模型的区别在于概率取值不唯一，但在形式上比概率模型更为灵活，在先验信息有限的条件下能够获得比较稳健的判决结果。然而对于一些具体问题，如果出现 $P_*(A) = 0$，$P^*(A) = 1$ 的情况，上下概率模型将不能为决策提供有价值的参考，需要获取更多的信息来进行判决。

4.2.3 Dempster 模型

Dempster 模型基于多值映射，是上下概率模型的特例。

假设 X 与 Y 是两个空间，P_X 为定义在空间 X 上的概率函数，定义 $M: X \to 2^Y$ 为一个多值映射，在该多值映射下，$\forall x \in X$ 的象为 $M(x) \in Y$，那么，如何根据 P_X 来估计空间 Y 上的概率函数 P_Y？根据 Dempster 的解释，并不能根据 P_X

精确估计出一切 $A \subseteq Y$ 的概率 $P_Y(A)$，只能借助上下概率模型对 Y 上的概率 P_Y 进行定义。$\forall A \subseteq Y$，其上下概率可表示为

$$P^*(A) = P_X(M^*(A)) \tag{4.14}$$

$$P_*(A) = P_X(M_*(A)) \tag{4.15}$$

其中

$$M^*(A) = \{x : x \in X, M(x) \cap A \neq \varnothing\} \tag{4.16}$$

$$M_*(A) = \{x : x \in X, M(x) \subseteq A, M(x) \neq \varnothing\} \tag{4.17}$$

根据全概率公式，可以得到 $\forall A \subseteq Y$ 的概率：

$$P_Y(A) = \sum_{x \in X} P_Y(A|x) P_X(x) \tag{4.18}$$

据此可以得到

$$P^*(A) = \sup P_Y(A) = \sup \sum_{x \in X} P_Y(A|x) P_X(x) \tag{4.19}$$

$$P_*(A) = \inf P_Y(A) = \inf \sum_{x \in X} P_Y(A|x) P_X(x) \tag{4.20}$$

关于 $P_Y(A|x)$ 的取值可考虑以下三种情况：

(1) 若 $M(x) \subseteq A$，则在 x 发生的条件下，A 必然发生，故 $P_Y(A|x) = 1$；

(2) 若 $M(x) \cap A \neq \varnothing$ 且 $M(x) \not\subset A$，则在 x 发生的条件下，A 可能发生，也可能不发生，故无法确定 $P_Y(A|x)$ 的值，只能得到 $P_Y(A|x) \in [0,1]$；

(3) 若 $M(x) \cap A = \varnothing$，则 x 发生的条件下，A 必然不发生，故 $P_Y(A|x) = 0$。

因此，sup 都只作用于第二种情况，故 $\sup P_Y(A|x) = 1$; inf 只在第一种情况下有作用，此时 $\inf P_Y(A|x) = 1$。

最终可以得到 $\forall A \subseteq Y$ 的上下概率为

$$P^*(A) = \sup P_Y(A) = \sum_{x \in X, M(x) \cap A \neq \varnothing} P_X(x) \tag{4.21}$$

$$P_*(A) = \inf P_Y(A) = \sum_{x \in X, M(x) \subseteq A} P_X(x) \tag{4.22}$$

当条件化信息 $B \subseteq Y$，$P(B) > 0$ 出现时，可以通过 Dempster 提出的条件化规则对 Y 上定义的上下概率 $P^*(A)$ 和 $P_*(A)$ 进行修正。在 $B \subseteq Y$ 为真的条件下，映射 $M : X \to 2^Y$ 变为 $M_B : X \to 2^Y$，其中

$$M_B(x) = M(x) \cap B \tag{4.23}$$

即条件化信息 $B \subseteq Y$ 将每个 $x \in X$ 映射为 $M(x) \cap B$。此时，Dempster 给出 P_X 不受条件化信息影响的假设，即

$$P_X(x|B) = P_X(x) \tag{4.24}$$

因此，可以得到

$$P^*(A|B) = \sup \sum_{x \in X} P_{Y|B}(A|x) P_X(x) \tag{4.25}$$

$$P_*(A|B) = \inf \sum_{x \in X} P_{Y|B}(A|x) P_X(x) \tag{4.26}$$

对于式 (4.25)，当 $(M(x) \cap B) \cap A \neq \varnothing$ 时，$P_{Y|B}(A|x) \in [0,1]$，故 $\sup P_{Y|B}(A|x) = 1$，可以得到

$$P^*(A|B) = \sum_{x \in X, (M(x) \cap B) \cap A \neq \varnothing} P_X(x) = \frac{P^*(A \cap B)}{P^*(B)} \tag{4.27}$$

在式 (4.26) 中，若 $(M(x) \cap B) \subseteq A$，则 $P_{Y|B}(A|x) = 1$，否则 $\inf P_{Y|B}(A|x) = 0$，因此可以得到

$$P_*(A|B) = \sum_{x \in X, (M(x) \cap B) \subseteq A} P_X(x) = \frac{P_*(A \cup \bar{B}) - P_*(\bar{B})}{1 - P_*(\bar{B})} \tag{4.28}$$

需要说明的是，在计算条件概率时，Dempster 采用了式 (4.24) 中的简化假设，在这一假设的条件下得到了式 (4.27) 和式 (4.28) 中的条件概率计算公式，而实际的计算公式应为

$$P^*(A|B) = \sup \sum_{x \in X} P_{Y|B}(A|x) P_X(x|B) \tag{4.29}$$

$$P_*(A|B) = \inf \sum_{x \in X} P_{Y|B}(A|x) P_X(x|B) \tag{4.30}$$

式 (4.27) 和式 (4.28) 的合理性 Dempster 在模型中未能给予证明，这导致 Levi 认为 Dempster 模型中的条件化过程与概率论的基本原理不符合[135]，因此该模型受到一些学者的批评。

4.3 D-S 证据理论基础

面对批评与质疑，Dempster 的学生 Shafer 于 1976 年对 Dempster 模型进行了完善与补充，给出了证据和信任函数的概念，在此基础上创立了证据理论，也称信任函数理论。虽然证据理论不断被推广，但其基本数学形式保持不变，该理论中的基本概念与重要原理在其后来的各种解释与推广中也一直沿用。

4.3.1 基本概念

辨识框架 (discernment frame，DF) 是证据理论中进行证据建模和证据组合的基础。证据理论中，所有互不相容的结果组成的完备集合 $\Theta=\{\theta_1,\theta_2,\cdots,\theta_n\}$ 被称为辨识框架。由辨识框架 Θ 的所有子集组成的集合称为 Θ 的幂集，记作 2^{Θ}，它的基数为 $2^{|\Theta|}$。

基于辨识框架，证据理论用集合来表示命题。例如，盒子中共有红、黄、蓝三种颜色的球，用 x 代表任意取出的一个球的颜色，那么该问题的辨识框架为 Θ={红，黄，蓝}，则集合 A={红}表示命题“取出的球是红色”，集合 A={红，蓝}表示命题“取出的球可能是红色或蓝色”。

证据理论通过辨识框架将命题与集合对应起来，从而实现从抽象逻辑概念向直观集合概念的转化。

1. 信任量化函数

辨识框架 Θ 确定以后，问题的决策者可以根据可用信息对其命题所对应的子集赋予相应的信任度，具体表现为基本概率分配函数、信任函数、似真函数等信任量化函数，这些函数分别从不同角度对信任度进行量化，各函数之间均存在对应关系。

定义 4.5 (基本概率分配函数)　设 $\Theta=\{\theta_1,\theta_2,\cdots,\theta_n\}$ 为辨识框架，若函数 $m:2^{\Theta}\to[0,1]$ 满足以下条件：

(1) $m(\varnothing)=0$;

(2) $0\leqslant m(A)\leqslant 1$，$\forall A\subseteq\Theta$;

(3) $\sum\limits_{A\subseteq\Theta}m(A)=1$。

则称为基本概率分配 (basic probability assignment，BPA) 函数。

基本概率分配函数也称为基本信任分配 (basic belief assignment，BBA) 函数或 mass 函数。由于基本概率分配函数反映了证据对 Θ 的各子集的支持程度，通常将 BPA 与证据对应起来。

$\forall A\subseteq\Theta$，$m(A)$ 称为 A 的基本概率质量 (basic probability mass，BPM)，表示证据对命题 A 的支持度。

$m(\varnothing)=0$ 表示空集的基本概率为 0。

$\sum\limits_{A\subseteq\Theta}m(A)=1$ 表示所有子集 (命题) 赋予的 BPM 之和为 1。

定义 4.6 (焦元)　设 m 为辨识框架 $\Theta=\{\theta_1,\theta_2,\cdots,\theta_n\}$ 上的基本概率分配函数，对 $\forall A\subseteq\Theta$，若 $m(A)>0$，则称 A 为 m 的焦元。

如果 $|A|=1$，则 A 为单元素焦元; 如果 $|A|\geqslant 2$，则 A 为复合焦元。

所有焦元的并集称为 m 的核 (core)，记为 C，并称 m 聚焦在 C 上。

定义 4.7 (信任函数) 设 m 为辨识框架 $\Theta=\{\theta_1,\theta_2,\cdots,\theta_n\}$ 上的基本概率分配函数，Θ 上的信任函数定义为函数 $\mathrm{Bel}:2^\Theta\to[0,1]$，使得 $\forall A\subseteq\Theta$ 且 $A\neq\varnothing$ 有

$$\mathrm{Bel}(A)=\sum_{X\subseteq A}m(X) \tag{4.31}$$

且满足 $\mathrm{Bel}(\varnothing)=0$。

$\mathrm{Bel}(A)$ 的取值表示证据对 A 为真的信任程度。

定义 4.8 (似真函数) 设 m 为辨识框架 $\Theta=\{\theta_1,\theta_2,\cdots,\theta_n\}$ 上的基本概率分配函数，Θ 上的似真函数定义为函数 $\mathrm{Pl}:2^\Theta\to[0,1]$，使得 $\forall A\subseteq\Theta$ 有

$$\mathrm{Pl}(A)=\sum_{X\cap A\neq\varnothing}m(X)=1-\mathrm{Bel}(\bar{A}) \tag{4.32}$$

$\mathrm{Pl}(A)$ 的取值称为 A 的似真度，表示对 A 为非假的信任度。

从信任函数和似真函数的定义可知，$\mathrm{Bel}(A)$ 和 $\mathrm{Pl}(A)$ 分别代表了证据对 A 的支持度的最小值和最大值，通常用 $[\mathrm{Bel}(A),\mathrm{Pl}(A)]$ 来表示 A 的信任度区间，$\mathrm{Pl}(A)-\mathrm{Bel}(A)$ 在某种程度上反映了 A 的不确定程度。二者之间的关系如图 4.1 所示。

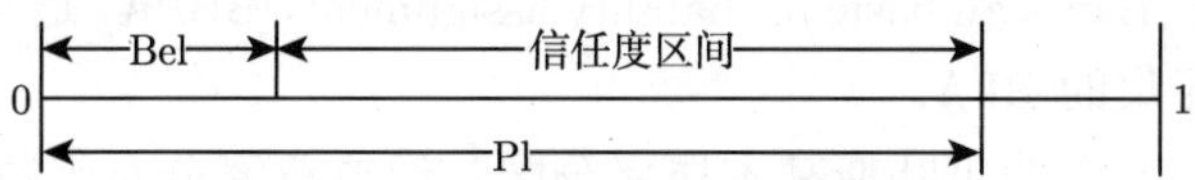

图 4.1 信任度区间关系示意图

定义 4.9 (众信任函数) m 为辨识框架 $\Theta=\{\theta_1,\theta_2,\cdots,\theta_n\}$ 上的基本概率分配函数，Θ 上的众信任函数定义为函数 $Q:2^\Theta\to[0,1]$，使得 $\forall A\subseteq\Theta$ 有

$$Q(A)=\sum_{A\subseteq X}m(X) \tag{4.33}$$

由上可知，信任函数 Bel 是就某一结论的所有前提来度量该结论的信任度，而众信任函数 Q 则是基于某一前提的所有结论来度量该前提的信任度。Q 在实际中的应用较少，在一些定理证明、公式推导的过程中使用 Q 可以起到简化表述、辅助说明的作用。

2. 几种特殊的 BPA

在证据理论中，基本概率分配函数是获得信任函数等其他信任量化函数的基础，一些特殊的基本概率分配函数具有特殊的数学形式和物理意义，在理论分析、算法设计以及工程实际中都有重要作用。

定义 4.10 (绝对概率分配) 辨识框架 $\Theta=\{\theta_1,\theta_2,\cdots,\theta_n\}$ 上的绝对概率分配 (categorical probability assignment，CPA) 是一个满足下列性质的 BPA:

$$m(A)=\begin{cases}1, & A=A^*, A^*\subseteq\Theta\\ 0, & \text{其他}\end{cases} \tag{4.34}$$

绝对概率分配又称绝对信任分配 (categorical belief assignment，CBA)，表示证据对 A^* 完全信任，即判决结果为集合 A^*，此时可以认为基本概率分配函数 m 对应于集合 A^*。

定义 4.11 (空概率分配) 辨识框架 $\Theta=\{\theta_1,\theta_2,\cdots,\theta_n\}$ 上的空概率分配 (vacuous probability assignment，VPA) 是一个完全聚焦在 Θ 上的 BPA，即 $m(\Theta)=1$。

空概率分配表示对辨识框架上的概率分配一无所知的状态，不提供任何信息。

定义 4.12 (武断概率分配) 辨识框架 $\Theta=\{\theta_1,\theta_2,\cdots,\theta_n\}$ 上的武断概率分配 (dogmatic probability assignment，DPA) 是一个满足 $m(\Theta)=0$ 的 BPA。

武断概率分配中 Θ 的信任度为 0，这在一定程度上减少了信息的不确定性，但也存在一定的决策风险，所以称为武断概率分配。

定义 4.13 (贝叶斯基本概率分配) 辨识框架 $\Theta=\{\theta_1,\theta_2,\cdots,\theta_n\}$ 上的贝叶斯基本概率分配 (Bayesian basic probability assignment，BBPA) 是一个所有焦元均为 Θ 的单元素子集的 BPA。

可以看出，Θ 上的贝叶斯基本概率分配与经典概率分布函数有相同的数学形式。

定义 4.14 (简单支持函数) 在辨识框架 $\Theta=\{\theta_1,\theta_2,\cdots,\theta_n\}$ 内，对 $\forall A\subseteq\Theta$，若一个基本概率分配函数 m 满足:

$$m(X)=\begin{cases}\varepsilon, & X=A\\ 1-\varepsilon, & X=\Theta\\ 0, & \text{其他}\end{cases} \tag{4.35}$$

其中，$\varepsilon\in(0,1)$，则该 BPA 称为简单支持函数 (simple support function，SSF)。

定义 4.15 (二分支持函数) 在辨识框架 $\Theta=\{\theta_1,\theta_2,\cdots,\theta_n\}$ 内，对 $\forall A\subseteq\Theta$，若一个基本概率分配函数 m 满足:

$$m(X)=\begin{cases}\varepsilon, & X=A\\ \eta, & X=\bar{A}\\ 1-\varepsilon-\eta, & X=\Theta\end{cases} \tag{4.36}$$

其中，$\varepsilon, \eta \in (0,1)$ 且 $\varepsilon+\eta \leqslant 1$，则该 BPA 称为二分支持函数 (dichotomous support function，DSF)。若 $\varepsilon+\eta=1$，则该二分支持函数为严格的二分支持函数; 若 $\varepsilon+\eta<1$，则称为广义的二分支持函数。

简单支持函数与二分支持函数在研究基于证据理论的分类器融合时经常用到，显然这两种分类函数体现了分类器分类能力的不同。

定义 4.16 (一致支持函数) 若辨识框架 $\Theta=\{\theta_1,\theta_2,\cdots,\theta_n\}$ 上的一个基本概率分配函数 m 的焦元具有嵌套的形式，即若 m 的核为 C，且对 m 的所有焦元的一个排列 $A_1,A_2,\cdots,A_N \subseteq C$，有 $A_1 \subseteq A_2 \subseteq \cdots \subseteq A_N \subseteq \Theta$，则称该 BPA 为一个一致支持函数 (consonant support function，CSF)。

一致支持函数在研究粗糙集、可能性理论、随机集与证据理论之间的关系时具有特殊的作用[142,143]。

3. **证据折扣**

若辨识框架 $\Theta=\{\theta_1,\theta_2,\cdots,\theta_n\}$ 上的基本概率分配函数 m 对应的证据源不完全可靠，且该证据源的折扣因子为 λ，$\lambda\in[0,1]$，则可通过 Shafer 折扣准则对 m 进行折扣运算，折扣后的证据表示为

$$m^{\lambda}(A)=\begin{cases}(1-\lambda)\cdot m(A), & A\subset\Theta\\(1-\lambda)\cdot m(A)+\lambda, & A=\Theta\end{cases} \tag{4.37}$$

其中，$1-\lambda$ 称为证据可靠性因子。

可以看出，经过证据折扣后，m^{λ} 中 Θ 获得的基本概率增加，其他焦元的基本概率减小，Shafer 折扣准则将证据源不可靠性带来的影响转化为 m^{λ} 中完全未知的部分，而且可靠性因子 $1-\lambda$ 取值越接近 0，即折扣因子 λ 越接近 1，折扣后的 BPA 越接近空概率分配，具有的不确定性越大。Shafer 折扣准则对研究冲突证据的组合具有重要意义。

4.3.2 证据更新规则

在多源信息系统中，若多个证据源分别获得基本概率分配函数 $m_1,m_2,\cdots,m_p$，或同一证据源在不同时刻分别获得基本概率分配函数 $m_{t_1},m_{t_2},\cdots,m_{t_r}$，则多个基本概率分配函数组合后可以得到一个新的 BPA，这一过程在证据理论中表现为证据的动态更新。

1. Dempster **组合规则**

设证据源 S_1 和 S_2 提供的证据分别对应 BPA：m_1、m_2，那么两个证据源的联

合作用可通过它们各自所对应命题的合取运算来体现，即

$$m_{\cap}(A) = (m_1 \cap m_2)(A) = \sum_{B \cap C = A} m_1(B)m_2(C) \tag{4.38}$$

合取运算后，空集的基本概率质量为

$$m_{\cap}(\varnothing) = (m_1 \cap m_2)(\varnothing) = \sum_{B \cap C = \varnothing} m_1(B)m_2(C) \tag{4.39}$$

当式 (4.39) 中计算的 $m_{\cap}(\varnothing)$ 不为 0 时，为了使组合后的 BPA 满足定义 4.5 中的条件，需要对组合结果进行归一化处理，这就是 Dempster 组合规则 (Dempster's rule of combination)。

定义 4.17 (Dempster 组合规则)　设 m_1 和 m_2 是辨识框架 $\Theta = \{\theta_1, \theta_2, \cdots, \theta_n\}$ 上两个相互独立的基本概率分配函数，二者组合后得到的新 BPA 为 $m = m_1 \oplus m_2$，简记为 $m_{1\oplus 2}$，对 $\forall A \subseteq \Theta$ 满足：

$$m_{1\oplus 2}(A) = \begin{cases} \dfrac{1}{1-k} \displaystyle\sum_{B \cap C = A} m_1(B)m_2(C), & A \neq \varnothing \\ 0, & A = \varnothing \end{cases} \tag{4.40}$$

其中

$$k = \sum_{B \cap C = \varnothing} m_1(B)m_2(C) \tag{4.41}$$

表示两证据间的冲突度。当 $k = 1$ 时表示 m_1 和 m_2 完全冲突，二者不能通过 Dempster 组合规则进行组合。

Dempster 组合规则可以推广到多组证据组合的情形，对于辨识框架 $\Theta = \{\theta_1, \theta_2, \cdots, \theta_n\}$ 上的 $p(p \geqslant 2)$ 组独立证据 $m_1, m_2, \cdots, m_p$，运用 Dempster 组合规则将它们组合后得到的证据为 $m_{1\oplus 2\oplus \cdots \oplus p}$，对 $\forall A \subseteq \Theta$，$m_{1\oplus 2\oplus \cdots \oplus p}$ 满足：

$$m_{1\oplus 2\oplus \cdots \oplus p}(A) = \begin{cases} \dfrac{1}{1-k_{1p}} \displaystyle\sum_{\cap A_i = A} \prod_{i=1}^{p} m_i(A_i), & A \neq \varnothing \\ 0, & A = \varnothing \end{cases} \tag{4.42}$$

其中，A_i 表示 m_i 的焦元; k_{1p} 是 p 个证据之间的冲突度，也称全局冲突系数，表示为

$$k_{1p} = \sum_{\cap A_i = \varnothing} \prod_{i=1}^{p} m_i(A_i) \tag{4.43}$$

通常将 $\cap A_i = \varnothing$ 条件下的 $\displaystyle\prod_{i=1}^{p} m_i(A_i)$ 称为局部冲突系数，所有局部冲突系数之和为全局冲突系数。

Dempster 组合规则满足交换律和结合律，这为多个证据的组合提供了方便，既可以串行计算，将各个证据依次组合，也可以并行处理，将若干个证据分别合成，然后再将它们的合成结果进行组合。而且，对若干个相同的证据进行组合时，Dempster 组合规则表现出较强的聚焦性，即元素少的焦元的基本概率质量会增加，元素多的焦元的基本概率质量会减少，而且证据数量越大该现象越明显。

2. Dempster **条件化规则**

对于 Dempster 组合规则，若 m_2 为辨识框架 $\Theta=\{\theta_1,\theta_2,\cdots,\theta_n\}$ 上的基本概率分配函数，$\exists B\subseteq\Theta$，m_2 满足 $m_2(B)=1$，那么 m_2 对应的证据完全支持集合 B，即存在“集合 B 对应的命题必然成立”，也即“集合 $\bar{B}$ 对应的命题必然不成立”这一条件化信息。此时证据的更新过程转化为 Dempster 组合规则的一个特殊形式，即 Dempster 条件化规则 (Dempster's rule of conditioning)。

定义 4.18 (Dempster 条件化规则) 设 m 为辨识框架 $\Theta=\{\theta_1,\theta_2,\cdots,\theta_n\}$ 上的基本概率分配函数，条件化信息为 m_B，且 $\exists B\subseteq\Theta$，使得 $m_2(B)=1$，则 m 将更新为条件化 BPA，记为 $m(\cdot|B)$ 或 m_B，对 $\forall A\subseteq\Theta$ 有

$$m_B(A)=m[B](A)=\begin{cases}\dfrac{1}{C}\displaystyle\sum_{X\subseteq B}m(A\cup X), & A\neq\varnothing\\ 0, & A=\varnothing\end{cases}\tag{4.44}$$

其中，归一化因子 C 为

$$C=1-\sum_{X\subseteq\bar{B}}m(A\cup X)\tag{4.45}$$

由于条件化证据 m_B 确定 $B\subseteq\Theta$ 为真，因此 m_B 所对应的似真函数满足：

$$\mathrm{Pl}_B(\bar{B})=0\tag{4.46}$$

在 Dempster 条件化规则中，信任函数和似真函数的表示形式分别为

$$\mathrm{Bel}_B(A)=\mathrm{Bel}(A|B)=\frac{\mathrm{Bel}(A\cup\bar{B})-\mathrm{Bel}(\bar{B})}{1-\mathrm{Bel}(\bar{B})}\tag{4.47}$$

$$\mathrm{Pl}_B(A)=\mathrm{Pl}(A|B)=\frac{\mathrm{Pl}(A\cap B)}{\mathrm{Pl}(B)}\tag{4.48}$$

可见，证据理论是建立在 Dempster 模型基础之上的，其中，基本概率分配函数 m 对应于 Dempster 模型中空间 X 上的概率 P_X，信任函数 Bel 和似真函数 Pl 则分别对应于空间 Y 上的下概率 P_* 和上概率 P^*，而 Dempster 条件化规则保持不变。因此，对 $\forall A\subseteq\Theta$，当 $\mathrm{Bel}(A)=\mathrm{Pl}(A)$ 时，Shafer 的理论框架与一般的概率论在数学形式上是一致的。

相对于 Dempster 模型，证据理论更为规范、完善，但 Shafer 对 BPA 的来源等问题也没能给出合理性证明。而且 Shafer 是基于概率论对证据理论的相关问题进行解释的，一些概率论的研究者认为证据理论所针对的问题并非概率论不能解决的，因此证据理论的必要性受到了质疑[136]。

4.3.3 证据理论中的决策

在证据理论中，用来量化信任的主要函数分别为基本概率分配函数、信任函数以及似真函数，这些函数分别从不同角度对辨识框架中各子集的信任度进行度量。进行最终决策时，可以分别或共同使用这些函数进行决策，也可以将它们转化为辨识框架上的概率分布后再进行决策。

1. 基于基本概率分配函数的决策[18]

将辨识框架 Θ 上的多个基本概率分配函数进行组合后得到 m，若 $\exists A_1, A_2 \in 2^\Theta$ 满足：

$$m(A_1) = \max\left\{m(A_i), A_i \in 2^\Theta\right\} \tag{4.49}$$

$$m(A_2) = \max\left\{m(A_i), A_i \in 2^\Theta \backslash A_1\right\} \tag{4.50}$$

且

$$\begin{cases} m(A_1) - m(A_2) > \varepsilon_1 \\ m(\Theta) < \varepsilon_2 \\ m(A_1) > m(\Theta) \end{cases} \tag{4.51}$$

那么，A_1 为最终判决结果，其中 ε_1、ε_2 为预先设置的阈值。

显然，该方法对用于决策的基本概率分配函数 m 有较高的要求，式 (4.51) 中的任何一个条件不满足都无法进行决策，阈值的设置也存在较大的主观性。

2. 基于信任函数的决策[18]

基于信任函数的决策通常包含两个基本的决策策略：一般决策策略、“最小点”决策策略。

1) 一般决策策略

根据 Θ 上的基本概率分配函数 m，分别求出各焦元的信任函数 Bel，再按照式 (4.49) ～式 (4.51) 所示的策略进行决策。

2)“最小点” 决策策略

对于辨识框架 $\Theta = \{\theta_1, \theta_2, \cdots, \theta_n\}$ 上的基本概率分配函数 m，$\forall A \subseteq \Theta$ 的信任函数为 $\text{Bel}(A)$，且对 $\theta_{i_1} \in A, A\backslash\theta_{i_1} = A_1$ 的信任度为 $\text{Bel}(A_1)$，若 $|\text{Bel}(A) - \text{Bel}(A_1)| < \varepsilon_1$，其中 ε_1 为预先设置的阈值，则认为在 A 中可去掉元素 θ_{i_1}。重复这个过程直至第 j 步，当 A_j 无法再减少元素时，A_j 称为焦元 A 的 “最小点”，其信任函数为

$\text{Bel}(A_j)$。然后根据基本概率分配函数 m 中各焦元所对应“最小点”的信任函数按式 (4.49) ～式 (4.51) 中的策略进行决策。

3. 基于信任区间 [Bel,Pl] 的决策[144]

根据辨识框架 $\Theta=\{\theta_1,\theta_2,\cdots,\theta_n\}$ 上的基本概率分配函数 m，可求得各焦元的信任函数与似真函数。若 $A\subseteq\Theta$ 的信任函数与似真函数构成信任区间 $[\text{Bel}(A),\text{Pl}(A)]$，则可根据区间数的排序结果进行决策。由于区间数的排序规则并不唯一，因此可以得到不同的决策规则。

对区间 $[a,b]$ 与 $[a',b']$，其中，a 与 a' 表示信任函数，b 与 b' 表示似真度函数，存在以下四种排序规则。

(1) 最小排序规则：若 $b<a'$，则 $[a,b]<_{\min}[a',b']$。

(2) 平均排序规则：若 $(a+b)/2<(a'+b')/2$，则 $[a,b]<_{\text{ave}}[a',b']$。

(3) 信任排序规则：若 $a<a'$，则 $[a,b]<_{\text{Bel}}[a',b']$。

(4) 似真排序规则：若 $b<b'$，则 $[a,b]<_{\text{Pl}}[a',b']$。

这四种排序关系中，最小排序规则最为谨慎，平均排序规则较为宽松，相对于信任排序规则，似真排序规则更能表现信任度的变化范围，有利于降低决策风险。

4. 基于概率转换的决策规则

上述三种决策方法直接基于证据焦元，在存在复合焦元，或各焦元之间存在共同元素的情况下，得出的决策结果可能存在不确定性较大的问题，不利于最终的决策。

将基本概率分配函数转换为辨识框架上的概率分布函数后，则可以依据辨识框架中每一个单元素子集的概率函数，利用最大概率准则直接进行决策，或进一步根据效用函数或损失函数进行决策。

将基本概率分配函数转化为概率的过程称为 BPA 概率转换，或贝叶斯转换 (Bayesian transformation)。有多种 BPA 概率方法已相继被研究者提出 [145]，其中，Pignistic 概率转换方法[73] 在决策中的应用最为广泛。

定义 4.19 (Pignistic 概率转换) 对辨识框架 $\Theta=\{\theta_1,\theta_2,\cdots,\theta_n\}$ 上的 BPA m，$\forall A\subseteq\Theta$，其 Pignistic 概率转换定义为

$$\text{BetP}_m(A)=\sum_{B\subseteq\Theta}\frac{|A\cap B|}{|B|}\frac{m(B)}{1-m(\varnothing)} \tag{4.52}$$

式中，$\text{BetP}_m(\cdot)$ 称为 Pignistic 概率函数，在数学形式上与一般的概率函数相同。

特别地，对于单元素子集而言，$\forall\theta\in\Theta$，$\{\theta\}$ 的 Pignistic 概率为

$$\text{BetP}_m(\{\theta\})=\sum_{\theta\in B}\frac{1}{|B|}\frac{m(B)}{1-m(\varnothing)} \tag{4.53}$$

4.4　证据理论遇到的主要问题

从 Levi 对 Dempster 模型的批评[135] 开始，关于证据理论的各种质疑与争论就一直存在并引起了广泛关注，其中，围绕 Dempster 组合规则的争论尤其激烈。大部分涉及不确定性的决策问题通过 Dempster 组合规则都可以获得较为合理的结果，但某些极端情况则不能用 Dempster 组合规则来处理，否则会出现不合理甚至与直观分析相悖的结论，这使其合理性受到了严重质疑。而且，当辨识框架规模较大或待组合的证据较多时，Dempster 组合规则的计算复杂度会急剧增加，这使得证据理论的应用范围受到了限制。然而，这些问题的存在也使证据理论的研究不断深入。

4.4.1　Zadeh 悖论

Zadeh 悖论源于 Zadeh 教授针对 Dempster 组合规则提出的一个例子[39]：在处理一起案件时，警方锁定了三名嫌疑人 Peter、Paul 与 Mary。同时，警方还找到了两名目击证人 W_1 与 W_2。警方将这两名证人隔离开，并分别对他们进行询问，从而在辨识框架 $\Theta=\{\text{Peter},\text{Paul},\text{Mary}\}$ 上得到两个独立的证据，用来表示两个证人对三名嫌疑人中谁是罪犯的支持度，其对应的 BPA 分别为 m_1 与 m_2，定义为

$$W_1: m_1(\{\text{Peter}\})=0.99, m_1(\{\text{Paul}\})=0.01, m_1(\{\text{Mary}\})=0$$

$$W_2: m_2(\{\text{Peter}\})=0, m_2(\{\text{Paul}\})=0.01, m_2(\{\text{Mary}\})=0.99$$

两个证据的合取运算为

$$m_{1\cap 2}(\{\text{Peter}\})=m_1(\{\text{Peter}\})m_2(\{\text{Peter}\})=0$$

$$m_{1\cap 2}(\{\text{Paul}\})=m_1(\{\text{Paul}\})m_2(\{\text{Paul}\})=0.0001$$

$$m_{1\cap 2}(\{\text{Mary}\})=m_1(\{\text{Mary}\})m_2(\{\text{Mary}\})=0$$

m_1、m_2 之间的冲突系数的值为

$$k=1-(m_{1\cap 2}(\{\text{Peter}\})+m_{1\cap 2}(\{\text{Paul}\})+m_{1\cap 2}(\{\text{Mary}\}))=0.9999$$

根据 Dempster 组合规则得到的结果为

$$m_{1\oplus 2}(\{\text{Peter}\})=\frac{1}{1-k}m_1(\{\text{Peter}\})m_2(\{\text{Peter}\})=0$$

$$m_{1\oplus 2}(\{\text{Paul}\})=\frac{1}{1-k}m_1(\{\text{Paul}\})m_2(\{\text{Paul}\})=1$$

$$m_{1\oplus 2}(\{\text{Mary}\})=\frac{1}{1-k}m_1(\{\text{Mary}\})m_2(\{\text{Mary}\})=0$$

同时，可以得到

$$\text{Bel}_{1\oplus 2}(\{\text{Peter}\})=Pl_{1\oplus 2}(\{\text{Peter}\})=0$$

$$\text{Bel}_{1\oplus 2}(\{\text{Paul}\})=Pl_{1\oplus 2}(\{\text{Paul}\})=1$$

$$\text{Bel}_{1\oplus 2}(\{\text{Mary}\})=Pl_{1\oplus 2}(\{\text{Mary}\})=0$$

由此可见，尽管 W_1 与 W_2 几乎都不认为 Paul 是罪犯，W_1 几乎完全认定 Peter 是罪犯，W_2 几乎完全认定 Mary 是罪犯，但由 Dempster 组合规则得到的组合结果显示，Paul 一定是罪犯，而 Peter 和 Mary 则毫无犯罪嫌疑，这个判决结果显然是不合常理的。

可以看到，这个例子中的两个证据之间的冲突度高达 0.9999。因此，使用 Dempster 组合规则对高冲突 BPA 进行组合是导致判决结果悖于常理的主要原因。

如果将两个证人提供的证据稍作修正，对应于如下两个 BPA：

$$W_1: m_1'(\{\text{Peter}\})=0.98,\ m_1'(\{\text{Paul}\})=0.01,\ m_1'(\{\text{Mary}\})=0,\ m_1'(\{\Theta)=0.01$$

$$W_2: m_2'(\{\text{Peter}\})=0,\ m_2'(\{\text{Paul}\})=0.01,\ m_2'(\{\text{Mary}\})=0.98,\ m_2'(\{\Theta)=0.01$$

合取运算可得

$$m_{1\cap 2}'(\{\text{Peter}\})=m_1'(\{\text{Peter}\})m_2'(\Theta)=0.0098$$

$$m_{1\cap 2}'(\{\text{Mary}\})=m_2'(\{\text{Mary}\})m_1'(\Theta)=0.0098$$

$$\begin{aligned}m_{1\cap 2}'(\{\text{Paul}\})&=m_1'(\{\text{Paul}\})m_1'(\{\text{Paul}\})+m_1'(\{\text{Paul}\})m_2'(\Theta)+m_2'(\{\text{Paul}\})m_1'(\Theta)\\&=0.0003\end{aligned}$$

$$m_{1\cap 2}'(\{\text{Mary}\})=m_2'(\{\text{Mary}\})m_1'(\Theta)=0.0098$$

$$m_{1\cap 2}(\Theta)=m_1(\Theta)m_2(\Theta)=0.0001$$

m_1'、m_2' 之间的冲突系数值为

$$k'=1-(m_{1\cap 2}'(\{\text{Peter}\})+m_{1\cap 2}'(\{\text{Paul}\})+m_{1\cap 2}'(\{\text{Mary}\})+m_{1\cap 2}'(\Theta)=0.98$$

根据 Dempster 组合规则得到的结果为

$$m_{1\oplus 2}'(\{\text{Peter}\})=\frac{1}{1-k}m_{1\cap 2}'(\{\text{Peter}\})=0.49$$

$$m_{1\oplus 2}'(\{\text{Paul}\})=\frac{1}{1-k}m_{1\cap 2}'(\{\text{Paul}\})=0.015$$

$$m'_{1\oplus 2}(\{\text{Mary}\}) = \frac{1}{1-k} m'_{1\cap 2}(\{\text{Mary}\}) = 0.49$$

$$m'_{1\oplus 2}(\Theta) = \frac{1}{1-k} m'_{1\cap 2}(\Theta) = 0.005$$

由上述修正后证据的组合结果可以得出结论：Peter 和 Mary 的犯罪嫌疑最大，Paul 的犯罪嫌疑较小。该结果与直观分析相一致。

尽管修正后证据之间的冲突度比原来证据之间的冲突度仅减小了 0.0199，但使用 Dempster 组合规则的结果 $m'_{1\oplus 2}$ 与 $m_{1\oplus 2}$ 相比却有较大的改变，最终得到截然不同的判决结果。由此可见，Dempster 组合规则对证据间冲突度的变化比较敏感。

通过上述 Zadeh 悖论给出的反例可以知道，使用 Dempster 组合规则对高冲突证据进行组合时，可能会得到与直观分析相悖的结果，证据间冲突度的细微变化都可能带来组合结果的显著变化。

4.4.2　"一票否决"问题

假设辨识框架 $\Theta = \{\theta_1, \theta_2, \theta_3\}$ 中的五个证据对应的 BPA 分别为

$$m_1(\{\theta_1\}) = 0.5, m_1(\{\theta_2\}) = 0.2, m_1(\{\theta_3\}) = 0.3$$

$$m_2(\{\theta_1\}) = 0.6, m_2(\{\theta_2\}) = 0.1, m_2(\{\theta_3\}) = 0.3$$

$$m_3(\{\theta_1\}) = 0.8, m_3(\{\theta_2\}) = 0.1, m_3(\{\theta_3\}) = 0.1$$

$$m_4(\{\theta_1\}) = 0, m_4(\{\theta_2\}) = 0.9, m_4(\{\theta_3\}) = 0.1$$

$$m_5(\{\theta_1\}) = 0.7, m_5(\{\theta_2\}) = 0.2, m_5(\{\theta_3\}) = 0.1$$

利用 Dempster 组合规则对前三个 BPA 组合可以得到

$$m_{1\oplus 2\oplus 3}(\{\theta_1\}) = 0.956, \quad m_{1\oplus 2\oplus 3}(\{\theta_2\}) = 0.008, \quad m_{1\oplus 2\oplus 3}(\{\theta_3\}) = 0.036$$

而将 m_4 与上述结果进行组合可以得到

$$m_{1\oplus 2\oplus 3\oplus 4}(\{\theta_1\}) = 0, \quad m_{1\oplus 2\oplus 3\oplus 4}(\{\theta_2\}) = 0.667, \quad m_{1\oplus 2\oplus 3\oplus 4}(\{\theta_3\}) = 0.333$$

继续将 m_5 与上述结果进行组合可以得到

$$m_{1\oplus 2\oplus 3\oplus 4\oplus 5}(\{\theta_1\}) = 0, \quad m_{1\oplus 2\oplus 3\oplus 4\oplus 5}(\{\theta_2\}) = 0.8, \quad m_{1\oplus 2\oplus 3\oplus 4\oplus 5}(\{\theta_3\}) = 0.2$$

由上述计算结果可知，在利用 Dempster 组合规则对前三个证据进行组合时，得到的组合结果对 $\{\theta_1\}$ 赋予了较大的信任度，这与前三个 BPA 基本一致。但当 m_4 参与组合时，前面的组合结果被它"一票否决"，$\{\theta_1\}$ 的信任度变为 0。而且，

即使后面参与融合的证据 m_5 对 $\{\theta_1\}$ 有较高的支持度，最终组合结果中 $\{\theta_1\}$ 的信任度依然为 0。这说明：组合结果中某一焦元被“一票否决”后，无论后续参与融合的证据如何支持该焦元，其信任度始终为 0。

不难发现，$m_{1\oplus2\oplus3}$ 与 m_4 之间的冲突系数的值高达 0.9892，因此“一票否决”问题还是由待组合 BPA 之间冲突较大引起的，属于高冲突问题的另外一种表现形式。

4.4.3 “焦元爆炸”问题

Dempster 组合规则在应用中存在“焦元爆炸”问题，即焦元的数目随辨识框架中元素数目的增长呈指数增长。

例如，若辨识框架为 $\Theta=\{\theta_1,\theta_2,\cdots,\theta_{20}\}$，则 $|\Theta|=20$，$2^{|\Theta|}-1=2^{20}-1=1048575$。运用 Dempster 组合规则对该辨识框架上的 BPA 进行组合时，要在 Θ 的幂集上进行计算，计算量大。

随着辨识框架基数的增大，实现 Dempster 组合运算所需的运算量、存储空间也呈指数增长，计算复杂度高。而在实际应用中，为了对信息进行准确描述，需要增加辨识框架的基数，显然，“焦元爆炸”问题严重制约了证据理论在实际问题中的应用。

证据理论中实用算法的研究有助于“焦元爆炸”问题的解决，主要研究思路包括构造特殊的 BPA、减少焦元和改进证据组合规则。其中，通过减小焦元数来降低 Dempster 组合规则的计算复杂度是证据理论实用算法中的常用手段。

4.4.4 Dempster 组合规则改进方法

上述问题的存在影响了 Dempster 组合规则的实用性与适用性，为了有效解决这些问题，相关研究者围绕高冲突证据的组合问题开展了大量研究。常见的组合规则改进方法大致可以分为两大类：合成规则修正方法、数据模型修正方法。这两类解决方法分别从不同的角度丰富与发展了证据理论。

1. 合成规则修正方法

合成规则修正方法主要是对 Dempster 组合规则进行直接改进，其中待分配的冲突是指合取组合运算时赋予空集的基本概率质量。这类组合规则具有与 Dempster 组合规则类似的形式，首先基于合取组合规则计算待组合证据间的相容部分以及直接冲突的总量，即赋予空集的基本概率质量，然后按某种比例将直接冲突分别分配到各个相容部分。

这类方法与 Dempster 组合规则的主要区别在于冲突分配策略的不同，Dempster 组合规则是通过归一化将冲突平等地分配给各个相容子集，而这类方法是按比例进行冲突分配。这类方法主要包括 Yager 组合规则[40]、孙全等的合成规则[41]、Smets

组合规则 [42]、DP组合规则 [43]、邓勇等的组合规则 [44]、郭华伟等的组合规则 [45]、Lefevre 等的组合规则 [46] 以及 PCR 系列合成规则 [47] 等。基于冲突再分配的证据组合规则受到的关注最多，研究成果也最为丰富，但是这些冲突重分配策略目前缺乏统一的理论支持，而且有些规则较为复杂，实用价值有限。

2. 数据模型修正方法

数据模型修正方法主要是保持 Dempster 组合规则不变，在证据组合之前对原始证据进行修正，将修正后的证据用 Dempster 组合规则进行组合。

这类方法的代表主要有 Shafer 折扣法[31]、Murphy 平均法[49]、Deng 等的合成规则[50] 以及韩德强等的组合规则[80]。其中，Shafer 折扣法首先利用证据可靠度因子根据 Shafer 折扣准则对证据进行修正，再利用 Dempster 组合规则对修正后的证据进行组合; Murphy 平均法则是将 N 组待组合证据对应的 BPA 进行算术平均后，再利用 Dempster 组合规则将平均后的 BPA 组合 $N-1$ 次; Deng 等的合成规则是在 Murphy 平均法的基础上，利用证据可靠度因子作为权重系数，对证据进行加权平均，再利用 Dempster 组合规则将加权平均后的 BPA 组合 $N-1$ 次; 韩德强等的组合规则则是基于证据距离，根据新证据加入前后证据序列的不同方差来产生权重，依此对 BPA 进行加权平均。

第 5 章　基于直觉模糊集的不确定信息描述

5.1　引　言

随着模糊理论的不断发展，模糊信息处理技术在模式识别、智能优化、自动控制、辅助决策等领域得到了广泛的应用，逐渐成为对不确定信息进行建模和求解的重要方法之一，受到了普遍认可。然而，在模糊集理论及应用技术日趋成熟的过程中，其局限性也逐渐凸显，主要体现在其语义描述上的不足。由于模糊集只用一个隶属度函数来描述元素与集合之间的关系，所以对不确定性的描述还不够全面，不能对客观对象的复杂性进行准确建模。基于上述问题，相关研究者开始对模糊集理论进行丰富与拓展，相继出现了模糊集的各种拓展形式，如直觉模糊集[23]、二型模糊集[146]、区间值模糊集[147,148]、非稳定模糊集[149]、Vague 集[150-152] 以及犹豫模糊集[153,154] 等理论。

在模糊集的诸多拓展形式中，直觉模糊集理论的相关研究最为活跃，研究成果也最丰富。直觉模糊集可以更加细腻地描述客观对象的不确定性本质，在信息表述方面具有较强的灵活性，既可以用隶属度和非隶属度的形式表示，也可以用区间的形式描述，与证据理论中以信任函数和似真函数表示的可信度区间 $[\mathrm{Bel},\mathrm{Pl}]$ 类似。由于直觉模糊集理论具有较强的结合性，因此可以将其与证据理论相结合，从而为证据理论及不确定信息处理中相关问题的解决提供新的途径。

5.2　直觉模糊集与证据理论

近年来，越来越多的学者开始关注直觉模糊集与证据理论之间的关系，例如，文献 [155] 从 Vague 集的角度分析证据理论，认为证据理论是一种特殊的 Vague 集，并利用 Vague 集之间相似度的概念讨论了 BPA 之间的相似程度问题，由于 Vague 集与直觉模糊集是等价的，因此可以认为证据理论也是直觉模糊集的特例；文献 [130] 和文献 [131] 从证据理论的角度对直觉模糊集中的相关概念进行了解释，提出了基于证据理论的直觉模糊数排序方法和决策规则；Yager 则直接从直觉模糊集的角度对证据理论进行了研究[89]；文献 [156] 通过定义广义信任函数和广义似真函数来确定直觉模糊集中的隶属度与非隶属度函数。

对于证据理论与直觉模糊集之间的关系，可以分析如下：

从集合论的角度，证据理论中的辨识框架对应于直觉模糊理论中的论域，若将证据理论中辨识框架 $\Theta=\{\theta_1,\theta_2,\cdots,\theta_n\}$ 上的基本概率分配函数 m 看作论域 $\Theta=\{\theta_1,\theta_2,\cdots,\theta_n\}$ 上的直觉模糊集 M，则对于 Θ 中的元素 θ_i 而言，信任函数 $\mathrm{Bel}(\theta_i)$ 表示 $\theta_i\in M$ 的隶属度函数，$\mathrm{Bel}(\bar{\theta}_i)$ 即 $1-\mathrm{Pl}(\theta_i)$ 表示 θ_i 相对于直觉模糊集 M 的非隶属度函数。通过这种转换，可以将基本概率分配函数的焦元进行简化，使其全部聚焦在单元素焦元上，每个焦元的信任度为直觉模糊数 $\langle\mathrm{Bel}(\theta_i),1-\mathrm{Pl}(\theta_i)\rangle$。此外，直觉模糊数 $\langle\mathrm{Bel}(\theta_i),1-\mathrm{Pl}(\theta_i)\rangle$ 也可以看作对象 θ_i 与判决问题的真实解之间的匹配程度，例如，在目标识别中，$\langle\mathrm{Bel}(\theta_i),1-\mathrm{Pl}(\theta_i)\rangle$ 可以表示目标 θ_i 与真实目标之间的匹配程度。基于此，可以利用直觉模糊集 (数) 之间的运算规则，对证据的融合与修正等问题进行研究。

此外，定义在论域 $X=\{x\}$ 上的直觉模糊集 $A=\langle x,\mu_A(x),v_A(x)\rangle$ 可以看作对问题 "x 是否属于 A" 的回答。在该问题中，辨识框架为 $\Theta=\{\mathrm{Yes},\mathrm{No}\}$，根据隶属度函数和非隶属度函数的意义可得：$m(\{\mathrm{Yes}\})=\mu_A$，$m(\{\mathrm{No}\})=v_A$，$m(\Theta)=\pi_A$。因此，$A=\langle x,\mu_A(x),v_A(x)\rangle$ 对应于一个二分支持函数 m，表示为

$$\begin{cases}m(\{\mathrm{Yes}\})=\mu_A\\ m(\{\mathrm{No}\})=v_A\\ m(\Theta)=\pi_A\end{cases}\tag{5.1}$$

显然，该转换关系可以推广到任意论域上的直觉模糊集。因此，可以在证据理论框架内对直觉模糊集之间的运算规则以及直觉模糊测度进行研究。

需要说明的是，证据理论到直觉模糊集的转换会带来一定的信息损失，而且基本概率分配函数与直觉模糊集之间不是一一对应的。

5.3 基于可能度的直觉模糊数排序

直觉模糊集在模糊集的基础上引入了非隶属度函数，使其对不确定性的描述更加符合客观实际，因此基于直觉模糊集的决策融合也受到了广泛的关注。在利用直觉模糊集进行决策时，一个关键的步骤就是对直觉模糊数进行排序，计分函数法是目前普遍使用的排序方法，但该方法不能对直觉模糊数的信息进行综合评估。以下将在计分函数法的基础上，给出一种基于可能度的直觉模糊数排序方法。

5.3.1 计分函数法

通常，对于直觉模糊数 $A=\langle\mu_A,v_A\rangle$ 和 $B=\langle\mu_B,v_B\rangle$，可以依据以下规则对它们进行排序，排序规则为[157]

$$A\geqslant B\Leftrightarrow\mu_A\geqslant\mu_B,v_A\leqslant v_B\tag{5.2}$$

$$A = B \Leftrightarrow \mu_A = \mu_B, v_A = v_B \tag{5.3}$$

此规则也被称为部分排序规则，它只能对部分直觉模糊数进行排序，无法对不能同时满足 $\mu_A \geqslant \mu_B$ 和 $v_A \leqslant v_B$ 这两个条件的直觉模糊数进行排序。为便于对直觉模糊数进行排序，计分函数[158]、精确度函数[159] 被提出。

对于直觉模糊数 $A = \langle \mu_A, v_A \rangle$，其计分函数 s 表示为

$$s(A) = \mu_A - v_A \tag{5.4}$$

其精确度函数 a 表示为

$$a(A) = \mu_A + v_A \tag{5.5}$$

从计分函数 $s(A)$ 和精确度函数 $a(A)$ 的表达式可以看出，$s(A) \in [-1, 1]$，$a(A) \in [0, 1]$。

由于计分函数包含的信息有限，单纯利用计分函数对直觉模糊数进行排序存在一定的缺陷，可以将计分函数与精确度函数结合以对直觉模糊数进行排序[159]。

计分函数与精确度函数的意义分别类似于统计学中的均值和方差的意义，可以按照以下规则对直觉模糊数 A、B 进行排序。

(1) 若 $s(A) > s(B)$，则 $A > B$。

(2) 若 $s(A) = s(B)$，则需要考虑以下三种情况：

① $a(A) = a(B) \Rightarrow A = B$;

② $a(A) < a(B) \Rightarrow A < B$;

③ $a(A) > a(B) \Rightarrow A > B$。

例 5.1 已知三个直觉模糊数分别为 $A_1 = \langle 0.6, 0.3 \rangle$，$A_2 = \langle 0.45, 0.2 \rangle$，$A_3 = \langle 0.5, 0.25 \rangle$，对其进行排序。

根据式 (5.4)，可得到它们的计分函数分别为

$$s(A_1) = 0.6 - 0.3 = 0.3$$

$$s(A_2) = 0.45 - 0.2 = 0.25$$

$$s(A_3) = 0.5 - 0.25 = 0.25$$

于是可以得到：$A_1 > A_2, A_1 > A_3$。

由于 $s(A_2) = s(A_3)$，需要根据精确度函数对 A_2、A_3 进行排序，根据式 (5.5)，可得它们的精确度函数分别为

$$a(A_2) = 0.45 + 0.2 = 0.65$$

$$a(A_3) = 0.5 + 0.25 = 0.75$$

$$a(A_2) < a(A_3) \Rightarrow A_2 < A_3$$

因此，可得到最终排序结果为 $A_1 > A_2 > A_3$。

通过例 5.1 可知，在使用计分函数和精确度函数对直觉模糊数进行排序时，二者是独立使用的，无法实现对直觉模糊数的综合对比。由于直觉模糊数本身具有较大的不确定性，所以直觉模糊数之间的关系也是不确定的，有必要对直觉模糊数间排序结果的可能性进行估计。对直觉模糊数排序时，也可以基于区间数之间的可能度对比规则来处理。

5.3.2　基于可能度的直觉模糊数排序方法

定义 5.1 (基于可能度的区间数对比[160])　设两个区间数分别为 $\alpha = [a^L, a^U]$ 和 $\beta = [b^L, b^U]$，满足 $a^L \leqslant a^U$，$b^L \leqslant b^U$，α 不小于 β 的可能度 $P_{(\alpha \geqslant \beta)}$ 定义为

$$P_{(\alpha \geqslant \beta)} = \min\left\{1, \max\left\{\frac{a^U - b^L}{(a^U - a^L) + (b^U - b^L)}, 0\right\}\right\} \tag{5.6}$$

当 $a^L = a^U = a$，$b^L = b^U = b$ 同时成立时，分母为零，式 (5.6) 不再适用。此时，α、β 退化为精确的实数，因此有 $a > b \Rightarrow P_{(\alpha \geqslant \beta)} = 1$，$a < b \Rightarrow P_{(\alpha \geqslant \beta)} = 0$，$a = b \Rightarrow P_{(\alpha \geqslant \beta)} = 0.5$。

定理 5.1　对于区间数 $\alpha = [a^L, a^U]$ 和 $\beta = [b^L, b^U]$，α 不小于 β 的可能度 $P_{(\alpha \geqslant \beta)}$ 满足下列性质：

(1) $0 \leqslant P_{(\alpha \geqslant \beta)} \leqslant 1$;

(2) $P_{(\alpha \geqslant \alpha)} = 0.5$;

(3) $P_{(\alpha \geqslant \beta)} = 1 \Leftrightarrow a^L \geqslant b^U$;

(4) $P_{(\alpha \geqslant \beta)} + P_{(\beta \geqslant \alpha)} = 1$。

证明　通过 $P_{(\alpha \geqslant \beta)}$ 的定义可直接得到性质 (1) 和性质 (2)。

性质 (3) 的证明：

根据定义 5.1 以及 $P_{(\alpha \geqslant \beta)} = 1$ 可得

$$\max\left\{\frac{a^U - b^L}{(a^U - a^L) + (b^U - b^L)}, 0\right\} \geqslant 1, \quad \frac{a^U - b^L}{(a^U - a^L) + (b^U - b^L)} \geqslant 1.$$

由于分母 $(a^U - a^L) + (b^U - b^L)$ 大于零，故 $a^U - b^L > 0$，继而可以得到：

$$a^U - b^L \geqslant (a^U - a^L) + (b^U - b^L) = a^U - b^L - (a^L - b^U)$$

因此 $a^L - b^U \geqslant 0$，即 $a^L \geqslant b^U$。

$a^L \geqslant b^U \Rightarrow P_{(\alpha \geqslant \beta)} = 1$ 是显然成立的。

性质 (4) 证明：

区间数之间的关系有三种情况：相互分离、部分重叠、包含，如图 5.1 所示。

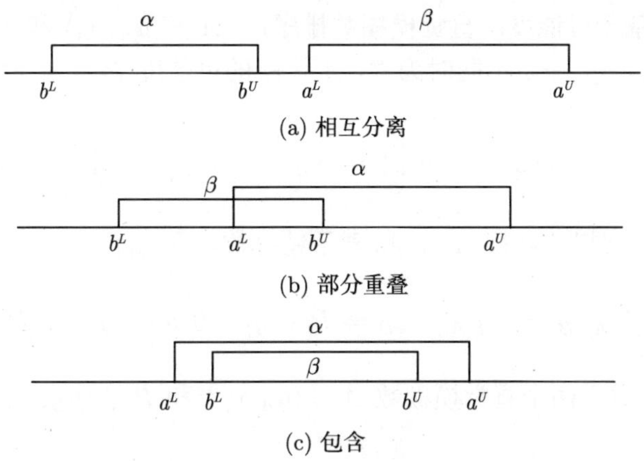

图 5.1 区间数之间的三种关系示意图

(1) α、β 相互分离。

在这种情况下，$a^L \geqslant b^U$，$P_{(\alpha \geqslant \beta)} = 1$，$P_{(\beta \geqslant \alpha)} = 0$，因此 $P_{(\alpha \geqslant \beta)} + P_{(\beta \geqslant \alpha)} = 1$。

(2) α、β 部分重叠。

在这种情况下，$b^L \leqslant a^L \leqslant b^U \leqslant a^U$。于是有

$$P_{(\alpha \geqslant \beta)} = \frac{a^U - b^L}{(a^U - a^L) + (b^U - b^L)}$$

$$P_{(\beta \geqslant \alpha)} = \frac{b^U - a^L}{(a^U - a^L) + (b^U - b^L)}$$

因此，$P_{(\alpha \geqslant \beta)} + P_{(\beta \geqslant \alpha)} = \dfrac{a^U - b^L}{(a^U - a^L) + (b^U - b^L)} + \dfrac{b^U - a^L}{(a^U - a^L) + (b^U - b^L)} = 1$。

(3) α 包含 β。

在这种情况下，$b^L \geqslant a^L, b^U \leqslant a^U$。于是有

$$P_{(\alpha \geqslant \beta)} = \frac{a^U - b^L}{(a^U - a^L) + (b^U - b^L)}, P_{(\beta \geqslant \alpha)} = \frac{b^U - a^L}{(a^U - a^L) + (b^U - b^L)}$$

最终可以得到

$$P_{(\alpha \geqslant \beta)} + P_{(\beta \geqslant \alpha)} = \frac{a^U - b^L}{(a^U - a^L) + (b^U - b^L)} + \frac{b^U - a^L}{(a^U - a^L) + (b^U - b^L)} = 1$$

直觉模糊数 $A = \langle \mu_A, v_A \rangle$ 和 $B = \langle \mu_B, v_B \rangle$ 可分别表示为区间数的形式：$A = [\mu_A, 1 - v_A]$ 和 $B = [\mu_B, 1 - v_B]$。因此，基于区间数间的对比规则，可对直觉模糊数 A、B 进行比较。

定义 5.2 (基于可能度的直觉模糊数排序) $A=\langle\mu_A,v_A\rangle$ 和 $B=\langle\mu_B,v_B\rangle$ 为两个直觉模糊数，π_A、π_B 不同时为零，$A\geqslant B$ 的可能度 $P_{(A\geqslant B)}$ 定义为

$$P_{(A\geqslant B)}=\min\left\{1,\max\left\{\frac{1-v_A-\mu_B}{\pi_A+\pi_B},0\right\}\right\} \tag{5.7}$$

当 π_A、π_B 同时为零时，A、B 都表示精确数，于是有

$$\mu_A>\mu_B\Rightarrow P_{(A\geqslant B)}=1,\mu_A<\mu_B\Rightarrow P_{(A\geqslant B)}=0,\mu_A=\mu_B\Rightarrow P_{(A\geqslant B)}=0.5$$

推论 5.1 对于两个直觉模糊数 $A=\langle\mu_A,v_A\rangle$ 和 $B=\langle\mu_B,v_B\rangle$，$P_{(A\geqslant B)}$ 满足以下性质：

(1) $0\leqslant P_{(A\geqslant B)}\leqslant 1$;

(2) $P_{(A\geqslant A)}=0.5$;

(3) $P_{(A\geqslant B)}=1\Leftrightarrow\mu_A\geqslant 1-v_B$;

(4) $P_{(A\geqslant B)}+P_{(B\geqslant A)}=1$。

证明 根据定义 5.2 以及定理 5.1 可直接证明。

值得注意的是，根据性质 (3)$P_{(A\geqslant B)}=1\Rightarrow\mu_A\geqslant 1-v_B$，由 $1-v_A\geqslant\mu_A$，$1-v_B\geqslant\mu_B$，可得 $1-v_A\geqslant\mu_A\geqslant 1-v_B\geqslant\mu_B$，由此可进一步得到 $\mu_A\geqslant\mu_B$，$v_A\leqslant v_B$，即 $P_{(A\geqslant B)}=1\Rightarrow\mu_A\geqslant\mu_B,v_A\leqslant v_B$，但其逆命题不成立。这与式 (5.2) 中的规则不同，因此，可以认为通过定义 5.2 定义的排序规则要比式 (5.2) 中的部分排序规则更为严格。

假设有 N 个直觉模糊数 $A_1,A_2,\cdots,A_N$，表示为 $A_i=\langle\mu_{A_i},v_{A_i}\rangle$，$i=1,2,\cdots,N$，根据定义 5.2 中的对比规则可对 N 个直觉模糊数进行排序，具体过程如下。

(1) 首先计算 $A_i\geqslant A_j$ 的可能度：

$$P_{(A_i\geqslant A_j)}=\min\left\{1,\max\left\{\frac{1-v_{A_i}-\mu_{A_j}}{\pi_{A_i}+\pi_{A_j}},0\right\}\right\},\quad i,j=1,2,\cdots,N \tag{5.8}$$

为简化表述，可令 $P_{ij}=P_{(A_i\geqslant A_j)}$。

(2) 构造 N 个直觉模糊数之间的对比关系矩阵：

$$P=\begin{bmatrix} P_{11} & P_{12} & \cdots & P_{1N} \\ P_{21} & P_{22} & \cdots & P_{2N} \\ \vdots & \vdots & & \vdots \\ P_{N1} & P_{N2} & \cdots & P_{NN} \end{bmatrix} \tag{5.9}$$

显然，P 满足：$\forall i,j\in\{1,2,\cdots,N\}$，$0\leqslant P_{ij}\leqslant 1$，$P_{ij}+P_{ji}=1$，$P_{ii}=0.5$。

(3) 计算矩阵 P 中每一行中所有元素的和，可得

$$P_i = \sum_{j=1}^{N} P_{ij} \tag{5.10}$$

(4) 由于 P_i 反映了 A_i 不小于其他元素的可能度，即 $P_i \geqslant P_j \Rightarrow A_i \geqslant A_j$，因此可以根据 P_i 的大小顺序对 $A_1, A_2, \cdots, A_n$ 进行排序。

例 5.2 基于可能度的直觉模糊数排序举例。对例 5.1 中的三个直觉模糊数 $A_1 = \langle 0.6, 0.3\rangle$、$A_2 = \langle 0.45, 0.2\rangle$、$A_3 = \langle 0.5, 0.25\rangle$ 进行排序。

A_1、A_2、A_3 之间基于可能度的对比关系矩阵为

$$P = \begin{bmatrix} 0.50 & 0.56 & 0.57 \\ 0.44 & 0.50 & 0.50 \\ 0.43 & 0.50 & 0.50 \end{bmatrix}$$

计算每一行的和可得

$$P_1 = 0.50 + 0.56 + 0.57 = 1.63$$

$$P_2 = 0.44 + 0.50 + 0.50 = 1.44$$

$$P_3 = 0.43 + 0.50 + 0.50 = 1.43$$

由于 $P_1 > P_2 > P_3$，因此 A_1、A_2、A_3 的排序结果为 $A_1 > A_2 > A_3$。

可以看到，该结果与使用计分函数和精确度函数获得的结果一致。如果把 P_i 看作一种特殊的计分函数，那么 P_i 包含的信息比 $s(A_i)$ 和 $a(A_i)$ 都丰富，因此该方法获得的排序结果能够更全面地反映直觉模糊数之间的关系。

5.4 基于证据组合的直觉模糊集成运算

直觉模糊数间的集成运算是基于直觉模糊集的决策融合中的重要运算，通过对代表不同决策结果的直觉模糊信息进行综合，可以得出相对全面、客观的决策。基于直觉模糊集与证据理论之间的关系，可以定义直觉模糊正交和运算、基于证据理论的直觉模糊集成运算及其扩展。

5.4.1 加权集成运算规则

直觉模糊集成运算的基础是加法运算法则、乘法运算法则。

对于 $X = \{x_1, x_2, \cdots, x_n\}$ 上的直觉模糊集 $A \in \text{IFSs}(X)$，$B \in \text{IFSs}(X)$，Atanassov 给出了如下的运算法则[161]：

$$A + B = \{\langle x, \mu_A + \mu_B - \mu_A\mu_B, v_A v_B\rangle | x \in X\} \tag{5.11}$$

$$A\cdot B=\{\langle x,\mu_A\mu_B,v_A+v_B-v_Av_B\rangle|\,x\in X\}\tag{5.12}$$

直觉模糊集的数乘运算以及幂运算满足以下法则[157]：

$$\lambda\cdot A=\left\{\left\langle x,1-(1-\mu_A)^{\lambda},v_A^{\lambda}\right\rangle\middle|\,x\in X\right\}\tag{5.13}$$

$$A^{\lambda}=\left\{\left\langle x,\mu_A^{\lambda},1-(1-v_A)^{\lambda}\right\rangle\middle|\,x\in X\right\}\tag{5.14}$$

根据以上运算法则，相关学者定义了一系列的直觉模糊集成运算[162]，主要有直觉模糊加权平均 (intuitionistic fuzzy weighted averaging，IFWA) 运算和直觉模糊加权几何 (intuitionistic fuzzy weighted geometric，IFWG) 运算。

设 $A_1,A_2,\cdots,A_q$ 表示 q 个直觉模糊数，其中 $A_i=\langle\mu_{A_i},v_{A_i}\rangle$，$i=1,2,\cdots,q$。$w=(w_1,w_2,\cdots,w_q)^{\mathrm{T}}$ 是权重向量，其中 $w_i\in[0,1]$ 表示 A_i 的权重系数，满足 $w_1+w_2+\cdots+w_q=1$，直觉模糊加权平均运算及直觉模糊加权几何运算可分别表述如下[163]。

(1) 直觉模糊加权平均运算：

$$\begin{aligned}\mathrm{IFWA}(A_1,A_2,\cdots,A_q)&=\sum_{i=1}^{q}w_iA_i\\&=\sum_{i=1}^{q}\langle 1-(1-\mu_{A_i})^{w_i},(v_{A_i})^{w_i}\rangle\\&=\left\langle 1-\prod_{i=1}^{q}(1-\mu_{A_i})^{w_i},\prod_{i=1}^{q}(v_{A_i})^{w_i}\right\rangle\end{aligned}\tag{5.15}$$

(2) 直觉模糊加权几何运算：

$$\begin{aligned}\mathrm{IFWG}(A_1,A_2,\cdots,A_q)&=\prod_{i=1}^{q}A_i^{w_1}\\&=\prod_{i=1}^{q}\langle(\mu_{A_i})^{w_i},1-(1-v_{A_i})^{w_i}\rangle\\&=\left\langle\prod_{i=1}^{q}(\mu_{A_i})^{w_i},1-\prod_{i=1}^{q}(1-v_{A_i})^{w_i}\right\rangle\end{aligned}\tag{5.16}$$

可以证明，以上两种运算满足幂等性、有界性以及可交换性[162]。

在以上集成运算中，各属性的权重系数均为 $[0,1]$ 的精确数，然而在实际应用中，经常会出现各属性权重为直觉模糊数的情况。因此，需要对直觉模糊集成运算进行扩展，以处理直觉模糊权重的问题。

(1) 需要将直觉模糊权重系数进行归一化处理。由于直觉模糊数和区间数可以相互转化，因此可基于区间权重的归一化方法对直觉模糊数进行归一化处理。对

于权重向量 $w=(w_1,w_2,\cdots,w_q)^{\mathrm{T}}$，其中 $w_j=[w_j^L,w_j^U]$，$0\leqslant w_j^L\leqslant w_j^U\leqslant 1(j=1,2,\cdots,q)$，Wang 和 Elhag 给出如下归一化条件[164]：

$$\sum_{j=1}^{q}w_j^U-(w_k^U-w_k^L)\geqslant 1,\quad \forall k\in\{1,\cdots,q\} \tag{5.17}$$

$$\sum_{j=1}^{q}w_j^L+(w_k^U-w_k^L)\leqslant 1,\quad \forall k\in\{1,\cdots,q\} \tag{5.18}$$

所以，可以得出直觉模糊权重的归一化条件：对于由直觉模糊权重 $w_j=\langle\eta_j,\rho_j\rangle$ 构成的权重向量 $w=(w_1,w_2,\cdots,w_q)^{\mathrm{T}}$，其归一化条件为

$$\sum_{j=1}^{q}(1-\rho_j)-\pi_k\geqslant 1,\quad \forall k\in\{1,\cdots,q\} \tag{5.19}$$

$$\sum_{j=1}^{q}\eta_j+\pi_k\leqslant 1,\quad \forall k\in\{1,\cdots,q\} \tag{5.20}$$

其中，$\pi_k=1-\eta_k-\rho_k$，$k=1,2,\cdots,q$。

(2) 需要将直觉模糊数的数乘运算和幂运算进行扩展。对于直觉模糊数 $A=\langle\mu,v\rangle$ 和 $w=\langle\eta,\rho\rangle$，存在以下运算法则[165]：

$$w\cdot A=\left\langle 1-(1-\mu)^{\eta},v^{1-\rho}\right\rangle \tag{5.21}$$

$$A^w=\left\langle \mu^{1-\rho},1-(1-v)^{\eta}\right\rangle \tag{5.22}$$

显然，对于直觉模糊数 $A=\langle\mu,v\rangle$ 和 $w=\langle\eta,\rho\rangle$ 而言，运算 $w\cdot A$ 不满足交换律。注意到，如果 $\eta=1-\rho=\lambda$，那么直觉模糊数退化为实数 λ，因此可得

$$w\cdot A=\left\langle 1-(1-\mu)^{\lambda},v^{\lambda}\right\rangle \tag{5.23}$$

$$A^w=\left\langle \mu^{\lambda},1-(1-v)^{\lambda}\right\rangle \tag{5.24}$$

对比式 (5.13) 和式 (5.14) 可得，$w\cdot A=\lambda\cdot A$，$A^w=A^\lambda$。因此，运算 $w\cdot A$ 和 A^w 可以分别看作运算 $\lambda\cdot A$ 和 A^λ 的扩展。

特别地，设直觉模糊数 0^* 和 1^* 分别表示为 $0^*=\langle 0,1\rangle$ 和 $1^*=\langle 1,0\rangle$，那么，$0^*\cdot A=0$，$1^*\cdot A=A$，$A^{0*}=1$，$A^{1*}=A^1=A$。

对 q 个直觉模糊数 $A_i=\langle\mu_{A_i},v_{A_i}\rangle$，$i=1,2,\cdots,q$，$w=(w_1,w_2,\cdots,w_q)^{\mathrm{T}}$ 为满足归一化条件的权重向量，其中 $w_i=\langle\eta_i,\rho_i\rangle$，基于直觉模糊权重的广义直觉模糊加权平均 (generalized intuitionistic fuzzy weighted averaging，G_IFWA) 运算和广

义直觉模糊加权几何 (generalized intuitionistic fuzzy weighted geometric，G_IFWG) 运算可分别表示如下。

(1) 广义直觉模糊加权平均运算：

$$\begin{aligned}&\text{G\_IFWA}(A_1, A_2, \cdots, A_q)\\&=\sum_{i=1}^{q} w_i A_i=\sum_{i=1}^{q}\left\langle 1-(1-\mu_{A_i})^{\eta_i}, (v_{A_i})^{1-\rho_i}\right\rangle\\&=\left\langle 1-\prod_{i=1}^{q}(1-\mu_{A_i})^{\eta_i}, \prod_{i=1}^{q}(v_{A_i})^{1-\rho_i}\right\rangle\end{aligned} \tag{5.25}$$

(2) 广义直觉模糊加权几何运算：

$$\begin{aligned}&\text{G\_IFWG}(A_1, A_2, \cdots, A_q)\\&=\prod_{i=1}^{q}(A_i)^{w_i}=\prod_{i=1}^{q}\left\langle 1-(1-\mu_{A_i})^{\eta_i}, (v_{A_i})^{1-\rho_i}\right\rangle\\&=\left\langle \prod_{i=1}^{q}(\mu_{A_i})^{1-\rho_i}, 1-\prod_{i=1}^{q}(1-v_{A_i})^{\eta_i}\right\rangle\end{aligned} \tag{5.26}$$

5.4.2 基于证据组合的直觉模糊集成运算规则

由于直觉模糊数对应于证据理论中的基本概率分配函数，因此可以在证据理论的框架内研究直觉模糊集成运算。

例如，文献 [131] 在证据理论框架内提出了相应的直觉模糊运算法则，针对区间数 [Bel,Pl] 定义了运算法则，并对数乘运算和幂运算进行了改进，即主要变化在于：

$$\lambda \cdot A=\left\{\left\langle x, \lambda\mu_A, 1-v_A^{\lambda}\right\rangle \middle| x\in X\right\} \tag{5.27}$$

$$A^{\lambda}=\left\{\left\langle x, \mu_A^{\lambda}, 1-v_A^{\lambda}\right\rangle \middle| x\in X\right\} \tag{5.28}$$

这样，数乘运算和幂运算分别与加法运算和乘法运算脱离了关系，但是该运算体系显然不够完备。

在证据理论的框架内，基于 Dempster 组合规则可以实现直觉模糊集成运算。

论域 $X=\{x\}$ 上的直觉模糊集 $A_1=\langle\mu_1, v_1\rangle$ 和 $A_2=\langle\mu_2, v_2\rangle$ 可以看作对 x 的两个不同评价结果，对应于两个基本概率分配函数 m_1 和 m_2，表示为

$$\begin{cases}m_1(\{\text{Yes}\})=\mu_1\\m_1(\{\text{No}\})=v_1\\m_1(\varTheta)=\pi_1\end{cases} \tag{5.29}$$

$$\begin{cases} m_2(\{\text{Yes}\}) = \mu_2 \\ m_2(\{\text{No}\}) = v_2 \\ m_2(\Theta) = \pi_2 \end{cases} \tag{5.30}$$

因此，可以根据 Dempster 组合规则对这两个 BPA 进行组合，组合结果为

$$\begin{cases} m_{1\oplus 2}(\{\text{Yes}\}) = \dfrac{\mu_1(1-v_2)+\mu_2\pi_1}{1-\mu_1 v_2-\mu_2 v_1} \\ m_{1\oplus 2}(\{\text{No}\}) = \dfrac{v_1(1-\mu_2)+v_2\pi_1}{1-\mu_1 v_2-\mu_2 v_1} \\ m_{1\oplus 2}(\Theta) = \dfrac{\pi_1\pi_2}{1-\mu_1 v_2-\mu_2 v_1} \end{cases} \tag{5.31}$$

据此可以定义一种新的直觉模糊正交和运算，记为 $\oplus$。

定义 5.3 (直觉模糊正交和运算) 对于两个直觉模糊数 $A_1=\langle\mu_1,v_1\rangle$ 和 $A_2=\langle\mu_2,v_2\rangle$，它们之间的正交和运算，记为 $A_1\oplus A_2$，表示为

$$A_1\oplus A_2=\left\langle \frac{\mu_1(1-v_2)+\mu_2\pi_1}{1-\mu_1 v_2-\mu_2 v_1}, \frac{v_1(1-\mu_2)+v_2\pi_1}{1-\mu_1 v_2-\mu_2 v_1} \right\rangle \tag{5.32}$$

显然，$A_1\oplus A_2$ 也是一个直觉模糊数，其犹豫度函数为

$$\pi_{A_1\oplus A_2}=\frac{\pi_1\pi_2}{1-\mu_1 v_2-\mu_2 v_1} \tag{5.33}$$

对于论域 X 上的直觉模糊集：

$$A=\{\langle x,\mu_A(x),v_A(x)\rangle | x\in X\},\quad B=\{\langle x,\mu_B(x),v_B(x)\rangle | x\in X\}$$

它们的正交和可表示为

$$A\oplus B=\left\{\left\langle x,\frac{\mu_A(1-v_B)+\mu_B\pi_A}{1-\mu_A v_B-\mu_B v_A},\frac{v_A(1-\mu_B)+v_B\pi_A}{1-\mu_A v_B-\mu_B v_A}\right\rangle \middle| x\in X\right\} \tag{5.34}$$

由于 Dempster 组合规则可以用于多个证据的组合，以上运算同样可以扩展至多个直觉模糊集，多个直觉模糊集的正交和运算可记为 $\oplus_{j=1}^N A_j$，而且，该运算与 Dempster 组合规则一样满足交换律和结合律。

如果直觉模糊数 $A=\langle\mu,v\rangle$ 的权重为 w，其对应的基本概率分配函数为 m，那么可以认为该证据源的可靠度为 w，因此可以根据 Shafer 证据折扣准则对 m 进行修正：

$$\begin{cases} m^w(\text{Yes}) = w\mu \\ m^w(\text{No}) = wv \\ m^w(\text{Yes},\text{No}) = w\pi+1-w \end{cases} \tag{5.35}$$

将修正后的 BPA 转化为直觉模糊数，可得

$$\langle w\mu, wv\rangle \tag{5.36}$$

从而可以定义一种乘法运算法则：

$$w \circ A = \langle w\mu, wv\rangle \tag{5.37}$$

当 w 为直觉模糊数 $\langle \eta, \rho\rangle$ 时，该运算扩展为

$$w \circ A = \langle \eta\mu, (1-\rho)v\rangle \tag{5.38}$$

根据以上直觉模糊正交和运算及幂运算，可以定义一种新的直觉模糊集成运算 —— 基于证据理论的直觉模糊集成 (intuitionistic fuzzy evidential aggregation，IFEA) 运算。

定义 5.4 (基于证据理论的直觉模糊集成运算)　$A_1, A_2, \cdots, A_q$ 表示 q 个直觉模糊数，其中 $A_i = \langle \mu_{A_i}, v_{A_i}\rangle$，$i = 1, 2, \cdots, q$。$w = (w_1, w_2, \cdots, w_q)^{\mathrm{T}}$ 是权重向量，其中 $w_i \in [0,1]$ 表示 A_i 的权重系数，满足 $w_1 + w_2 + \cdots + w_q = 1$。这些直觉模糊数表示的信息可通过以下规则进行集成：

$$\mathrm{IFEA}(A_1, A_2, \cdots, A_q) = \mathop{\oplus}_{i=1}^{q} (w_i \circ A_i) = \mathop{\oplus}_{i=1}^{q} \langle w_i \mu_{A_i}, w_i v_{A_i}\rangle \tag{5.39}$$

对于满足归一化条件的直觉模糊权重向量 $w = (w_1, w_2, \cdots, w_q)^{\mathrm{T}}$，其中 $w_i = \langle \eta_i, \rho_i\rangle$，基于证据理论的广义直觉模糊集成 (generalized intuitionistic fuzzy evidential aggregation，G_IFEA) 运算可表示为

$$\mathrm{G\_IFEA}(A_1, A_2, \cdots, A_q) = \mathop{\oplus}_{i=1}^{q} (w_i \circ A_i) = \mathop{\oplus}_{i=1}^{q} \langle \eta_i \mu_{A_i}, (1-\rho_i) v_{A_i}\rangle \tag{5.40}$$

5.5　直觉模糊不确定性测度

不确定性测度作为不确定信息评估的一个重要指标，有助于进一步揭示不确定信息的本质，在直觉模糊集、模糊集理论的研究中具有重要作用，其重要性犹如信息熵在概率论中的地位一样。对于直觉模糊集而言，其不确定性测度应该包括模糊度、犹豫度以及非精确度。研究者针对直觉模糊集、模糊集的不确定性度量做了大量研究，提出了多个基于熵的不确定性测度。为了对不确定性进行全面度量，本节给出一种非精确度度量方法，并基于非精确度、模糊度和犹豫度构造一种广义的不确定性测度。

5.5.1 直觉模糊熵

直觉模糊熵的概念最早由 Burillo 和 Bustince 提出[166]，基于熵定义的不确定性度量方法被广泛使用。

定义 5.5 (直觉模糊熵) 设 A 是论域 $X=\{x_1,x_2,\cdots,x_n\}$ 上的直觉模糊集，如果映射 $E_{\mathrm{I}}:\mathrm{IFSs}(X)\to[0,1]$ 满足下列条件，那么 E_{I} 是直觉模糊熵。

(1) 当且仅当 A 退化为模糊集时，$E_{\mathrm{I}}(A)=0$;

(2) 当且仅当 $\forall x\in X$，$\mu_A(x)=v_A(x)=0$ 时，$E_{\mathrm{I}}(A)=1$;

(3) $E_{\mathrm{I}}(A)=E_{\mathrm{I}}(A^c)$;

(4) 对 $\forall x\in X$，当 $\mu_A(x)\leqslant\mu_B(x)$，$v_A(x)\leqslant v_B(x)$ 时，$E_{\mathrm{I}}(A)\geqslant E_{\mathrm{I}}(B)$。

可以看出：直觉模糊熵 E_{I} 描述了直觉模糊集与模糊集之间的差别，通过直觉模糊熵的条件 (4) 可知，E_{I} 与犹豫度密切相关，E_{I} 随犹豫度的增加而增加。显然，模糊集的不确定性无法通过 E_{I} 进行度量。

为了描述模糊集的不确定性，Luca 和 Termini[167] 曾将模糊集的熵定义为

$$E_{\mathrm{LT}}^{\mathrm{FS}}(A)=-\frac{1}{n}\sum_{i=1}^{n}\left[\mu_A(x_i)\log_2\mu_A(x_i)+(1-\mu_A(x_i))\log_2(1-\mu_A(x_i))\right] \tag{5.41}$$

后来，Szmidt 和 Kacprzyk 将模糊熵的概念推广至直觉模糊集[168]。

定义 5.6 (模糊熵) 设 A 是论域 $X=\{x_1,x_2,\cdots,x_n\}$ 上的直觉模糊集，如果映射 $E_{\mathrm{F}}:\mathrm{IFSs}(X)\to[0,1]$ 满足下列条件，那么 E_{F} 是模糊熵。

(1) 当且仅当 A 退化为精确集时，$E_{\mathrm{F}}(A)=0$;

(2) 当且仅当 $\forall x_i\in X$，$\mu_A(x_i)=v_A(x_i)$ 时，$E_{\mathrm{F}}(A)=1$;

(3) $E_{\mathrm{F}}(A)=E_{\mathrm{F}}(A^c)$;

(4) 当 $\forall x_i\in X$，$\mu_A(x_i)\leqslant\mu_B(x_i)\leqslant 0.5$ 且 $v_A(x_i)\geqslant v_B(x_i)\geqslant 0.5$ 时，或当 $\mu_A(x_i)\geqslant\mu_B(x_i)\geqslant 0.5$ 且 $\nu_A(x_i)\leqslant\nu_B(x_i)\leqslant 0.5$ 时，$E_{\mathrm{F}}(A)\leqslant E_{\mathrm{F}}(B)$。

显然，模糊熵 E_{F} 只能用来度量直觉模糊集的模糊度，没有考虑直觉模糊集的犹豫度。

由以上两个定义可知：可以用直觉模糊熵、模糊熵这两种不同的方法来度量直觉模糊集的不确定性。事实上，对于直觉模糊集而言，直觉模糊熵和模糊熵同时存在。一方面，直觉模糊集作为模糊集的拓展，与精确集相比，其模糊性源于隶属度函数小于 1，因此，直觉模糊集包含基于模糊熵的不确定性，即模糊度。另一方面，直觉模糊集与模糊集的区别在于其隶属度和非隶属度的和小于 1，知识的缺乏带来对隶属度和非隶属度函数的不可知，因此存在基于直觉模糊熵的不确定性，即犹豫度。由此可见，定义 5.5 中的直觉模糊熵 $E_{\mathrm{I}}(A)$ 是犹豫度的一种表现形式，而定义 5.6 中的模糊熵 $E_{\mathrm{F}}(A)$ 则代表模糊度。显然，单纯使用犹豫度和模糊度都无法对直

觉模糊集的不确定性进行度量。为了对直觉模糊集的模糊度和犹豫度进行同时度量，Mao 等对直觉模糊熵的定义进行了如下改进[169]。

定义 5.7 (改进的直觉模糊熵) 对于论域 $X=\{x_1,x_2,\cdots,x_n\}$ 上的直觉模糊集 A，其直觉模糊熵 $E_{\text{IF}}(A)$ 是 $[0,1]$ 中的实数，由 π_A 和 $\Delta_A=|\mu_A-v_A|$ 共同决定，即 $E_{\text{IF}}(A)=g(\pi_A,\Delta_A):\text{IFSs}(X)\to[0,1]$，而且满足以下条件：

(1) 当且仅当 A 为精确集时，$E_{\text{IF}}(A)=0$;

(2) 当且仅当 $\forall x_i\in X$, $\mu_A(x_i)=v_A(x_i)=0$ 时，$E_{\text{IF}}(A)=1$;

(3) $E_{\text{IF}}(A)=E_{\text{IF}}(A^c)$;

(4) $g(\pi_A,\Delta_A)$ 是 π_A 的增函数，$\Delta_A=|\mu_A-v_A|$ 的减函数。

在相关文献中，已经证明了模糊度和犹豫度的组合可以对直觉模糊集的不确定性进行有效度量[170]，Pal 等对直觉模糊集的不确定性测度进行了改进[170]，以实现对模糊度和犹豫度的同时度量，他们将 E_{I} 和 E_{F} 联合起来对直觉模糊集的不确定性进行度量，其实质与定义 5.7 相同。下面将为直觉模糊集定义一种新的模糊度测度和犹豫度测度，并构造一种直觉模糊熵。

1. 模糊度测度

定义 5.8 (模糊度) 对于论域 $X=\{x_1,x_2,\cdots,x_n\}$ 上的直觉模糊集 $A=\{\langle x,\mu_A(x),v_A(x)\rangle|x\in X\}$，其模糊度 (fuzziness) 可表示为

$$E_{\text{F}}^{\text{S}}(A)=-\frac{1}{n}\sum_{i=1}^{n}\left[\varphi_{\mu_A}(x_i)\log_2\left(\varphi_{\mu_A}(x_i)\right)+\varphi_{v_A}(x_i)\log_2\left(\varphi_{v_A}(x_i)\right)\right] \tag{5.42}$$

其中，$\varphi_{\mu_A}(x_i)=\mu_A(x_i)+0.5\pi_A(x_i);\varphi_{v_A}(x_i)=v_A(x_i)+0.5\pi_A(x_i)$。

定理 5.2 $E_{\text{F}}^{\text{S}}(A)$ 与定义 5.6 中的模糊熵等价。

证明 (1) 对于精确集 A 而言，其隶属度函数和非隶属度函数为 0 或 1，犹豫度函数为 0，因此可得 $E_{\text{F}}^{\text{S}}(A)=0$。

在式 (5.42) 中，$\varphi_{\mu_A}(x_i)\log_2(\varphi_{\mu_A}(x_i))\leqslant 0,\varphi_{v_A}(x_i)\log_2(\varphi_{v_A}(x_i))\leqslant 0$，因此，由 $E_{\text{F}}^{\text{S}}(A)$ 可得

$$(\mu_A(x_i)+0.5\pi_A(x_i))\log_2(\mu_A(x_i)+0.5\pi_A(x_i))=0$$

$$(v_A(x_i)+0.5\pi_A(x_i))\log_2(v_A(x_i)+0.5\pi_A(x_i))=0$$

因此，$\mu_A(x_i)+0.5\pi_A(x_i)$ 和 $v_A(x_i)+0.5\pi_A(x_i)$ 的值为 0 或 1。

又由于 $\mu_A(x_i)+0.5\pi_A(x_i)+v_A(x_i)+0.5\pi_A(x_i)=\mu_A(x_i)+\pi_A(x_i)+v_A(x_i)=1$，有以下两种情况需要考虑：

① 如果 $\mu_A(x_i)+0.5\pi_A(x_i)=1$，那么 $v_A(x_i)+0.5\pi_A(x_i)=0$，于是有

$$v_A(x_i)=\pi_A(x_i)=0,\mu_A(x_i)=1$$

② 如果 $\mu_A(x_i)+0.5\pi_A(x_i)=0$，那么 $v_A(x_i)+0.5\pi_A(x_i)=1$，于是有

$$\pi_A(x_i)=\pi_A(x_i)=0, v_A(x_i)=1$$

以上两种情况都表明 A 是精确集。

(2) 如果对所有 $x_i\in X$ 都有 $v_A(x_i)=\mu_A(x_i)$，则由 $\mu_A(x_i)+\pi_A(x_i)+v_A(x_i)=1$ 可得 $\mu_A(x_i)=v_A(x_i)=0.5(1-\pi_A(x_i))$，代入式 (5.42) 可得 $E_{\mathrm{F}}^{\mathrm{S}}(A)=1$。

现在假设 $E_{\mathrm{F}}^{\mathrm{S}}(A)=1$，令 $\mu_A(x_i)-v_A(x_i)=t_A(x_i)$，$t_A(x_i)\in[-1,1]$，则式 (5.42) 可写为

$$\begin{aligned}&E_{\mathrm{F}}^{\mathrm{S}}(A)\\ =&-\frac{1}{n}\sum_{i=1}^{n}[(\mu_A(x_i)+0.5(1-\mu_A(x_i)-v_A(x_i)))\\ &\log_2(\mu_A(x_i)+0.5(1-\mu_A(x_i)-v_A(x_i)))\\ &+(v_A(x_i)+0.5(1-\mu_A(x_i)-v_A(x_i)))\log_2(v_A(x_i)+0.5(1-\mu_A(x_i)-v_A(x_i)))]\\ =&\frac{1}{n\ln 2}\sum_{i=1}^{n}[-(0.5(1+t_A(x_i)))\ln(0.5(1+t_A(x_i)))\\ &-(0.5(1-t_A(x_i)))\ln(0.5(1-t_A(x_i)))]\end{aligned}$$

构造如下函数：

$$f(t)=-(0.5+0.5t)\ln(0.5+0.5t)-(0.5-0.5t)\ln(0.5-0.5t)$$

其中，$t\in[-1,1]$。

对 $f(t)$ 求导得

$$f'(t)=0.5\ln(1-t)-0.5\ln(1+t)$$

可以看出：

当 $t\in[0,1]$ 时，$f'(t)\leqslant 0$，当 $t\in[-1,0]$ 时，$f'(t)\geqslant 0$。

故当 $t=0$ 时，$f(t)$ 取最大值 1。

因此，当 $E_{\mathrm{F}}^{\mathrm{S}}(A)=1$ 时，对 $\forall x_i\in X$，有 $v_A(x_i)=\mu_A(x_i)$。

综上可得：$E_{\mathrm{F}}^{\mathrm{S}}(A)=1\Leftrightarrow v_A(x_i)=\mu_A(x_i),\forall x_i\in X$。

(3) 由 $A^c=\{\langle x,v_A(x),\mu_A(x)\rangle|x\in X\}$，可得：$E_{\mathrm{F}}^{\mathrm{S}}(A)=E_{\mathrm{F}}^{\mathrm{S}}(A^c)$。

(4) 根据 $f(t)$ 的单调性可得

当 $\mu_A(x_i)\leqslant\mu_B(x_i)\leqslant v_B(x_i)\leqslant v_A(x_i)$，即 $t_A(x_i)\leqslant t_B(x_i)\leqslant 0$ 时，$f(t_A(x_i))\leqslant f(t_B(x_i))$，故 $E_{\mathrm{F}}^{\mathrm{S}}(A)\leqslant E_{\mathrm{F}}^{\mathrm{S}}(B)$。

由 $\mu_A(x_i)\geqslant\mu_B(x_i)\geqslant v_B(x_i)\geqslant v_A(x_i)$，可得 $\mu_A(x_i)-v_A(x_i))\geqslant\mu_B(x_i)-v_B(x_i)\geqslant 0$，因此，$f(t_A(x_i))\leqslant f(t_B(x_i))$，$E_{\mathrm{F}}^{\mathrm{S}}(A)\leqslant E_{\mathrm{F}}^{\mathrm{S}}(B)$。

综上，$E_{\mathrm{F}}^{\mathrm{S}}(A)$ 满足定义 5.6 中的所有条件，$E_{\mathrm{F}}^{\mathrm{S}}(A)$ 与模糊熵等价。

定理 5.3 $E_{\mathrm{F}}^{\mathrm{S}}(A)$ 是变量 $\Delta_A(x_i)=|\mu_A(x_i)-v_A(x_i)|$ 的减函数。

证明 为方便起见，设 $\mu_A(x_i)-v_A(x_i)=t_A(x_i), t_A(x_i)\in[-1,1]$。

对于 $t\in[-1,1]$，构造如下函数：

$$f(t)=-(0.5+0.5t)\ln(0.5+0.5t)-(0.5-0.5t)\ln(0.5-0.5t)$$

设 $y=|t|\in[0,1]$，则当 $t\geqslant 0$ 时，$f(t)$ 可表示为

$$f(t)=g(y)=-(0.5+0.5y)\ln(0.5+0.5y)-(0.5-0.5y)\ln(0.5-0.5y)$$

于是当 $t\leqslant 0$ 时，$f(t)$ 可表示为

$$f(t)=h(y)=-(0.5-0.5y)\ln(0.5-0.5y)-(0.5+0.5y)\ln(0.5+0.5y)$$

可以看出，$g(y)$ 和 $h(y)$ 与 $f(t)$ 的形式完全相同。由于当 $t\in[0,1]$ 时，$f'(t)\leqslant 0$，因此当 $y=|t|$ 增大时，$f(t)$ 减小。

所以，$E_{\mathrm{F}}^{\mathrm{S}}(A)$ 是变量 $\Delta_A(x_i)=|\mu_A(x_i)-v_A(x_i)|$ 的减函数。

定理 5.4 当 A 退化为模糊集时，$E_{\mathrm{F}}^{\mathrm{S}}(A)$ 与 $E_{\mathrm{LT}}^{\mathrm{FS}}(A)$ 等价。

证明 将 $\pi_A(x_i)=0$ 代入式 (5.42) 即可得到 $E_{\mathrm{F}}^{\mathrm{S}}(A)=E_{\mathrm{LT}}^{\mathrm{FS}}(A)$。

2. 犹豫度测度

通过直觉模糊熵的定义可以看出：其与直觉模糊集犹豫度函数密切相关，可直接用犹豫度函数来定义直觉模糊集的犹豫度测度。因此，对于论域 $X=\{x_1,x_2,\cdots,x_n\}$ 上的直觉模糊集 $A=\{\langle x,\mu_A(x),v_A(x)\rangle|x\in X\}$，其犹豫度测度可定义为

$$E_{\mathrm{I}}^{\mathrm{S}}(A)=\frac{1}{n}\sum_{i=1}^{n}\pi_A(x_i) \tag{5.43}$$

显然，$E_{\mathrm{I}}^{\mathrm{S}}(A)$ 满足定义 5.5 中的所有条件，而且是 $\pi_A(x_i)$ 的增函数。

3. 结合犹豫度测度和模糊度测度的直觉模糊熵

将犹豫度测度 $E_{\mathrm{I}}^{\mathrm{S}}(A)$ 和模糊度测度 $E_{\mathrm{F}}^{\mathrm{S}}(A)$ 结合，可以得到一种新的直觉模糊熵：

$$E_{\mathrm{IF}}^{\mathrm{S}}(A)=\frac{1}{2}\left(E_{\mathrm{I}}^{\mathrm{S}}(A)+E_{\mathrm{F}}^{\mathrm{S}}(A)\right) \tag{5.44}$$

可以证明，$E_{\mathrm{IF}}^{\mathrm{S}}(A)$ 满足定义 5.7 中的条件。

为了直观地说明 $E_{\mathrm{I}}^{\mathrm{S}}(A)$ 和 $E_{\mathrm{F}}^{\mathrm{S}}(A)$ 的性质，图 5.2 和图 5.3 分别描述了论域 $X=\{x\}$ 中直觉模糊集的模糊度和犹豫度，直觉模糊集 $A=\{\langle x,\mu_A(x),v_A(x)|x\rangle\}$ 的模糊度和犹豫度的数值通过点 $(\mu_A(x),v_A(x),\pi_A(x))$ 的灰度值来表示。

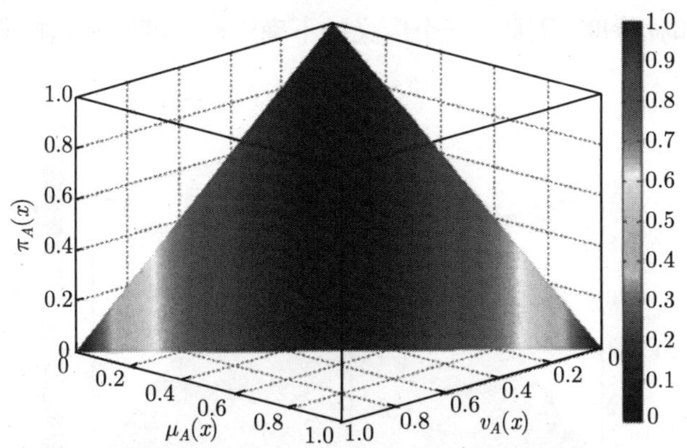

图 5.2 论域 $X=\{x\}$中直觉模糊集的模糊度 $E_{\mathrm{F}}^{\mathrm{S}}(A)$

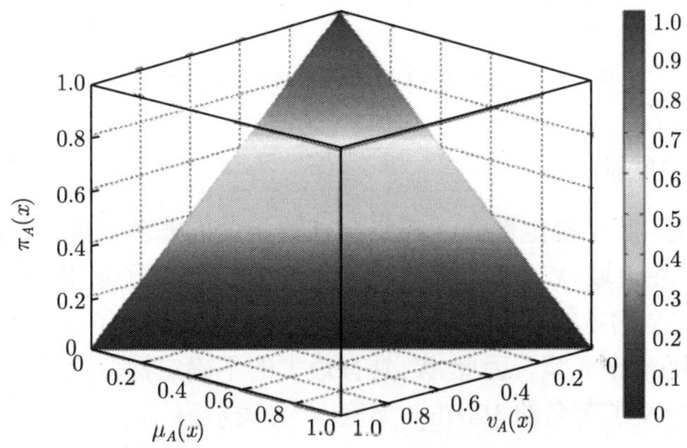

图 5.3 论域 $X=\{x\}$中直觉模糊集的犹豫度 $E_{\mathrm{I}}^{\mathrm{S}}(A)$

图 5.4 显示了 $X=\{x\}$ 中直觉模糊集的熵，可以看出，直觉模糊集的模糊度和犹豫度对直觉模糊集的变化不够敏感，将二者结合起来可以较好地描述直觉模糊集的不确定性。

在一些实际信息系统中，精确集、模糊集和直觉模糊集同时存在，该如何对三种集合的不确定性进行统一度量?

对于精确集，其模糊度和犹豫度都为 0，但不能说其不确定性为 0，因为对于精确集来说，还涉及另外一种不确定性，即非精确度，精确集的非精确度与其所包含的元素个数有密切联系，与集合向某一特定元素聚焦的能力有关。对于模糊集和直觉模糊集，基于非精确度的不确定性同样也存在，同样也与集合聚焦于某一特定元素的能力有关。所以精确集的不确定性主要由与其基数相关的非精确度度量，模糊集的不确定性则包括非精确度和模糊度，直觉模糊集的不确定性测度包括非精确度、模糊度和犹豫度。因此，一个广义的不确定性测度应该包括非精确度、模糊度和犹豫度。

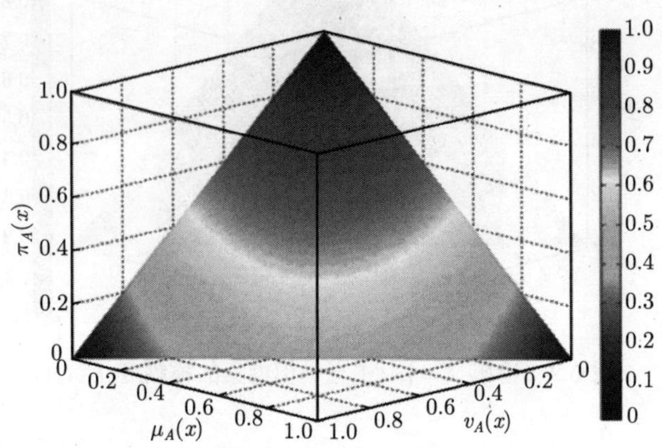

图 5.4　论域 $X=\{x\}$中直觉模糊集的熵 $E_{\mathrm{IF}}^{\mathrm{S}}(A)$

5.5.2　非精确度度量

对于精确集，其不确定性源于与集合基数相关的非精确度，直接取决于集合中元素的个数。在论域 $X=\{x_1,x_2,\cdots,x_n\}$ 的所有非空子集中，由于只包含一个元素的集合是完全确定的，其非精确度为 0，而全集 X 中有 n 个元素，无法确定 X 究竟聚焦于哪一个元素，因此 X 具有最大的不确定性。针对精确集的不确定性，Hartley 曾定义了著名的 Hartley 测度[171]，表示为

$$H(A)=\log_2(|A|) \tag{5.45}$$

显然，对于论域 $X=\{x_1,x_2,\cdots,x_n\}$ 中的非空子集 A，$H(A)\in[0,\log_2 n]$，由此可知，精确集的非精确度的取值范围可以确定为 $[0,\log_2 n]$。由于精确集是直觉模糊集的特殊表现形式，为保持一致，可以将直觉模糊集的非精确度也定义在区间 $[0,\log_2 n]$ 内。

Yager 在文献 [172] 中基于不同元素隶属度函数间的关系对直觉模糊集的精确度进行了研究，由于非精确度和精确度是一对互补概念，也可以基于隶属度函数之间的关系给出直觉模糊集非精确度的概念。

定义 5.9 (直觉模糊集的非精确度)　对于论域 $X=\{x_1,x_2,\cdots,x_n\}$ 中的直觉模糊集 $A=\{\langle x,\mu_A(x),v_A(x)\rangle|x\in X\}$，其非精确度可定义为

$$N(A)=\log_2\left(n+\sum_{x\neq x^*}(M_A(x)-\alpha)\right) \tag{5.46}$$

其中，$\alpha=\mu_A(x^*)=\max\left[\mu_A(x_1),\mu_A(x_2),\cdots,\mu_A(x_n)\right]$，对所有 $x\in X$，$M_A(x)=\min\left[\alpha,1-v_A(x)\right]$。

对于 x^*，有 $\mu_A(x^*)\leqslant 1-v_A(x^*)$，因此，$M_A(x^*)=\alpha$，$M_A(x^*)-\alpha=0$。由此，式 (5.46) 也可表示为

$$N(A)=\log_2\left(n+\sum_{x}\left(M_A(x)-\alpha\right)\right) \tag{5.47}$$

1. 直觉模糊集非精确度的计算过程举例

例 5.3 设论域为 $X=\{x_1,x_2,x_3,x_4,x_5\}$，$X$ 中的直觉模糊集 A 表示为 $A=\{\langle x_1,0.3,0.6\rangle,\langle x_2,0.6,0\rangle,\langle x_3,0.4,0.6\rangle,\langle x_4,0.2,0.7\rangle,\langle x_5,0,0.5\rangle\}$，计算 A 的非精确度。

显然，$\alpha=\max\left[\mu_A(x_1),\mu_A(x_2),\mu_A(x_3),\mu_A(x_4),\mu_A(x_5)\right]=\mu_A(x_2)=0.6$，于是有

$$M_A(x_1)=\min\left[\alpha,1-v_A(x_1)\right]=\min\left[0.6,0.4\right]=0.4$$

$$M_A(x_3)=\min\left[\alpha,1-v_A(x_3)\right]=\min\left[0.6,0.4\right]=0.4$$

$$M_A(x_4)=\min\left[\alpha,1-v_A(x_4)\right]=\min\left[0.6,0.3\right]=0.3$$

$$M_A(x_5)=\min\left[\alpha,1-v_A(x_5)\right]=\min\left[0.6,0.5\right]=0.5$$

计算后可得 A 的非精确度为

$$N(A)=\log_2\left(5+(0.4-0.6)+(0.4-0.6)+(0.3-0.6)+(0.5-0.6)\right)=2.07$$

2. 直觉模糊集非精确度的相关性质分析

定理 5.5 对论域 $X=\{x_1,x_2,\cdots,x_n\}$ 中的直觉模糊集 A，其非精确度 $N(A)$ 满足：$N(A)\in[0,\log_2 n]$。

证明 由于 $M_A(x)\leqslant\alpha$，所以 $n+\sum\limits_{x\neq x^*}\left(M_A(x)-\alpha\right)\leqslant n$。

此外，由 $0\leqslant M_A(x)$ 及 $\alpha\leqslant 1$ 可得

$$\begin{aligned} n+\sum_{x\neq x^*}\left(M_A(x)-\alpha\right)&=n+\sum_{x\neq x^*}M_A(x)-(n-1)\,\alpha\\ &\geqslant n-(n-1)\,\alpha\\ &\geqslant n-(n-1)\\ &=1 \end{aligned}$$

所以有

$$1 \leqslant n+\sum_{x\neq x^*}(M_A(x)-\alpha)\leqslant n$$

综上可得

$$N(A)\in[0,\log_2 n]$$

定理 5.6 如果 A 是 $X=\{x_1,x_2,\cdots,x_n\}$ 中的非空真子集，那么其非精确度 $N(A)$ 与 Hartley 测度 $H(A)$ 等价。

证明 不失一般性，可假设 $A=\{x_1,x_2,\cdots,x_m\}(1\leqslant m\leqslant n)$，则 A 可表示为直觉模糊集 $\tilde{A}$: $\tilde{A}=\{\langle x_1,1,0\rangle,\cdots,\langle x_m,1,0\rangle,\langle x_{m+1},0,1\rangle,\cdots,\langle x_n,0,1\rangle\}$。

显然，$\alpha=1=\mu_{\tilde{A}}(x_i)$, $x_i\in A$。

为便于表述，设 $x^*=x_1$，于是有

$$M_{\tilde{A}}(x_2)=\cdots=M_{\tilde{A}}(x_m)=1$$

$$M_{\tilde{A}}(x_{m+1})=\cdots=M_{\tilde{A}}(x_n)=0$$

可进一步得到

$$\begin{aligned}n+\sum_{x\neq x^*}(M_{\tilde{A}}(x)-\alpha)&=n+\sum_{x\neq x^*}M_{\tilde{A}}(x)-(n-1)\alpha\\&=n+(m-1)-(n-1)\\&=m\end{aligned}$$

根据非精确度的定义，可得

$$\begin{aligned}N(\tilde{A})&=\log_2\left(n+\sum_{x\neq x^*}(M_{\tilde{A}}(x)-\alpha)\right)\\&=\log_2 m\\&=\log_2(|A|)\\&=H(A)\end{aligned}$$

因此，精确集 A 在直觉模糊集框架内的非精确度 $N(\tilde{A})$ 与 Hartley 测度 $H(A)$ 等价。

定理 5.7 当论域 $X=\{x_1,x_2,\cdots,x_n\}$ 中的直觉模糊集 A 退化为模糊集时，其非精确度可表示为 $N(A)=\log_2\left(n+\sum\limits_{x\neq x^*}(\mu_A(x)-\alpha)\right)$。

证明 不失一般性，可假设 $\alpha=\mu_A(x_1)$，即 $x^*=x_1$。

由于 A 是模糊集，所以 $\forall x \in X$，$\mu_A(x) + v_A(x) = 1$。
由 $\alpha = \mu(x_1) = \max[\mu_A(x_1), \mu_A(x_2), \cdots, \mu_A(x_n)]$ 可得

$$\mu_A(x_1) \geqslant \mu_A(x) = 1 - v_A(x), \forall x \in X$$

于是有

$$\begin{aligned} M_A(x) &= \min[1 - v_A(x), \alpha] \\ &= \min[1 - v_A(x), \mu_A(x_1)] \\ &= 1 - v_A(x) \\ &= \mu_A(x) \end{aligned}$$

最终可得

$$N(A) = \log_2 \left(n + \sum_{x \neq x^*} (M_A(x) - \alpha) \right) = \log_2 \left(n + \sum_{x \neq x^*} (\mu_A(x) - \alpha) \right)$$

定理 5.8 对于 $A \in \text{IFSs}(X)$，如果至少存在一个 $x_k \in X$ 使得 $\mu_A(x_k) = 1$，那么其非精确度为

$$N(A) = \log_2 \left(n - \sum_{x \neq x^*} v_A(x) \right)$$

证明 由 $\mu_A(x_k) = 1$ 可得：$\alpha = 1$，$x^* = x_k$。
于是：

$$M_A(x) = \min[1 - v_A(x), \alpha] = 1 - v_A(x)$$

进一步可得

$$\sum_{x \neq x^*} (M_A(x) - \alpha) = n + \sum_{x \neq x^*} (1 - v_A(x) - 1) = n - \sum_{x \neq x^*} v_A(x)$$

所以 A 的非精确度可表示为

$$N(A) = \log_2 \left(n - \sum_{x \neq x^*} v_A(x) \right)$$

定理 5.9 在论域 $X = \{x_1, x_2, \cdots, x_n\}$ 中，直觉模糊集 $A \in \text{IFSs}(X)$，$\alpha = \mu_A(x^*) = \max[\mu_A(x_1), \mu_A(x_2), \cdots, \mu_A(x_n)]$，如果对于 $x \neq x^*$，$v_A(x) \leqslant v_A(x^*)$ 成立，那么 $N(A) = \log_2 n$。

证明　由 $\mu_A(x^*)+v_A(x^*)\leqslant 1, v_A(x)\leqslant v_A(x^*)$ 可得

$$\mu_A(x^*)\leqslant 1-v_A(x^*),\ \ 1-v_A(x)\geqslant 1-v_A(x^*)\geqslant \mu_A(x^*)=\alpha$$

因此，$M_A(x)=\min[1-v_A(x),\alpha]=\alpha$。

所以 A 的非精确度为

$$N(A)=\log_2\left(n+\sum_{x\neq x^*}(M_A(x)-\alpha)\right)=\log_2\left(n+\sum_{x\neq x^*}(\alpha-\alpha)\right)=\log_2 n$$

定理 5.9 给出了直觉模糊集的非精确度取最大值的条件，可以看出，在同一论域下满足该条件的直觉模糊集并不唯一，显然，如果所有元素的隶属度函数相等，即 $\forall x\in X$，$\mu_A(x)=\mu$ 时，该条件成立，其非精确度达到最大值。

由定理 5.9 可知：$v_A(x)\leqslant v_A(x^*)$ 意味着对所有 $x\neq x^*$，其隶属度的上界 $1-v_A(x)$ 大于 x^* 隶属度的上界 $1-v_A(x^*)$，而其下界 $\mu_A(x)$ 小于 x^* 隶属度的下界 $\mu_A(x^*)$，对有可能出现所有元素隶属度相等的情况，直觉模糊集的非精确度最大。

可以发现，当 $A=X$ 时，定理 5.9 中的条件也成立，因此全集的非精确度也为 $\log_2 n$。

基于以上的定理与分析，可以对上述非精确度 N 进行归一化。对于论域 $X=\{x_1,x_2,\cdots,x_n\}$ 中的直觉模糊集 A，其归一化的非精确度为

$$N_n(A)=N(A)/\log_2 n \tag{5.48}$$

5.5.3　广义不确定性测度

由于一个广义不确定性测度应该由模糊度、犹豫度和非精确度共同组成，所以基于模糊度 E_{F}、犹豫度 E_{I} 以及非精确度 N，可以构造一种广义不确定性测度。

在大多数情况下，不确定度的相对值比其绝对值更受关注，因此广义不确定性测度在形式上有极大的自由，基于此，可以通过将三种不确定性测度进行算术平均来构造一种广义不确定性测度。

设论域为 $X=\{x_1,x_2,\cdots,x_n\}$，$A\in \mathrm{IFSs}(X)$，其广义不确定性测度可表示为

$$\mathrm{GU}(A)=\frac{1}{3}\left(N_n(A)+E_{\mathrm{I}}^{\mathrm{S}}(A)+E_{\mathrm{F}}^{\mathrm{S}}(A)\right)$$

可以看出，$0\leqslant \mathrm{GU}(A)\leqslant 1$，综合考虑定义 5.5、定义 5.6 以及定理 5.9 可得：当 $\forall x_i\in X$，$\mu_A(x_i)=v_A(x_i)=0$ 时，$\mathrm{GU}(A)$ 取最大值 1; 当 A 为单元素精确集时，$\mathrm{GU}(A)$ 取最小值 0，这与直观分析结果一致。

1. 广义不确定性测度 GU 的通用性分析

例 5.4 以下面给出的各子集为例，分析广义不确定性测度 GU 的通用性。设论域为 $X=\{x_1,x_2,x_3,x_4,x_5\}$，$X$ 的五个非空子集分别为

$$A_1=\{x_1\},\quad A_2=\{x_1,x_2\},\quad A_3=\{x_1,x_2,x_3\}$$

$$A_4=\{x_1,x_2,x_3,x_4\},\quad A_5=\{x_1,x_2,x_3,x_4,x_5\}$$

这些精确集可用直觉模糊集的形式表示为

$$A_1=\{\langle x_1,1,0\rangle,\langle x_2,0,1\rangle,\langle x_3,0,1\rangle,\langle x_4,0,1\rangle,\langle x_5,0,1\rangle\}$$

$$A_2=\{\langle x_1,1,0\rangle,\langle x_2,1,0\rangle,\langle x_3,0,1\rangle,\langle x_4,0,1\rangle,\langle x_5,0,1\rangle\}$$

$$A_3=\{\langle x_1,1,0\rangle,\langle x_2,1,0\rangle,\langle x_3,1,0\rangle,\langle x_4,0,1\rangle,\langle x_5,0,1\rangle\}$$

$$A_4=\{\langle x_1,1,0\rangle,\langle x_2,1,0\rangle,\langle x_3,1,0\rangle,\langle x_4,1,0\rangle,\langle x_5,0,1\rangle\}$$

$$A_5=\{\langle x_1,1,0\rangle,\langle x_2,1,0\rangle,\langle x_3,1,0\rangle,\langle x_4,1,0\rangle,\langle x_5,1,0\rangle\}$$

表 5.1 给出了各子集不同类型的不确定性测度。

表 5.1 各子集的不确定性测度

子集	模糊度 $E_{\mathrm{F}}^{\mathrm{S}}$	犹豫度 $E_{\mathrm{I}}^{\mathrm{S}}$	归一化的非精确度 N_n	广义不确定性测度GU
A_1	0	0	0	0
A_2	0	0	0.43	0.14
A_3	0	0	0.68	0.3
A_4	0	0	0.86	0.29
A_5	0	0	1	0.33

由表 5.1 可以看出，对精确集而言，其模糊度、犹豫度始终为 0，因此依靠这两种测度无法对精确集间的不确定性进行对比。从 A_1 到 A_5，由于集合基数的增加，各集合的非精确度逐渐增大。精确集不确定性的唯一来源就是非精确度，因此非精确度的变化会带来不确定性的变化。当直觉模糊集退化为精确集时，广义不确定性测度 GU 可以用于描述精确集之间不确定性，与精确集的 Hartley 测度一致。由此可知，基于模糊度、犹豫度和非精确度构造的广义不确定性测度 GU 具有较好的通用性。GU 可以对直觉模糊集、模糊集以及精确集的不确定性进行统一描述。

2. 广义不确定性测度 GU 的敏感性分析

例 5.5 以下面给出的各子集为例，分析广义不确定性测度 GU 的敏感性。设论域为 $X=\{x_1,x_2,x_3,x_4,x_5\}$，$X$ 中的两个直觉模糊集分别为

$$A_1=\{\langle x_1,0.3,0.6\rangle,\langle x_2,0.6,0\rangle,\langle x_3,0.4,0.6\rangle,\langle x_4,0.2,0.7\rangle,\langle x_5,0,0.5\rangle\}$$

$$
\begin{aligned}
A_2 &= A_1^{\mathrm{c}} \\
&= \{\langle x_1, 0.6, 0.3\rangle, \langle x_2, 0, 0.6\rangle, \langle x_3, 0.6, 0.4\rangle, \langle x_4, 0.7, 0.2\rangle, \langle x_5, 0.5, 0\rangle\}
\end{aligned}
$$

根据非精确度、模糊度和犹豫度的计算公式，可得

$$N(A_1) = 2.07, \quad E_{\mathrm{F}}^{\mathrm{S}}(A_1) = 0.87, \quad E_{\mathrm{I}}^{\mathrm{S}}(A_1) = 0.18$$

$$N(A_2) = 2.20, \quad E_{\mathrm{F}}^{\mathrm{S}}(A_2) = 0.87, \quad E_{\mathrm{I}}^{\mathrm{S}}(A_2) = 0.18$$

A_1、A_2 的归一化非精确度和不确定性测度分别为

$$N_n(A_1) = 0.89, \ \mathrm{GU}(A_1) = 0.65$$

$$N_n(A_2) = 0.95, \ \mathrm{GU}(A_2) = 0.67$$

通常来说，一个直觉模糊集与其补集的不确定性应该是不一样的，通过例 5.5 可以看出，由于非精确度的介入，A_1 与 A_2 的广义不确定性测度 GU 反映了这种差别。通过模糊度与犹豫度的性质可知，这两种不确定性测度都无法区分直觉模糊集与其补集之间不确定性的差异，而非精确度可以辨识这种差别。

在例 5.5 中，对于 A_1 而言，x_2 的隶属度最大，为 0.6，而且与其他元素的隶属度差异较大，对于 A_2，尽管最大的隶属度为 0.7，但还存在隶属度值为 0.6 的另外两个元素，与最大值 0.7 比较接近，因此 A_2 比 A_1 有更大的非精确度，二者的不确定性也应该不相同，以上计算结果与此分析相一致。

例 5.6 设 $X = \{x_1, x_2\}$ 为论域，在该论域内的一个特殊的直觉模糊集定义为 $A = \{\langle x_1, a, b\rangle, \langle x_2, b, a\rangle\}$，试对其不确定性进行分析。

根据式 (5.47) 中非精确度的等价表达式，可以得到其非精确度为

$$N(A) = \log_2(2 + \min(1-b, \max(a,b)) + \min(1-a, \max(a,b)) - 2\cdot\max(a,b))$$

由于 $a + b \leqslant 1$，所以 $a \leqslant 1-b$，$b \leqslant 1-a$，以下情况需要分别考虑。

(1) 当 $b \leqslant a \leqslant 1-b$ 时，有 $b \leqslant 0.5$，可以有以下两种情况：

① 若 $1-a \geqslant a$，则有 $a \leqslant 0.5$，那么 $N(A) = \log_2(2 + a + a - 2\cdot a) = 1$；

② 若 $1-a \leqslant a$，则有 $a \geqslant 0.5$，那么 $N(A) = \log_2(2 + a + (1-a) - 2\cdot a) = \log_2(3 - 2\cdot a)$ 。

(2) 当 $a \leqslant b \leqslant 1-a$ 时，有 $a \leqslant 0.5$，可以分为以下两种情况：

① $1-b \geqslant b$，即 $b \leqslant 0.5$，则 $N(A) = \log_2(2 + b + b - 2\cdot b) = 1$；

② $1-b \leqslant b$，即 $b \geqslant 0.5$，则 $N(A) = \log_2(2 + b + (1-b) - 2\cdot b) = \log_2(3-2\cdot b)$。

综上可得

$$N(A)=\begin{cases}\log_2(3-2\cdot b), & a<0.5\ \text{且}\ b>0.5\\ \log_2(3-2\cdot a), & a>0.5\ \text{且}\ b<0.5\\ 1,\ a\leqslant 0.5\ \text{且}\ b\leqslant 0.5\end{cases}$$

在本例中，$n=2$，$\log_2 n=1$，因此 $N_n(A)=N(A)$。图 5.5 给出了直觉模糊集 A 的非精确度与参数 a、b 之间的关系，$N(A)$ 的数值通过图中点 (a,b) 的灰度值来表示。

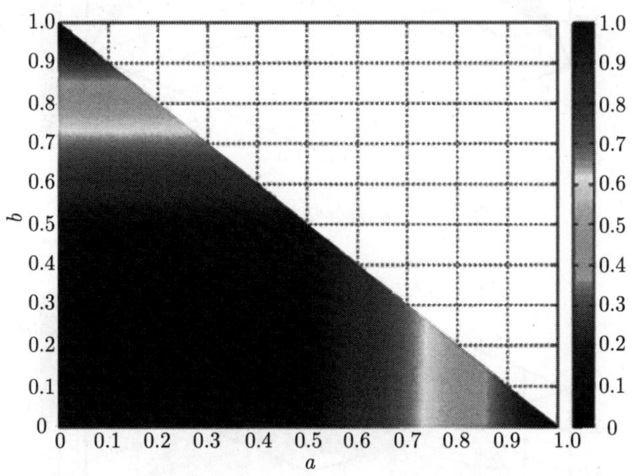

图 5.5 $N(A)$ 与 a、b 之间的关系

由图 5.5 可以看出：当 $a=0$，$b=1$ 或 $a=1$，$b=0$ 时，直觉模糊集退化为精确集 $\{x_1\}$ 或 $\{x_2\}$，其非精确度为零；当 $a\leqslant 0.5$，$b\leqslant 0.5$ 时，无法确定 A 聚焦于论域 $X=\{x_1,x_2\}$ 中的哪一个元素，此时 A 的非精确度最大。

A 的模糊度、犹豫度，以及二者组合而成的直觉模糊熵分别计算如下：

$$E_{\mathrm{F}}^{\mathrm{S}}(A)=-\left(\frac{1+a-b}{2}\right)\log_2\left(\frac{1+a-b}{2}\right)-\left(\frac{1-a+b}{2}\right)\log_2\left(\frac{1-a+b}{2}\right)$$

$$E_{\mathrm{I}}^{\mathrm{S}}(A)=1-a-b$$

$$E_{\mathrm{IF}}^{\mathrm{S}}(A)=\frac{1}{2}\left(E_{\mathrm{I}}^{\mathrm{S}}(A)+E_{\mathrm{F}}^{\mathrm{S}}(A)\right)$$

本例中由模糊度、犹豫度和非精确度组成的不确定性测度为

$$\mathrm{GU}(A)=\frac{N(A)+E_{\mathrm{I}}^{\mathrm{S}}(A)+E_{\mathrm{F}}^{\mathrm{S}}(A)}{3}$$

图 5.6 和图 5.7 分别显示了 A 的直觉模糊熵 $E_{\mathrm{IF}}^{\mathrm{S}}(A)$ 及广义不确定性测度 $\mathrm{GU}(A)$ 与参数 a、b 的关系。

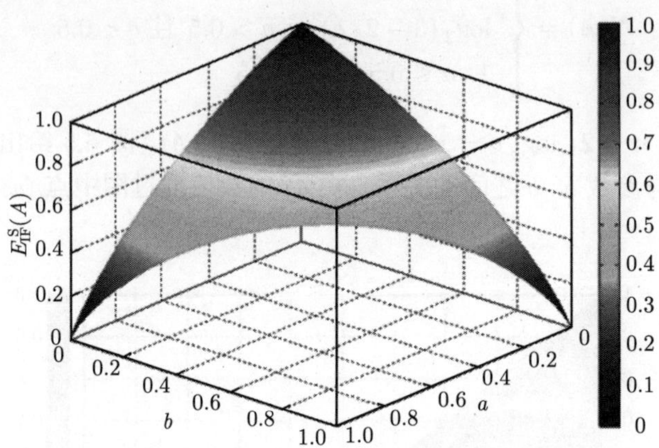

图 5.6　A 的直觉模糊熵 $E_{\mathrm{IF}}^{\mathrm{S}}(A)$

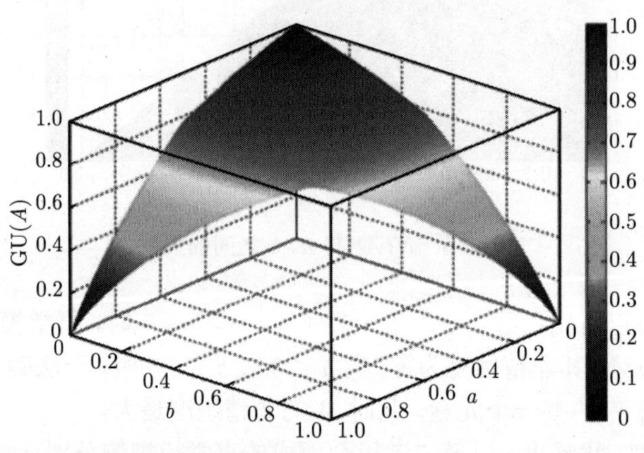

图 5.7　A 的广义不确定性测度 $\mathrm{GU}(A)$

对比图 5.6 和图 5.7 可以知道：当 $a < 0.5$，$b > 0.5$ 或者 $a > 0.5$，$b < 0.5$ 时，广义不确定性测度 $\mathrm{GU}(A)$ 对参数的变化更敏感，可以提供更多的不确定信息，对直觉模糊集的刻画更为详细；但当 $a \leqslant 0.5$，$b \leqslant 0.5$ 时，由于非精确度达到最大值，广义不确定性测度和直觉模糊熵对不确定信息的度量能力相当。

同样，从图 5.7 中也可看出：当 $a = b = 0$ 时，广义不确定性测度达到最大值；当直觉模糊集退化为精确集 $\{x_1\}(\{\langle x_1, 1, 0\rangle, \langle x_2, 0, 1\rangle\})$ 或 $\{x_2\}(\{\langle x_1, 0, 1\rangle, \langle x_2, 1, 0\rangle\})$ 时，不确定度取最小值 0。

通过上述分析可知，基于模糊度、犹豫度和非精确度构造的广义不确定性测度

GU 可以对精确集、模糊集和直觉模糊集的不确定性进行统一度量，而且在一定程度上可以更加细腻地对不确定信息进行度量，其对直觉模糊集的变化较为敏感。由于在定义非精确度测度时有一定的信息损失，在对不确定信息的度量方面，该广义不确定性测度在一定范围内优于直觉模糊熵，在其他条件下，二者对不确定信息的描述能力相当。

第 6 章 冲突证据的加权平均组合方法

6.1 引 言

冲突证据的组合是证据理论中的一个重要问题。然而，如前所述，Dempster 组合规则在对高冲突证据进行组合时可能无法得到令人满意的融合结果。在基于证据理论的不确定信息融合应用中，这一问题有可能导致融合结果将过多的概率质量聚焦到包含错误类别的子集上，从而影响最终的决策。为了有效解决这一问题，相关学者围绕高冲突证据的组合问题开展了大量的研究[31,41-50,73]，从不同的角度丰富和发展了证据理论。

在对高冲突证据进行组合时，无论采用哪种证据组合方法，都首先需要对证据间的冲突进行分析与量化，以此作为选择冲突证据处理方法的依据。因此，对证据间的冲突进行合理量化，即确定证据之间冲突程度的大小是解决冲突证据组合问题的前提。目前通常用分配给空集的合成概率质量，即冲突系数 k 来表示证据之间的冲突程度[31]，但是研究表明，冲突系数 k 不能全面度量证据之间的冲突。为了更好地描述证据之间的冲突程度，一方面，可以基于证据间的相似性分析，利用证据相关系数的概念来描述证据间的冲突程度; 另一方面，可以借鉴 Murphy[49] 证据平均组合的思想，结合证据信任度和虚假度构造证据权重系数，并通过证据加权平均以实现冲突证据组合。

6.2 基于证据相关系数的冲突度量

在证据理论中，最初使用分配给空集的基本概率质量，即冲突系数 k 来表示证据之间的冲突程度，在一段时间内，冲突系数 k 被认为是物理意义最直观、应用范围最广泛的证据冲突度量。但近年来，相关研究发现了冲突系数 k 的不完善之处，一些新的冲突度量也陆续被提出，主要包括基于证据距离的冲突度量，以及证据距离与冲突系数的组合。

6.2.1 现有冲突度量方法分析

目前常用的证据冲突度量主要包括三大类: BPM 型冲突度量、距离型冲突度量以及复合型冲突度量。这三类冲突度量各具特点，在应用中既表现出各自的优越性，又存在不同程度的局限性。

1. BPM 型冲突度量

BPM 型冲突度量由 Shafer 提出[31]，是在利用 Dempster 组合规则对证据组合的过程中赋予空集的基本概率质量 BPM 值，即冲突系数 k 来表示证据之间的冲突程度。冲突系数 k 也称为 Shafer 冲突度量，是最经典的冲突度量方法。

定义 6.1 (冲突系数) 在同一辨识框架 Θ 上的两组证据，其对应的 BPA 分别为 m_1 与 m_2，它们之间的冲突系数定义为在合取运算中赋予空集的基本概率质量，即

$$k_{12} = \sum_{\substack{B\cap C=\varnothing \\ B,C\subseteq\Theta}} m_1(B)m_2(C) \tag{6.1}$$

对于辨识框架 $\Theta=\{\theta_1,\theta_2,\cdots,\theta_n\}$ 上的 $p(p\geqslant 2)$ 组独立证据 $m_1,m_2,\cdots,m_p$，它们之间的冲突系数可以表示为

$$k_{1p} = \sum_{\cap A_i=\varnothing} \prod_{i=1}^{p} m_i(A_i) \tag{6.2}$$

式 (6.1) 和式 (6.2) 中所示的冲突系数也称为全局冲突 (global conflict)，构成全局冲突的每一部分称为局部冲突 (partial conflict)，对于 p 组证据，局部冲突表示为 $\prod_{i=1}^{p} m_i(A_i)$，其中 $\cap A_i=\varnothing$。

冲突系数的具体计算过程通过以下算例进行说明。

例 6.1 计算证据间的冲突系数举例。设辨识框架 $\Theta=\{\theta_1,\theta_2,\theta_3\}$ 上的 3 组证据对应的 BPA 分别为

$$m_1(\{\theta_1\})=0.3, m_1(\{\theta_2\})=0.2, m_1(\{\theta_3\})=0.4, m_1(\Theta)=0.1$$

$$m_2(\{\theta_1\})=0.2, m_2(\{\theta_2\})=0.3, m_2(\{\theta_3\})=0.3, m_2(\Theta)=0.2$$

$$m_3(\{\theta_1\})=0.4, m_3(\{\theta_2\})=0.2, m_3(\{\theta_3\})=0.1, m_3(\Theta)=0.3$$

试计算 m_1、m_2 间的局部冲突系数，以及 m_1、m_2、m_3 之间的冲突系数。

m_1、m_2 间的局部冲突系数：

$$m_{1\cap 2}(\{\theta_1\}\cap\{\theta_2\}) = 0.3\times 0.3+0.2\times 0.2=0.13$$

$$m_{1\cap 2}(\{\theta_1\}\cap\{\theta_3\}) = 0.3\times 0.3+0.2\times 0.4=0.17$$

$$m_{1\cap 2}(\{\theta_2\}\cap\{\theta_3\}) = 0.2\times 0.3+0.3\times 0.4=0.18$$

则根据式 (6.1)，二者之间的冲突系数为

$$k_{12} = m_{1\cap 2}(\varnothing) = 0.13+0.17+0.18=0.48$$

m_1、m_2、m_3 之间的冲突系数为

$$k_{123} = m_{1\cap 2\cap 3}(\varnothing) = 0.725$$

自从证据理论创立以来，冲突系数一直是证据理论体系中应用最广泛的冲突度量方式，它的优点主要体现为：

(1) 待组合 BPA 之间交集为空的焦元上的 BPM 体现了不同证据对完全不同的目标类别的支持度，表现了证据间最直接、最显著的差异，冲突系数能够充分反映这种差异及其对证据组合的影响；

(2) 冲突系数是基于合取组合规则进行计算的，因此在运用 Dempster 组合规则进行证据组合的过程中可以得到冲突总量，不需单独计算冲突；

(3) 合取组合规则满足交换律与结合律，因此冲突系数可以同时对多组证据之间的冲突进行度量，并且其数值与计算顺序无关，这是冲突系数特有的显著优点。

然而，在利用冲突系数对冲突进行度量的过程中也出现了一些问题，主要表现为以下两个方面。

(1) 高冲突悖论。

例 6.2 计算冲突系数并分析。设辨识框架 $\Theta = \{\theta_1, \theta_2, \theta_3, \theta_4\}$ 上的两组证据对应的 BPA 分别为

$$m_1(\{\theta_1\}) = 0.1, \quad m_1(\{\theta_2\}) = 0.2, \quad m_1(\{\theta_3\}) = 0.3, \quad m_1(\{\theta_4\}) = 0.4$$

$$m_2(\{\theta_1\}) = 0.1, \quad m_2(\{\theta_2\}) = 0.2, \quad m_2(\{\theta_3\}) = 0.3, \quad m_2(\{\theta_4\}) = 0.4$$

由式 (6.1) 可以计算出二者之间的冲突系数 $k_{12} = 0.7$。

以上冲突系数表明两组证据之间存在较大的冲突，然而，从 m_1 和 m_2 的数学形式来看，二者却是完全相同的，冲突系数的计算结果显然悖于直观分析。

(2) 零冲突悖论。

例 6.3 计算冲突系数并分析。设辨识框架 $\Theta = \{\theta_1, \theta_2, \theta_3, \theta_4\}$ 上的三组证据对应的 BPA 分别为

$$m_1(\{\theta_1\}) = 0.1$$

$$m_1(\{\theta_1, \theta_2\}) = 0.2$$

$$m_1(\{\theta_1, \theta_2, \theta_3\}) = 0.3$$

$$m_1(\{\theta_1, \theta_2, \theta_3, \theta_4\}) = 0.4$$

$$m_2(\{\theta_1\}) = 0.9$$

$$m_2(\{\theta_1, \theta_2\}) = 0.05$$

$$m_2(\{\theta_1,\theta_2,\theta_3\}) = 0.03$$

$$m_2(\{\theta_1,\theta_2,\theta_3,\theta_4\}) = 0.02$$

$$m_3(\{\theta_1\}) = 0.85$$

$$m_3(\{\theta_1,\theta_2\}) = 0.1$$

$$m_3(\{\theta_1,\theta_2,\theta_3\}) = 0.03$$

$$m_3(\{\theta_1,\theta_2,\theta_3,\theta_4\}) = 0.02$$

由式 (6.1) 可以计算出：$k_{12}=0$，$k_{123}=0$。

从各 BPA 的数学形式来看，m_2 与 m_3 显然更为一致，而 m_1 与 m_2 则存在较大差异。但冲突系数的计算结果却显示它们之间的冲突都为零，显然与常理不符。

例 6.2 与例 6.3 的结果表明，计算冲突系数时只考虑了待组合 BPA 之间交集为空的焦元的 BPM，其他焦元则对冲突系数的计算没有影响，因此冲突系数在一些特殊情况下并不能真实地反映证据间的冲突程度。事实上，各焦元的交集非空并不能表明它们是完全一致的，只要各 BPA 的焦元不完全相同，其聚焦方式就存在差异。冲突系数的这些缺陷促使相关研究者寻求新的冲突度量方法，于是出现了基于证据距离的冲突度量。

2. 距离型冲突度量

距离度量可以用来描述两个对象之间的差异或不一致性，具有直观的几何意义和坚实的数学基础，因此距离度量被引入到证据理论中以度量待组合证据之间的冲突程度。

证据理论中距离型冲突度量的基础是 BPA 的距离空间解释，由于辨识框架 $\Theta=\{\theta_1,\theta_2,\cdots,\theta_n\}$ 上的 BPA m 对任意 $A\subseteq\Theta$ 都有 $m(A)\in[0,1]$，因此可从几何意义上对 BPA 进行解释。

令 Ψ 为 Θ 的所有非空子集生成的向量空间，那么可以在空间 Ψ 中以向量的形式对 BPA m 进行定义。

定义 6.2 (BPA 的向量表示) 设辨识框架为 $\Theta=\{\theta_1,\theta_2,\cdots,\theta_n\}$，$\Psi$ 为 Θ 的所有非空子集生成的向量空间，那么，Θ 中的 BPA m 对应于空间 Ψ 中的一个向量：

$$m=[m(A_1),m(A_2),\cdots,m(A_{2^{|\Theta|}-1})]^{\mathrm{T}} \tag{6.3}$$

其中，$A_i\in 2^{\Theta}\backslash\varnothing$，$i=1,2,\cdots,2^{|\Theta|}-1$，$\sum\limits_{i=1}^{2^{|\Theta|}-1} m(A_1)=1$。

将 BPA 转化为向量形式后，就可以定义距离度量对 BPA 之间的差异性进行描述。

定义 6.3 (距离公理)　在空间 Ψ 中，如果 $\forall A,B,C\in\Psi$，函数 $d:\Psi\times\Psi\to\mathbf{R}$ 满足下列条件，则称函数 d 为空间 Ψ 中的距离度量：

(1) $d(A,B)\geqslant 0$;

(2) $d(A,B)=d(B,A)$;

(3) $d(A,B)=0\Leftrightarrow A=B$;

(4) $d(A,B)\leqslant d(A,C)+d(B,C)$。

相关学者对证据距离进行了深入研究，Jousselme 等在文献 [68] 中对证据距离度量进行了系统的总结与分析。Jousselme 等在文献 [61] 中认为，构造 BPA 之间的距离时需要充分考虑各子集之间的相似性，从而在计算距离时对其赋予不同的权重。因此 Jousselme 等指出，BPA m_1 和 m_2 之间的距离度量可以统一表示为

$$d(m_1,m_2)=(m_1-m_2)^{\mathrm{T}}D(m_1-m_2) \tag{6.4}$$

为了满足定义 6.3 中的距离公理，D 必须是一个 $(2^{|\Theta|}-1)\times(2^{|\Theta|}-1)$ 的正定矩阵，因此 BPA 之间距离度量 d 的定义可以归结为矩阵 D 的构造问题。用于定义距离度量的矩阵 D 应该满足以下条件：

(1) D 必须是正定矩阵;

(2) D 必须充分考虑 Θ 中各子集间的相似性;

(3) 若 m_1 较 m_2 更为 "接近"m，则 D 必须满足 $d(m_1,m)\leqslant d(m_2,m)$。

令 $D(A,B)$ 为 D 的一个元素，则上述条件意味着对 Θ 的任意非空子集 A 和 B，$D(A,B)$ 需满足以下条件：

(1) $D(A,B)\leqslant 1$;

(2) $D(A,B)=1\Leftrightarrow A=B$;

(3) A 与 B 之间越 "接近"，$D(A,B)$ 越接近 1;

(4) A 与 B 之间越 "疏远"，$D(A,B)$ 越接近 0。

基于以上分析，Jousselme 等提出了 Jaccard 矩阵，它满足上述条件，可以用来定义证据距离。Jaccard 矩阵中的元素为

$$J(A,B)=\frac{|A\cap B|}{|A\cup B|} \tag{6.5}$$

其中，$|\cdot|$ 表示集合的基数。

Jaccard 矩阵是正定矩阵[69]，基于 Jaccard 矩阵定义的证据距离度量为

$$d_{\mathrm{J}}(m_1,m_2)=\sqrt{\frac{1}{2}(m_1-m_2)^{\mathrm{T}}J(m_1-m_2)} \tag{6.6}$$

对于非空子集 $A,B\subseteq\Theta$，矩阵 J 中的元素如式 (6.5) 所示。式 (6.6) 中的 1/2 为归一化因子，以保证 $d_{\mathrm{J}}(m_1,m_2)\leqslant 1$。

例 6.4 计算证据间的 Jousselme 距离度量。定义在辨识框架 $\Theta=\{\theta_1,\theta_2,\theta_3\}$ 中的两个证据对应的 BPA 表示如下：

$$m_1(\{\theta_1\})=0.5,\quad m_1(\{\theta_2\})=0.2,\quad m_1(\{\theta_3\})=0.1,\quad m_1(\{\theta_1,\theta_2,\theta_3\})=0.2$$

$$m_2(\{\theta_1\})=0.3,\quad m_2(\{\theta_2\})=0.4,\quad m_2(\{\theta_3\})=0.2,\quad m_2(\{\theta_2,\theta_3\})=0.1$$

Θ 的非空子集为 $\{\theta_1\}$、$\{\theta_2\}$、$\{\theta_3\}$、$\{\theta_1,\theta_2\}$、$\{\theta_1,\theta_3\}$、$\{\theta_2,\theta_3\}$、$\{\theta_1,\theta_2,\theta_3\}$，$\Theta$ 的所有非空子集生成的向量空间，按照上述顺序 m_1、m_2 对应的向量为

$$m_1=[0.5,0.2,0.1,0,0,0,0.2]^{\mathrm{T}}$$

$$m_2=[0.3,0.4,0.2,0,0,0.1,0]^{\mathrm{T}}$$

对应的 Jaccard 矩阵为

$$J=\begin{pmatrix}1&0&0&0.5&0.5&0&1/3\\0&1&0&0.5&0&0.5&1/3\\0&0&1&0&0.5&0.5&1/3\\0.5&0.5&0&1&1/3&1/3&2/3\\0.5&0&0.5&1/3&1&1/3&2/3\\0&0.5&0.5&1/3&1/3&1&2/3\\1/3&1/3&1/3&2/3&2/3&2/3&1\end{pmatrix}$$

基于 Jaccard 矩阵定义的证据距离度量为

$$d_{\mathrm{J}}(m_1,m_2)=0.255$$

Jousselme 距离度量可以充分衡量不同 BPA 之间的差异，同时也考虑了各焦元间的相似性，从而弥补了冲突系数的不足。Jousselme 距离度量已在目标融合识别、传感器可靠性评估等实际问题中得到了广泛应用。然而，Jousselme 距离度量也存在以下缺点：

(1) 该距离只适用于两个 BPA 的情况，无法对两个以上 BPA 之间的冲突进行同时度量;

(2) Jousselme 距离在对证据间冲突进行度量时，摆脱了 Dempster 组合规则，因此无法与证据组合过程一起指导冲突处理;

(3) 当辨识框架的基数较大时，用于存储 Jaccard 矩阵所需的空间呈指数增长，所以计算 Jousselme 距离也面临计算复杂度的问题。

这些问题在一定程度上限制了 Jousselme 距离在证据冲突分析与处理中的应用。

3. 复合型冲突度量

为了对证据之间的冲突进行全面的分析与度量，相关学者试图将冲突系数与 Jousselme 证据距离结合起来，构造复合型的冲突度量。

这种复合型的冲突度量策略最先由 Liu 在文献 [62] 中提出，对定义在辨识框架 $\Theta=\{\theta_1,\theta_2,\cdots,\theta_n\}$ 上的两个相互独立的 BPA m_1 与 m_2，它们之间的冲突程度可通过式 (6.7) 所示的二元变量进行度量：

$$\mathrm{cf}(m_1,m_2)=\left\langle k_{12},\mathrm{difBetP}_{m_1}^{m_2}\right\rangle \tag{6.7}$$

其中，$\mathrm{difBetP}_{m_1}^{m_2}$ 为 m_1、m_2 之间的 Pignistic 概率距离，其计算公式为

$$\mathrm{difBetP}_{m_1}^{m_2}=\max\sum_{A\subseteq\Theta}\left|\mathrm{BetP}_{m_1}(\{A\})-\mathrm{BetP}_{m_2}(\{A\})\right| \tag{6.8}$$

其中，$|\cdot|$ 表示绝对值运算。

文献 [62] 指出，当且仅当变量 k_{12} 与 $\mathrm{difBetP}_{m_1}^{m_2}$ 都很大时，才能够说明两证据间的冲突较大，但并没有给出“都很大”对应的精确阈值，只是定性地给出了一些确定阈值的原则，并通过算例说明了 $\mathrm{cf}(m_1,m_2)$ 的合理性及优越性。

复合型冲突度量在一定程度上可以有效指导冲突证据的组合，文献 [173] 与文献 [63] 分别利用冲突系数和 Jousselme 距离的几何平均值与算术平均值来构造复合型冲突度量，并用于冲突证据的组合，在一定条件下取得了较好的效果。

然而，由于复合型冲突度量 $\mathrm{cf}(m_1,m_2)$ 需要依靠距离度量来进行冲突分析，因此依然只能计算两组证据之间的冲突，而且，当冲突系数为 0 时 (例 6.3 中的情况)，复合型冲突度量退化为一般的距离度量，对两个完全相同的证据之间的冲突进行计算时 (例 6.2 中的情况)，又退化为经典的冲突系数。这些都制约了复合型冲突度量的应用，所以需要找到能够对证据冲突进行全面、合理度量的有效方法。

在已有研究提出的方法中，文献 [66] 基于偏熵和混合熵定义了证据间的关联系数，用关联系数定量表示证据间的冲突程度，但是该方法的物理意义不甚明显，而且在计算熵的过程中，为了避免出现 $\log 0\to-\infty$ 的情况，采用了一定的近似计算，其物理意义上的解释仍有待进一步研究，此外，该方法对于两个证据完全冲突的情况无法很好地描述; 文献 [174] 给出了 BPA 余弦相似度的概念，但没有充分考虑 BPA 中各焦元之间的相似程度，而且缺乏严格的数学推理和验证。

针对存在的问题，由于向量之间的不一致性可以通过相关系数来表示，下面将对 BPA 之间相关系数的概念进行深入分析，在此基础上给出一种基于相关系数的冲突度量方法。

6.2.2 基于相关系数的冲突度量方法

两个证据冲突的本质在于二者对应的 BPA 对相同命题的支持度存在差异，它们之间的冲突度可以用 BPA 间的不一致性来表示，而不一致性与相关性有一定的关系，因此，可以通过 BPA 之间的相关性度量来反映证据冲突。如果两个证据对同一命题的支持度接近，那么相关性就好，它们之间的冲突就很小; 反之，如果两个证据对同一命题的支持度差别很大，那么两者的相关性就很小，说明两个证据的相似度较低，冲突较大。由于证据之间的相关性可定量表示为相关系数，所以相关系数可以作为证据冲突的一种度量。

1. 证据相关系数及其性质

定义 6.4 (相关系数的性质)　在辨识框架 Θ 中，两个证据对应的 BPA 分别是 m_1、m_2, 二者的相关系数为 $\mathrm{cor}(m_1, m_2)$，则 $\mathrm{cor}(m_1, m_2)$ 应该满足以下条件:

(1) $0 \leqslant \mathrm{cor}(m_1, m_2) \leqslant 1$;

(2) $\mathrm{cor}(m_1, m_2) = \mathrm{cor}(m_2, m_1)$;

(3) $\mathrm{cor}(m_1, m_2) = 1 \Leftrightarrow m_1 = m_2$;

(4) $\mathrm{cor}(m_1, m_2) = 0 \Leftrightarrow (\cup A_i) \cap (\cup B_j) = \varnothing$，$A_i$、$B_j$ 分别为 m_1、m_2 的焦元;

(5) 当证据变化时，$\mathrm{cor}(m_1, m_2)$ 的变化趋势与直观分析相一致。

以上定义中的 (1) ~ (5) 可以作为证据相关系数的公理化条件。

基于 BPA 的向量表示，可以利用向量 m_1、m_2 之间夹角的余弦值来定义证据间的相关系数。

定义 6.5 (BPA 间的相关系数)　设两个证据在辨识框架 $\Theta = \{\theta_1, \theta_2, \cdots, \theta_n\}$ 中的 BPA 分别为 m_1、m_2，在 Θ 的所有非空子集生成的空间 Ψ 中，m_1、m_2 可分别表示为向量 m_1、m_2，则 m_1、m_2 之间的相关系数为

$$\mathrm{cor}(m_1, m_2) = \frac{m_1^{\mathrm{T}} m_2}{\|m_1\| \cdot \|m_2\|} \tag{6.9}$$

其中，$\|\cdot\|$ 表示向量的模; $\|m_i\| = \sqrt{m_i^{\mathrm{T}} m_i}$，$i = 1, 2$。

定理 6.1　式 (6.9) 中定义的相关系数满足定义 6.4 中的公理化条件 (1) ~ (4)。

证明　设 $m_1 = [x_1, x_2, \cdots, x_p]$，$m_2 = [y_1, y_2, \cdots, y_p]$。

条件 (1) 证明:

式 (6.9) 可以看成是向量 m_1、m_2 之间夹角的余弦值，因此，$\mathrm{cor}(m_1, m_2) \in [-1, 1]$，由于 m_1、m_2 的各分量均非负，所以 $m_1^{\mathrm{T}} m_2 \geqslant 0$，于是，$\mathrm{cor}(m_1, m_2) \in [0, 1]$。

条件 (2) 证明:

$\mathrm{cor}(m_1, m_2) = \mathrm{cor}(m_2, m_1)$ 显然成立。

条件 (3) 证明：

$$\frac{m_1^{\mathrm{T}} m_2}{\|m_1\| \cdot \|m_2\|} = 1 \Leftrightarrow m_1\text{、}m_2 \text{ 线性相关} \Leftrightarrow m_1 = l \cdot m_2(l \text{ 为非零实数})$$

$$\Leftrightarrow \sum_{i=1}^{p} x_i = l \cdot \sum_{i=1}^{p} y_i$$

由于 $\sum_{i=1}^{p} x_i = \sum_{i=1}^{p} y_i = 1$，所以 $l = 1$，即 $m_1 = m_2$。

条件 (4) 证明：

必要性：由 $(\cup A_i) \cap (\cup B_j) = \varnothing$ 可知，两个证据的 BPA 中没有共同的焦元，因此，若向量 m_1 的坐标分量 $x_i \neq 0$，则向量 m_2 对应的坐标分量 y_i 必为 0，即 $x_i \cdot y_i = 0$，所以 $\mathrm{cor}(m_1, m_2) = 0$。

充分性可用反证法证明。

综上可得，式 (6.9) 中定义的相关系数满足定义 6.4 中的公理化条件 (1) ~(4)。

下面通过数值算例对定义 6.4 中的最后一个条件 (5) 进行说明。

(1) 满足条件 (5) 的情况。

例 6.5　计算证据对应 BPA 之间的相关系数。设辨识框架 $\Theta = \{\theta_1, \theta_2, \theta_3\}$，两个证据对应的 BPA 分别表示为

$$m_1(\{\theta_1\}) = 0.99, \quad m_1(\{\theta_2\}) = 0.01, \quad m_1(\{\theta_3\}) = 0$$

$$m_2(\{\theta_1\}) = 0, \quad m_2(\{\theta_2\}) = 0.01, \quad m_2(\{\theta_3\}) = 0.99$$

计算可得

$$\mathrm{cor}(m_1, m_2) = 1.02 \times 10^{-4}$$

表明两证据高度冲突，与直观分析相一致。

例 6.6　计算证据对应 BPA 之间的相关系数。设辨识框架 $\Theta = \{\theta_1, \theta_2, \theta_3, \theta_4, \theta_5\}$，三个证据对应的 BPA 分别表示为

$$m_1(\{\theta_1\}) = m_1(\{\theta_2\}) = m_1(\{\theta_3\}) = m_1(\{\theta_4\}) = m_1(\{\theta_5\}) = 0.2$$

$$m_2(\{\theta_1\}) = m_2(\{\theta_2\}) = m_2(\{\theta_3\}) = m_2(\{\theta_4\}) = m_2(\{\theta_5\}) = 0.2$$

$$m_3(\{\theta_1\}) = m_3(\{\theta_2\}) = m_3(\{\theta_3\}) = m_3(\{\theta_4\}) = 0.25$$

通过计算冲突系数可得 $k_{12} = k_{13} = 0.8$，这表示以上三个证据是高度冲突的。其实 m_1 与 m_2 是两个完全相同的证据，两者之间不存在任何冲突，观察可知，m_1

与 m_3 之间的冲突应该大于 m_1 与 m_2 之间的冲突，显然 k 不能很好地描述这种关系。

通过计算相关系数可得：$\operatorname{cor}(m_1, m_2) = 1$，表示 m_1 与 m_2 完全相同，二者之间冲突为零，与实际相符; $\operatorname{cor}(m_1, m_3) = 0.894 < 1$，表明 m_1 与 m_2 之间的相似度高于 m_1 与 m_3 之间的相似度，与直观分析的结论相一致。

例 6.7 计算证据对应 BPA 之间的相关系数。设辨识框架 $\Theta = \{\theta_1, \theta_2, \theta_3, \theta_4\}$，两个证据对应的 BPA 分别表示为

$$m_1(\{\theta_1\}) = 0.6, \quad m_1(\{\theta_2\}) = 0.4$$

$$m_2(\{\theta_3\}) = 0.7, \quad m_2(\{\theta_4\}) = 0.3$$

计算相关系数可得 $\operatorname{cor}(m_1, m_2) = 0$，表明两证据完全冲突。

例 6.8 计算证据对应 BPA 之间的相关系数。设辨识框架 $\Theta = \{\theta_1, \theta_2, \theta_3\}$，四个证据对应的 BPA 分别表示为

$$m_1(\{\theta_1\}) = 0.99, \quad m_1(\{\theta_2\}) = 0.01, \quad m_1(\{\theta_3\}) = 0$$

$$m_2(\{\theta_1\}) = 0.99, \quad m_2(\{\theta_2\}) = 0, \quad m_2(\{\theta_3\}) = 0.01$$

$$m_3(\{\theta_1\}) = 0.8, \quad m_3(\{\theta_2\}) = 0.1, \quad m_3(\{\theta_3\}) = 0.1$$

$$m_4(\{\theta_1\}) = 0.6, \quad m_4(\{\theta_2\}) = 0.2, \quad m_4(\{\theta_3\}) = 0.2$$

计算可得

$$\operatorname{cor}(m_1, m_2) = 0.999$$

$$\operatorname{cor}(m_1, m_3) = 0.986$$

$$\operatorname{cor}(m_1, m_4) = 0.908$$

$$\operatorname{cor}(m_3, m_4) = 0.965$$

在本例中，$m_1(\{\theta_1\}) = m_2(\{\theta_1\}) = 0.99$，说明 m_1、m_2 都强烈支持 $\{\theta_1\}$，二者的差别仅在于如何对剩余的概率质量 0.01 进行分配，因此 m_1、m_2 的相似度很高，$\operatorname{cor}(m_1, m_2) = 0.999$ 体现了这一点; m_3、m_4 中焦元 $\{\theta_1\}$ 所赋的概率质量逐渐减少，$\{\theta_2\}$、$\{\theta_3\}$ 的概率质量逐渐增加，因此 $\operatorname{cor}(m_1, m_3) > \operatorname{cor}(m_1, m_4)$; $\operatorname{cor}(m_3, m_4) > \operatorname{cor}(m_1, m_3) > \operatorname{cor}(m_1, m_4)$ 体现了 m_3 与 m_4 的相似度高于 m_1 和 m_3、m_4 之间相似度的事实。

通过以上分析可知，相关系数的变化趋势与直观分析的结论相一致，满足公理化条件 (5) 的要求。

(2) 违背条件 (5) 的情况。

在例 6.5 ～例 6.8 中，每个 BPA 的焦元都为单子集，通过例 6.9 将会发现，对于包含复合焦元的 BPA 而言，以上相关系数的定义将会出现违背规则 (5) 的情况。

例 6.9 计算证据对应 BPA 之间的相关系数。设辨识框架 $\Theta=\{\theta_1,\theta_2,\cdots,\theta_7\}$，三个证据的 BPA 分别为

$$m_1(\{\theta_1,\theta_2,\theta_3\})=0.8,\quad m_1(\Theta)=0.2$$

$$m_2(\{\theta_1,\theta_2,\theta_3,\theta_4\})=0.8,\quad m_2(\Theta)=0.2$$

$$m_3(\{\theta_5,\theta_6,\theta_7\})=0.8,\quad m_3(\Theta)=0.2$$

计算可得

$$\mathrm{cor}(m_1,m_2)=\mathrm{cor}(m_1,m_3)=0.059$$

根据已知直观上可以看出，m_1、m_2 之间的相似度较 m_1、m_3 之间高，但是计算结果却出现了二者相关系数相同的情况，因此，需要对相关系数进行修正，在此，引入 Jaccard 矩阵对证据相关系数的概念进行推广。

2. 证据相关系数的推广

定义 6.6 (广义证据相关系数) 设两个证据在辨识框架 $\Theta=\{\theta_1,\theta_2,\cdots,\theta_n\}$ 中的 BPA 分别为 m_1、m_2，在 Θ 的所有非空子集生成的空间 Ψ 中，m_1、m_2 可分别表示为向量 $\boldsymbol{m}_1$、$\boldsymbol{m}_2$，则 m_1、m_2 之间的相关系数为

$$\mathrm{G\_cor}(m_1,m_2)=\frac{(J\boldsymbol{m}_1)^{\mathrm{T}}(J\boldsymbol{m}_2)}{\|J\boldsymbol{m}_1\|\cdot\|J\boldsymbol{m}_2\|}\tag{6.10}$$

其中，J 为 Jaccard 矩阵; $\mathrm{G\_cor}(m_1,m_2)$ 为广义证据相关系数。

修正后的相关系数可表示为 $J\boldsymbol{m}_1$ 与 $J\boldsymbol{m}_2$ 之间的相关系数，即 $\mathrm{G\_cor}(m_1,m_2)=\mathrm{cor}(J\boldsymbol{m}_1,J\boldsymbol{m}_2)$，由于 J 矩阵是正定矩阵，J 的可逆矩阵存在，因此 $\mathrm{G\_cor}(m_1,m_2)$ 仍然满足公理化条件 (1) ～ (4)。

显然，在例 6.5 ～例 6.8 中，各个证据的焦元都为单子集，因此修正后的相关系数与原来的计算结果相同。用式 (6.10) 对包含复合焦元 BPA 的例 6.9 中的数据重新计算，可得 $\mathrm{G\_cor}(m_1,m_2)=0.973$，$\mathrm{G\_cor}(m_1,m_3)=0.411$，这表明 m_1、m_2 之间的相似度比 m_1、m_3 之间的相似度高，与直观分析结果相符，可见修正后的证据相关系数能够更加准确地反映证据间的冲突程度。为方便表述，后续章节中的证据相关系数均是指广义证据相关系数，统一用 cor 来表示。

3. 证据相关系数的有效性分析

从以上数值算例可以看出，相关系数可以较好地表征证据之间的冲突，而且对零冲突、完全冲突都可以很好地表达，下面采用文献 [61] 中的例子来说明相关系数的性质，并将其与冲突系数 k、文献 [66] 中定义的关联系数 r 及文献 [61] 中的证据距离 d_J 进行对比分析。

例 6.10 广义证据相关系数与关联系数、证据距离、冲突系数的对比分析。设辨识框架 $\Theta=\{1,2,3,\cdots,20\}$，两个证据的 BPA 分别为

$$m_1(\{2,3,4\})=0.05,\quad m_1(\{7\})=0.05,\quad m_1(\Theta)=0.1,\quad m_1(A)=0.8$$

$$m_2(\{1,2,3,4,5\})=1$$

其中集合 A 的变化规律为 $\{1\},\{1,2\},\{1,2,3\},\cdots,\{1,2,\cdots,20\}$，即每次增加一个元素。表 6.1 给出了当 A 变化时 d_J、k、r、cor 的计算结果。

表 6.1 各冲突度量之间的对比

A	d_J	k	r	cor	A	d_J	k	r	cor
$\{1\}$	0.7858	0.05	0.3313	0.4397	$\{1,2,\cdots,11\}$	0.6844	0.05	0.5698	0.7610
$\{1,2\}$	0.6866	0.05	0.6422	0.7520	$\{1,2,\cdots,12\}$	0.7082	0.05	0.5351	0.7215
$\{1,2,3\}$	0.5705	0.05	0.8579	0.9164	$\{1,2,\cdots,13\}$	0.7281	0.05	0.5031	0.6853
$\{1,2,3,4\}$	0.4237	0.05	0.9290	0.9762	$\{1,2,\cdots,14\}$	0.7451	0.05	0.4740	0.6521
$\{1,2,\cdots,5\}$	0.1323	0.05	0.9308	0.9966	$\{1,2,\cdots,15\}$	0.7599	0.05	0.4477	0.6219
$\{1,2,\cdots,6\}$	0.3884	0.05	0.8913	0.9804	$\{1,2,\cdots,16\}$	0.7730	0.05	0.4241	0.5944
$\{1,2,\cdots,7\}$	0.5029	0.05	0.7014	0.9358	$\{1,2,\cdots,17\}$	0.7846	0.05	0.4027	0.5695
$\{1,2,\cdots,8\}$	0.5705	0.05	0.6773	0.8931	$\{1,2,\cdots,18\}$	0.7951	0.05	0.3835	0.5467
$\{1,2,\cdots,9\}$	0.6187	0.05	0.6436	0.8479	$\{1,2,\cdots,19\}$	0.8046	0.05	0.3661	0.5261
$\{1,2,\cdots,10\}$	0.6554	0.05	0.6066	0.8033	$\{1,2,\cdots,20\}$	0.8133	0.05	0.3627	0.5072

从表 6.1 中可以看出：当 A 变化时，冲突系数 $k=0.05$ 保持不变，这显然不符合实际。证据距离 d_J、证据关联系数 r 以及证据相关系数 cor 都随着 A 的变化而相应地发生变化，由于文献中定义的关联系数 r 以及证据相关系数 cor 都是描述证据相似度的量，其值越大表明两个证据之间的相似度越高，冲突程度越低，两证据间的距离越小，因此 d_J 的变化趋势与 r 和 cor 的变化趋势相反，为了更直观表示三者的关系，图 6.1 显示了 d_J、$1-r$ 和 $1-\mathrm{cor}$ 随 A 的变化曲线，其中 $|A|$ 表示集合 A 中元素的个数。

在图 6.1 中，d_J、$1-r$、$1-\mathrm{cor}$ 三者的变化趋势基本一致。由于在 $A=\{1,2,3,4,5\}$ 时，两个证据都给 $\{1,2,3,4,5\}$ 分配了较多的基本概率质量，对 $\{1,2,3,4,5\}$ 的支持度较高，因此二者相似度最高，冲突最小，关联系数 r 和相关系数 cor

此时达到最大值，与直观分析相吻合。随着 A 的变化，相关系数的变化趋势较为平缓，而 d_J 和 r 有大幅度的跃变，曲线不够平滑。

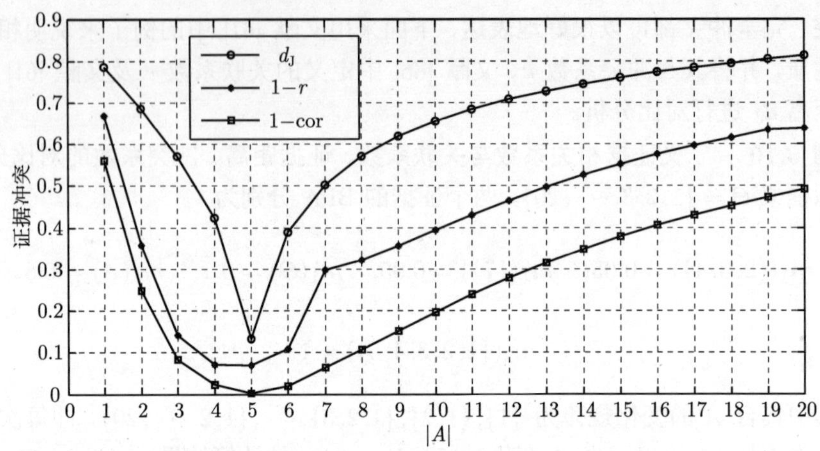

图 6.1 各证据冲突度量随 A 的变化趋势

以上分析表明，本节定义的广义证据相关系数具有较好的性能，能够有效度量证据之间的冲突。另外，相对于关联系数 r，该广义证据相关系数可以对证据冲突进行更全面、更精确的描述。

6.3 基于信任度和虚假度的证据组合

通常对证据组合规则改进的方法主要可分为两大类：①合成规则修正方法[40-47]，这类方法对经典证据理论的组合规则进行修改，在证据冲突情况下对冲突进行重新分配[40-47]；②数据模型修正方法[31,49,50,73]，这类方法保持经典的组合规则不变，在融合前对冲突数据进行预处理，证据源的预处理方法有加权平均法[49,50,73,175,176]和折扣系数法[31,59,81,177]。

借鉴文献 [49] 中证据平均组合的思想，可以得出一种基于信任度和虚假度的证据组合 (evidence combination based on credibility and falsity，EC-CF) 方法，该方法在引入证据相关系数的基础上，给出了证据信任度的概念，将其与证据虚假度相结合，定义一种新的证据权重系数，利用各证据的权重系数对原始证据进行加权平均，然后利用 Dempster 组合规则对加权后的证据进行组合。

6.3.1 证据信任度与证据虚假度

1. 证据信任度

在缺乏先验知识的条件下，证据信任度主要根据“大多数原则”(principle of

majority) 进行估计。通常情况下，如果一个证据的 BPA 与其他各证据的 BPA 之间的相似度较高，那么可以对其赋予较高的信任度; 相反，如果某一证据的 BPA 与其他证据的 BPA 都存在较大差异，那么可以认为该证据的信任度较低。因此，可以在 6.2 节证据相关系数的基础上，对证据信任度进行评估。

定义 6.7 (相关矩阵)　在辨识框架 Θ 中，设有 n 组证据，对应的 BPA 分别为 $m_1, m_2, \cdots, m_n$，则基于证据相关系数可以将 n 个证据间的相关矩阵定义为

$$\mathrm{CM}=\begin{bmatrix} \mathrm{cor}(m_1,m_1) & \mathrm{cor}(m_1,m_2) & \cdots & \mathrm{cor}(m_1,m_n) \\ \mathrm{cor}(m_2,m_1) & \mathrm{cor}(m_2,m_2) & \cdots & \mathrm{cor}(m_2,m_n) \\ \vdots & \vdots & & \vdots \\ \mathrm{cor}(m_n,m_1) & \mathrm{cor}(m_n,m_2) & \cdots & \mathrm{cor}(m_n,m_n) \end{bmatrix} \tag{6.11}$$

由于 $\mathrm{cor}(m_i, m_i)=1$，所以矩阵 CM 的主对角线元素为 1。

m_i 的信任度 Crd_i 可以通过其与其他 BPA 之间的相关系数进行度量，Crd_i 可表示为

$$\mathrm{Crd}_i=\frac{1}{n-1}\sum_{\substack{j=1\\ j\neq i}}^{n}\mathrm{cor}(m_i,m_j) \tag{6.12}$$

$m_1, m_2, \cdots, m_n$ 的信任度可构成信任度向量：

$$\mathrm{CRD}=[\mathrm{Crd}_1,\mathrm{Crd}_2,\cdots,\mathrm{Crd}_n]^{\mathrm{T}} \tag{6.13}$$

2. 证据虚假度

证据虚假度 (falsity) 最初由 Schubert 基于证据冲突系数 k 进行定义，也是证据冲突程度的一种度量 [178]。其定义原则：设多个证据对应的 BPA 分别为 $m_1, m_2, \cdots, m_n$，按照 Dempster 组合规则融合时，它们之间的全局冲突为

$$k_0=\sum_{\cap_{i=1}^{n}A_i=\varnothing}\left(\prod_{i=1}^{n}m_i(A_i)\right) \tag{6.14}$$

假设从证据源中删除证据 m_j，则剩余证据之间的冲突为

$$k_j=\sum_{\cap_{i=1,i\neq j}^{n}A_i=\varnothing}\left(\prod_{i=1,i\neq j}^{n}m_i(A_i)\right) \tag{6.15}$$

显然，$0\leqslant k_j\leqslant k_0\leqslant 1$，那么，证据 m_j 的虚假度可以定义为

$$F(m_j)=\frac{k_0-k_j}{1-k_j} \tag{6.16}$$

当只有两个证据时，$F(m_1) = F(m_2) = k_0$。

由 n 个 $m_1, m_2, \cdots, m_n$ 的虚假度构成的向量为

$$F = [F(m_1), F(m_2), \cdots, F(m_n)]^{\mathrm{T}} \tag{6.17}$$

从式 (6.16) 可知:

(1) 当 $k_0 = k_j$ 时，$F(m_j) = 0$，表明证据 m_j 的虚假度为 0，对全局冲突度 k_0 没有贡献; 特别地，若 $k_j = 1$，则 k_0=1，此时 $k_0 = k_j$，$F(m_j) = 0$，也表明 m_j 对 k_0 没有影响。

(2) 当 $k_0 = 1$，$k_j < 1$ 时，$F(m_j) = 1$，表明 m_j 是造成全局冲突度 $k_0 = 1$ 的主要原因，融合时应尽量减小该证据对整体融合效果的影响。

(3) 当 $0 < F(m_j) < 1$ 时，表示 m_j 对造成全局冲突有贡献，且虚假度 $F(m_j)$ 越大，对全局冲突的贡献越大。

6.3.2 基于信任度和虚假度的证据组合方法

Murphy 在文献 [49] 中提出的方法是：对融合系统收集到的 n 个证据的 BPA 进行平均，然后使用 Dempster 组合规则组合 $n-1$ 次。该方法没有考虑各证据权重的差异。在实际的融合系统中，各证据源提供的信息对系统的贡献并不是完全相同的，因此需要充分考虑各证据的权重。

通过前面的分析可知：一个证据的信任度较大，意味着它被其他证据所支持的程度较高，则可以认为该证据比较可信，在融合系统中应适当加大其权重，以增强它对最终融合结果的影响; 如果一个证据的虚假度较大，那么该证据与其他证据的冲突较大，在加权平均时应该降低其权重。因此，可以把证据信任度和虚假度相结合来确定权重系数。

结合证据信任度和虚假度，可构造证据权重系数 ω_i，$\omega_i \propto \mathrm{Crd}_i - F(m_i)$，为了保证 $\omega_i > 0$，权重系数可定义为

$$\omega_i = \mathrm{Crd}_i + 1 - F(m_i) \tag{6.18}$$

对其进行归一化可得

$$\bar{\omega}_i = \frac{\omega_i}{\sum_{i=1}^{n} \omega_i} \tag{6.19}$$

基于上述分析，可以在 Murphy 方法的基础上，结合信任度和虚假度进行证据组合，即在 Murphy 方法的基础上，以上述结合信任度和虚假度的证据权重系数对所有证据的基本概率质量进行加权平均，然后使用 Dempster 组合规则组合 $n-1$ 次，称该方法为基于信任度和虚假度的证据组合方法，简称 EC-CF 方法。

EC-CF 方法的基本步骤如下:

(1) 基于 n 个传感器获取的数据得到 BPA $m_1, m_2, \cdots, m_n$;

(2) 分别计算已有 BPA 两两之间的相关系数;

(3) 根据式 (6.12) 计算各个 BPA 的信任度;

(4) 根据式 (6.14) ～式 (6.16) 计算各 BPA 的虚假度;

(5) 基于证据信任度和虚假度依据式 (6.18) 计算权重系数，并按式 (6.19) 归一化;

(6) 利用归一化的权重系数对所有证据的 BPA 进行加权平均;

(7) 利用 Dempster 组合规则将加权平均后的 BPA 组合 $n-1$ 次。

6.3.3 数值算例与分析

1. 利用 EC-CF 方法对冲突证据进行组合的数值算例

1) EC-CF 方法流程

例 6.11 设辨识框架 $\Theta=\{\theta_1,\theta_2,\theta_3,\theta_4\}$，四个证据的 BPA 分别为

$$m_1(\{\theta_1\})=0.7,\quad m_1(\{\theta_2\})=0.1,\quad m_1(\{\theta_3\})=0.05,\quad m_1(\{\theta_4\})=0.15$$

$$m_2(\{\theta_1\})=0,\quad m_2(\{\theta_2\})=0.25,\quad m_2(\{\theta_3\})=0.45,\quad m_2(\{\theta_4\})=0.3$$

$$m_3(\{\theta_1\})=0.3,\quad m_3(\{\theta_2\})=0.6,\quad m_3(\{\theta_3\})=0.1,\quad m_3(\{\theta_4\})=0$$

$$m_4(\{\theta_1\})=0.45,\quad m_4(\{\theta_2\})=0.15,\quad m_4(\{\theta_3\})=0.25,\quad m_4(\{\theta_4\})=0.15$$

根据各 BPA 间的相关系数可得到相关矩阵为

$$\mathrm{CM}=\begin{bmatrix} 1 & 0.214 & 0.560 & 0.905 \\ 0.214 & 1 & 0.483 & 0.588 \\ 0.560 & 0.483 & 1 & 0.662 \\ 0.905 & 0.588 & 0.662 & 1 \end{bmatrix}$$

各 BPA 的信任度构成的信任度向量为

$$\mathrm{CRD}=[0.560, 0.428, 0.568, 0.718]^{\mathrm{T}}$$

各 BPA 的虚假度构成的虚假度向量为

$$F=[0.917, 0.973, 0.826, 0.837]^{\mathrm{T}}$$

用式 (6.18) 和式 (6.19) 计算得到各 BPA 的归一化权重系数为

$$\bar{\omega}=[0.236,0.167,0.273,0.324]^{\mathrm{T}}$$

对各 BPA 进行加权平均后的 BPA 为

$$\bar{m}(A)=0.393,\quad \bar{m}(B)=0.278,\quad \bar{m}(C)=0.195,\quad \bar{m}(D)=0.134$$

利用 Dempster 组合规则对 $\bar{m}$ 组合 3 次可得最终结果：

$$m(A)=0.755,\quad m(B)=0.188,\quad m(C)=0.046,\quad m(D)=0.011$$

可以看出，在四个证据源对应的 BPA 中，m_2 与其他三个 BPA 间的冲突较大，运用 EC-CF 方法对四个证据进行组合可以有效降低冲突证据的影响，有利于获得可靠的融合结果。

2) EC-CF 方法性能分析

为了进一步说明 EC-CF 方法的有效性，下面在待组合 BPA 中包含复合焦元的情况下将 EC-CF 方法与文献 [175] 中邓勇等的方法进行对比。

例 6.12　设辨识框架为 $\Theta=\{\theta_1,\theta_2,\theta_3\}$，在该辨识框架下六个证据所对应的 BPA 如表 6.2 所示。

表 6.2　含有多子集焦元的 BPA

BPM	m_1	m_2	m_3	m_4	m_5	m_6
$m(\{\theta_1\})$	0.75	0.4	0	0.35	0.5	0.05
$m(\{\theta_2\})$	0.1	0.2	0.9	0.15	0.1	0.1
$m(\{\theta_3\})$	0.05	0.1	0.1	0.25	0	0
$m(\{\theta_1,\theta_2\})$	0	0.3	0	0.2	0	0.3
$m(\{\theta_1,\theta_3\})$	0	0	0	0	0	0.2
$m(\{\theta_2,\theta_3\})$	0	0	0	0	0.15	0.1
$m(\Theta)$	0.05	0	0	0.05	0.25	0.25

从表 6.2 中可以看出，第 1、2、4 和 5 个证据比较倾向于 $\{\theta_1\}$，第 3 个证据则对 $\{\theta_2\}$ 赋予了较大的支持度，第 6 个证据具有较大的不确定性。因此在对这六个证据进行融合时，应该充分考虑每个证据的权重系数，邓勇等的方法[175] 和 EC-CF 方法的融合结果如表 6.3 所示。

通过直观分析可知，最后的融合结果对 $\{\theta_1\}$ 应该赋予最大的支持度，两种方法的融合结果都体现了这一点。

从表 6.3 中可知，不可靠证据 m_3 对融合结果的影响较大，当 m_3 加入到系统后，融合结果对 $\{\theta_1\}$ 的支持度有所降低，但使用 EC-CF 方法进行融合可以有效降低不可靠证据的影响。这是因为 EC-CF 方法充分考虑了证据虚假度的影响，计算可知，m_1、m_2、m_3 之间的冲突度为 0.91，而 m_1、m_2 之间的冲突度只有 0.32，因此证据 m_3 具有较高的虚假度，这将降低 m_3 的权重，从而削弱其对最终融合结果的影响。

表 6.3 EC-CF 方法和邓勇等的方法的对比

证据组合方法	BPM	$\oplus_{i=1}^{2}m_i$	$\oplus_{i=1}^{3}m_i$	$\oplus_{i=1}^{4}m_i$	$\oplus_{i=1}^{5}m_i$	$\oplus_{i=1}^{6}m_i$
邓勇等的方法	$m(\{\theta_1\})$	0.8052	0.5899	0.7133	0.8110	0.7899
	$m(\{\theta_2\})$	0.1185	0.3910	0.2738	0.1814	0.1996
	$m(\{\theta_3\})$	0.0189	0.0048	0.0050	0.0045	0.0057
	$m(\{\theta_1,\theta_2\})$	0.0539	0.0142	0.0079	0.0029	0.0044
	$m(\{\theta_1,\theta_3\})$	0	0	0	0	0.0002
	$m(\{\theta_2,\theta_3\})$	0	0	0	0.0002	0.0002
	$m(\Theta)$	0.0036	0.0001	0	0	0
EC-CF 方法	$m(\{\theta_1\})$	0.8052	0.6258	0.7340	0.8261	0.8141
	$m(\{\theta_2\})$	0.1185	0.3562	0.2537	0.1669	0.1782
	$m(\{\theta_3\})$	0.0189	0.0049	0.0050	0.0041	0.0043
	$m(\{\theta_1,\theta_2\})$	0.0539	0.0129	0.0073	0.0026	0.0031
	$m(\{\theta_1,\theta_3\})$	0	0	0	0	0.0001
	$m(\{\theta_2,\theta_3\})$	0	0	0	0.0002	0.0001
	$m(\Theta)$	0.0036	0.0001	0	0	0

另外，EC-CF 方法也可以降低不确定证据 m_6 对融合结果的影响。由表 6.3 还可以发现，EC-CF 方法具有较好的聚焦效果。

然而，在含有多子集焦元的情况下，随着证据个数的增加，EC-CF 方法的运算时间会大幅增长。这一方面是因为随着焦元个数和证据个数的增加，计算证据间的冲突程度需要耗费大量时间; 另一方面是因为组合加权平均后的 BPA 时使用的依然是 Dempster 组合规则，也就是说 EC-CF 方法依然存在 “焦元爆炸” 的问题。

2. EC-CF *方法和其他证据组合方法融合结果的比较*

下面通过证据理论在弹道目标综合识别中的一个典型实验仿真，对 EC-CF 方法和其他证据组合方法的融合结果进行对比分析和比较。

在弹道目标综合识别系统中，五个传感器分别对目标进行探测，现依据各传感器提供的信息对目标类别进行软判决，待识别的目标可能的类别为诱饵、碎片以及弹头，因此，辨识框架为 $\Theta=\{A(\text{诱饵}),B(\text{碎片}),C(\text{弹头})\}$，将判决结果转化为辨识框架 Θ 中的 BPA，如下所示:

$$m_1(\{A\})=0.5,\quad m_1(\{B\})=0.2,\quad m_1(\{C\})=0.3$$

$$m_2(\{A\})=0,\quad m_2(\{B\})=0.85,\quad m_2(\{C\})=0.15$$

$$m_3(\{A\})=0.6,\quad m_3(\{B\})=0.1,\quad m_3(\{C\})=0.3$$

$$m_4(\{A\})=0.65,\quad m_4(\{B\})=0.25,\quad m_4(\{C\})=0.1$$

$$m_5(\{A\})=0.55,\quad m_5(\{B\})=0.1,\quad m_5(\{C\})=0.35$$

分别使用 EC-CF 方法、Dempster 方法、Yager 方法[40]、孙全等的方法[41]、Murphy 方法、邓勇等的方法等不同的证据组合方法对各 BPA 进行融合，得到的融合结果如表 6.4 所示。

表 6.4　EC-CF 方法与其他几种证据组合方法的对比

证据组合方法	$\oplus_{i=1}^{2}m_i$	$\oplus_{i=1}^{3}m_i$	$\oplus_{i=1}^{4}m_i$	$\oplus_{i=1}^{5}m_i$
Dempster 方法	$m(\{A\})=0$	$m(\{A\})=0$	$m(\{A\})=0$	$m(\{A\})=0$
	$m(\{B\})=0.791$	$m(\{B\})=0.557$	$m(\{B\})=0.759$	$m(\{B\})=0.474$
	$m(\{C\})=0.209$	$m(\{C\})=0.443$	$m(\{C\})=0.241$	$m(\{C\})=0.526$
Yager 方法	$m(\{A\})=0$	$m(\{A\})=0$	$m(\{A\})=0$	$m(\{A\})=0$
	$m(\{B\})=0.170$	$m(\{B\})=0.017$	$m(\{B\})=0.004$	$m(\{B\})=0.0004$
	$m(\{C\})=0.045$	$m(\{C\})=0.014$	$m(\{C\})=0.002$	$m(\{C\})=0.0005$
	$m(\Theta)=0.785$	$m(\Theta)=0.969$	$m(\Theta)=0.994$	$m(\Theta)=0.9991$
孙全等的方法	$m(\{A\})=0.090$	$m(\{A\})=0.168$	$m(\{A\})=0.217$	$m(\{A\})=0.234$
	$m(\{B\})=0.358$	$m(\{B\})=0.193$	$m(\{B\})=0.178$	$m(\{B\})=0.153$
	$m(\{C\})=0.126$	$m(\{C\})=0.128$	$m(\{C\})=0.107$	$m(\{C\})=0.122$
	$m(\Theta)=0.426$	$m(\Theta)=0.511$	$m(\Theta)=0.498$	$m(\Theta)=0.491$
Murphy 方法	$m(\{A\})=0.161$	$m(\{A\})=0.407$	$m(\{A\})=0.683$	$m(\{A\})=0.865$
	$m(\{B\})=0.709$	$m(\{B\})=0.464$	$m(\{B\})=0.279$	$m(\{B\})=0.102$
	$m(\{C\})=0.130$	$m(\{C\})=0.129$	$m(\{C\})=0.038$	$m(\{C\})=0.033$
邓勇等的方法	$m(\{A\})=0.161$	$m(\{A\})=0.617$	$m(\{A\})=0.870$	$m(\{A\})=0.952$
	$m(\{B\})=0.709$	$m(\{B\})=0.232$	$m(\{B\})=0.095$	$m(\{B\})=0.020$
	$m(\{C\})=0.130$	$m(\{C\})=0.151$	$m(\{C\})=0.035$	$m(\{C\})=0.028$
EC-CF 方法	$m(\{A\})=0.161$	$m(\{A\})=0.665$	$m(\{A\})=0.905$	$m(\{A\})=0.964$
	$m(\{B\})=0.709$	$m(\{B\})=0.181$	$m(\{B\})=0.063$	$m(\{B\})=0.011$
	$m(\{C\})=0.130$	$m(\{C\})=0.154$	$m(\{C\})=0.032$	$m(\{C\})=0.025$

由表 6.4 可以看出：Dempster 组合规则和 Yager 组合规则都无法识别出目标，由于 $m_2(\{A\})=0$，表示不认为待识别目标是诱饵，所以尽管以后收集到的证据都认定目标是诱饵，融合识别结果却认为目标是其他类型。而且在运用 Yager 组合规则时，随着证据数目的增加，未知项 Θ 的概率质量 $m(\Theta)$ 始终在增加，这显然不利于决策。孙全等的方法对 Yager 方法进行了改进，克服了“一票否决”的缺点，但随着支持 $\{A\}$ 的证据的不断增加，$m(\{A\})$ 增加的速度很慢，而且 $m(\Theta)$ 也在增加，当收集到 5 个证据时，$m(A)=0.234$，依然无法进行合理决策。

从表 6.4 可以看出，收集到 4 个证据时，Murphy 方法就可识别出目标 ($m(\{A\})=0.683$)，而运用邓勇等的方法以及本节的方法只需要对前 3 个证据进行融合就能判定目标的类型。这是由于 Murphy 方法对证据进行平均时没有考虑不同证据之间的差异，只是对证据进行简单的算术平均。

对比 EC-CF 方法和邓勇等的方法可以看出，在证据个数相同的条件下，EC-

CF 方法得到的 $m(\{A\})$ 大于邓勇等的方法的计算结果，这说明 EC-CF 方法有更好的收敛性和聚焦效果，有利于最终的决策，这是因为 EC-CF 方法同时考虑了证据的信任度和虚假度，有效降低了不可靠证据的权重系数。

通过上述结果与分析可以知道，EC-CF 方法表现出了较好的性能，在对高冲突证据进行组合时，EC-CF 方法由于通过降低不可靠证据的权重来削弱其对融合结果的影响，可以有效地处理高冲突证据，且具有较好的聚焦效果。

第 7 章 基于可靠性评估的证据组合方法

7.1 引 言

在信息融合系统中，各传感器对环境的适应能力不尽相同，抗干扰能力也存在较大差异，因此各传感器输出证据的可靠性也不可能完全一样。为了削弱低可靠性证据对融合系统带来的不利影响，提高融合系统的鲁棒性，需要对传感器的可靠性进行评估，进而对证据源进行适当修正。另外，传感器可靠性的差异也是引起证据冲突的重要因素，当证据间产生严重冲突时，其中一定存在不可靠的证据。因此，通过评估传感器的可靠性来实现相应的证据修正，也是处理高冲突证据组合问题的另一种重要途径。

由传感器获得的证据的可靠性，既受传感器自身属性的影响，又与其工作状态、工作环境等动态因素密切相关，前者是传感器的固有属性，称为传感器的静态可靠性，后者则被称为传感器的动态可靠性。显然，证据可靠性是传感器静态可靠性和动态可靠性的综合体现。在基于证据理论的决策层信息融合中，证据的可靠性受传感器静态可靠性与动态可靠性的共同影响。

为了实现不可靠证据的有效融合，需要对证据可靠性进行准确评估，在得到证据可靠性因子之后，可以根据证据可靠性因子对来自各传感器的 BPA 进行修正，Shafer 折扣准则是最经典的修正方法。

国内研究者在传感器可靠性和证据可靠性评估方面做了大量工作 [179-183]。文献 [77] 基于可传递的信任模型对证据的可靠性进行了评估，其基本思想是利用证据可靠性因子对证据进行折扣运算，折扣后的证据应与 “真实值” 具有最高的相似度，利用最优化的方法来获得证据可靠性。文献 [70] 给出了基于证据理论的传感器可靠性评估的一般框架，静态可靠性评估通过有监督学习的方式来获取，然后通过各证据之间的一致性度量来确定动态可靠性。 文献 [181] 基于证据上下文折扣的思想对证据进行折扣运算，虽然充分考虑了传感器对不同目标可靠性的差异，但并未涉及证据可靠性的概念。文献 [182] 结合各传感器的先验静态信息以及其当前输出判决的动态信息，获得各传感器当前输出证据的可靠性因子，并将其用于相应信任函数的折扣，但该方法需要对单一传感器的输出进行 Pignistic 变换来确定目标的类别，依此来确定可靠性因子。文献 [183] 提出了证据动态可靠性评估方法，利用可靠性因子进行证据折扣，其本质还是通过分析证据之间的一致性来确定证据可靠度，然而该方法过度依赖传感器的动态输出，忽视了传感器的固有属性。

为实现证据可靠性的合理评估以及不可靠证据的修正，在证据可靠性评估中应充分考虑传感器的静态可靠性及其动态输出的影响。鉴于证据理论与直觉模糊集之间关系的特点，可以在直觉模糊框架内对缺乏先验知识条件下的证据动态可靠性评估、证据组合方法进行研究。

7.2 证据折扣运算及其扩展

证据折扣运算是处理不可靠证据的重要方法，对冲突证据的组合具有重要意义，由于 Shafer 折扣准则无法处理折扣因子为直觉模糊数的情况，因此需要将 Shafer 折扣准则进行扩展。

7.2.1 Shafer 折扣准则

在基于证据理论的目标融合识别系统中，获得各传感器的可靠性因子后，通常可基于此对传感器提供的证据对应的 BPA 进行折扣运算，实现对原始证据的修正，其中，最经典的证据折扣运算为 Shafer 折扣准则。设辨识框架 $\Theta=\{\theta_1,\theta_2,\cdots,\theta_n\}$ 上的证据对应的 BPA 为 m，该证据源的可靠性因子为 α，$\alpha\in[0,1]$，由于证据源的可靠性因子与其对应的折扣因子成反比关系，通常可采用折扣因子等于 1 减可靠性因子的形式，因此 Shafer 折扣准则[31] 可以表示为

$$m^{\alpha}(A)=\begin{cases}\alpha\cdot m(A), & A\subset\Theta\\ \alpha\cdot m(A)+1-\alpha, & A=\Theta\end{cases}\tag{7.1}$$

显然，式 (7.1) 中，折扣因子为 $1-\alpha$。

Zhu 等在文献 [184] 中对 Shafer 折扣准则进行了推广，其基本思想是将折扣因子当作对当前证据的评价意见，扩展的折扣运算允许依据折扣因子的取值将原始证据进行增强、折扣和反对。若需要对原始证据进行增强，可以在 $m(\Theta)\neq 0$ 时减少 Θ 上的 BPM，按比例增大其他焦元的 BPM，可由式 (7.1) 直接得到。折扣因子小于零意味着可靠性因子 $\alpha>1$，于是有

$$\begin{cases}m^{\alpha}(A)=\alpha\cdot m(A), & A\subset\Theta\\ m^{\alpha}(\Theta)=\alpha\cdot m(\Theta)+1-\alpha\end{cases}\tag{7.2}$$

为保证 $m^{\alpha}(\Theta)=\alpha\cdot m(\Theta)+1-\alpha\geqslant 0$，可靠性因子 α 必须满足：

$$1<\alpha\leqslant\frac{1}{1-m(\Theta)}\tag{7.3}$$

可见，对 BPA 进行增强时，其大于 1 的可靠度因子受当前 BPA 中聚焦在 Θ 上的 BPM 的约束。

当现有证据需要被反对时，折扣因子大于 1 即可实现，对应于证据可靠性因子为负值，此时，式 (7.1) 中的 $\alpha \cdot m(A)$ 为负值，在概念上可以解释为对焦元 A 上 BPM 的反对，其补集 $\bar{A} = \Theta \backslash A$ 应得到的 BPM 为 $|\alpha \cdot m(A)|$，因此，折扣准则可改写为

$$\begin{cases} m^{\alpha}(\bar{A}) = -\alpha \cdot m(A), & A \subset \Theta \\ m^{\alpha}(\Theta) = 1 + \alpha - \alpha \cdot m(\Theta) \end{cases} \tag{7.4}$$

为保证折扣后的 $m^{\alpha}(\Theta)$ 不小于 0，可靠性因子应满足条件：

$$\frac{-1}{1 - m(\Theta)} \leqslant \alpha < 0 \tag{7.5}$$

然而，在目标识别等应用中，传感器可靠性因子的取值范围通常为 $[0, 1]$，因此，以上对 Shafer 折扣准则的扩展对于应用问题还需要结合具体情况进行修正。

7.2.2　广义证据折扣运算

根据证据理论与直觉模糊集之间的关系，基于辨识框架 $\Theta = \{\theta_1, \theta_2, \cdots, \theta_n\}$ 中的 BPA m 可以得到单元素集合 $\{\theta_i\}$ 的支持度为 $[\mathrm{Bel}(\theta_i), \mathrm{Pl}(\theta_i)]$，等价于直觉模糊数 $\langle \mathrm{Bel}(\theta_i), 1 - \mathrm{Pl}(\theta_i) \rangle$，因此，BPA m 可以转化为论域 $\Theta = \{\theta_1, \theta_2, \cdots, \theta_n\}$ 上的直觉模糊集 M，M 可表示为

$$M = \{ \langle \theta, \mu_M(\theta), v_M(\theta) \rangle | \, \theta \in \Theta \} \tag{7.6}$$

其中

$$\mu_M(\theta) = \mathrm{Bel}(\theta) = \sum_{B \subseteq \theta} m(B) = m(\theta) \tag{7.7}$$

$$v_M(\theta) = 1 - \mathrm{Pl}(\theta) = \sum_{B \cap \theta \neq \varnothing} m(B) \tag{7.8}$$

定理 7.1　如果 m 对应证据的可靠性因子为 α，根据 Shafer 折扣准则进行折扣运算后得到的 BPA 为 m^{α}，与其等价的直觉模糊集为 $M^{\alpha} = \{ \langle \theta, \mu_{M^{\alpha}}(\theta), v_{M^{\alpha}}(\theta) \rangle | \, \theta \in \Theta \}$，那么，$\mu_{M^{\alpha}}(A_i) = \alpha \cdot \mu_M(A_i)$，$v_{M^{\alpha}}(A_i) = \alpha \cdot v_M(A_i)$。

证明　根据式 (7.1) 中的 Shafer 折扣准则可得

$$m^{\alpha}(A) = \alpha m(A), \quad A \subset \Omega, \quad m'(\Omega) = 1 - \alpha + \alpha m(\Omega)$$

根据式 (7.7) 和式 (7.8) 可得

$$m^{\alpha}(\theta) = \alpha m(\theta) = \alpha \mu_M(\theta), \quad \theta \in \Theta$$

由于 $\Omega \cap \theta \neq \varnothing$，因此 $\sum\limits_{B \cap \theta = \varnothing} m^{\alpha}(B) = \alpha \cdot \sum\limits_{B \cap \theta = \varnothing} m(B) = \alpha \cdot v(A_i)$。

于是可以得到

$$\mu_{M^\alpha}(A_i) = \alpha \cdot \mu_M(A_i), \quad v_{M^\alpha}(A_i) = \alpha \cdot v_M(A_i)$$

定理 7.1 给出了 Shafer 折扣准则在直觉模糊框架内的表示。

由于证据的可靠性因子 α 可以表示为区间数 $[\alpha, \alpha]$，还可进一步表示为直觉模糊数 $\langle \alpha, 1-\alpha \rangle$，因此定理 7.1 还可表示为

$$\mu_{M^\alpha}(A_i) = \alpha \cdot \mu_M(A_i), v_{M^\alpha}(A_i) = (1 - (1 - \alpha)) \cdot v_M(A_i)$$

在以上证据折扣运算中，证据的可靠性因子为区间 $[0,1]$ 的实数。然而在实际应用中，通常会出现先验信息有限的情况，此时传感器的可靠性评估会存在很大的不确定性，为了避免信息损失，有必要将传感器的可靠性因子估计为直觉模糊数(区间数)。显然，Shafer 折扣准则无法处理折扣因子为直觉模糊数的情况，因此有必要将 Shafer 折扣准则进行扩展以便处理这种折扣因子为直觉模糊数的情况。

利用广义直觉模糊乘法运算，可以定义广义的证据折扣准则。

定义 7.1(广义直觉模糊乘法运算) 设 $\alpha = \langle \eta, \rho \rangle$ 为直觉模糊数，$A = \{\langle x, \mu_A(x), v_A(x) \rangle | x \in X\}$ 为论域 $X = \{x_1, x_2, \cdots, x_n\}$ 上的直觉模糊集，那么 α 与 A 的广义乘法运算可定义为：$\alpha \circ A = \{\langle x, \eta\mu_A(x), (1-\rho)v_A(x) \rangle | x \in X\}$。

由于 $0 \leqslant \eta \leqslant 1$，$0 \leqslant \rho \leqslant 1$，因此 $\forall x \in X, 0 \leqslant \eta\mu_A(x) \leqslant 1, 0 \leqslant (1-\rho)v_A(x) \leqslant 1, \eta\mu_A(x) + (1-\rho)v_A(x) \leqslant \mu_A(x) + v_A(x) \leqslant 1$，即 $\alpha \circ A$ 满足直觉模糊集的定义，而且，由 $x \in X$，$\eta\mu_A(x) + (1-\rho)v_A(x) \leqslant \mu_A(x) + v_A(x)$，可知 $\lambda \circ A$ 的犹豫度不小于 A 的犹豫度，也就是说，经过这种直觉模糊乘法运算后，直觉模糊集的不确定性增加了。

特别地，对于两个直觉模糊数 $\alpha = \langle \eta, \rho \rangle$ 和 $\beta = \langle \mu, v \rangle$ 而言，这种乘法运算表示为：$\alpha \circ \beta = \langle \eta\mu, (1-\rho)\,v \rangle$。

显然，$\alpha \circ \beta$ 也是直觉模糊数，而且该运算不满足交换律，即 $\alpha \circ \beta \neq \beta \circ \alpha$。

基于上述直觉模糊乘法运算，可以定义一种广义证据折扣 (generalized evidence discounting，GED) 运算。

定义 7.2(广义证据折扣运算) 设辨识框架 $\Theta = \{\theta_1, \theta_2, \cdots, \theta_n\}$ 中的证据对应的 BPA 为 m，与其等价的直觉模糊集为 $M = \{\langle \theta, \mu_M(\theta), v_M(\theta) \rangle | \theta \in \Theta\}$，若该证据源的可靠性因子为直觉模糊数 $\alpha = \langle \eta, \rho \rangle$，那么其折扣后的证据 m^α 对应于直觉模糊集 $M^\alpha = \alpha \circ M$。

可以发现，如果直觉模糊数 $\alpha = \langle \eta, \rho \rangle$ 退化为实数 k，即 $\alpha = \langle k, 1-k \rangle$，那么折扣后的证据对应的直觉模糊集为 $M^\alpha = \alpha \circ M = \{\langle x, k\mu_A(x), kv_A(x) \rangle | x \in X\}$，与定理 7.1 中 M^α 的表达式相同。因此，从这个意义上说，该广义证据折扣运算是 Shafer 折扣准则的拓展。

而且，对于直觉模糊数 $0=\langle 0,1\rangle$ 和 $1=\langle 1,0\rangle$，可得

$$0\circ A=\langle 0,0\rangle \tag{7.9}$$

$$1\circ A=A \tag{7.10}$$

式 (7.9) 和式 (7.10) 分别对应于证据可靠性因子为 0 和 1 的情况，如果证据源完全不可靠，那么其提供的 BPA 经过折扣后不提供任何信息；对于完全可靠的证据而言，折扣后其 BPA 不发生变化，式 (7.9) 和式 (7.10) 与该直观分析相一致。

定理 7.2　设 $A=\{\mu,v\}$，$\lambda_1=\langle\eta_1,\rho_1\rangle$，$\lambda_2=\langle\eta_2,\rho_2\rangle$ 为三个直觉模糊数，按照直觉模糊数的部分排序准则，如果 $\lambda_1\geqslant\lambda_2$，那么 $\pi_{\lambda_1\circ A}\leqslant\pi_{\lambda_2\circ A}$。

证明　根据直觉模糊数的部分排序准则可得 $\lambda_1\geqslant\lambda_2\Leftrightarrow\eta_1\geqslant\eta_2,\rho_1\leqslant\rho_2$，于是有

$$\eta_1\mu\geqslant\eta_2\mu,\quad (1-\rho_1)v\geqslant(1-\rho_2)v,\quad \eta_1\mu+(1-\rho_1)v\geqslant\eta_2\mu+(1-\rho_2)v$$

因此，$1-(\eta_1\mu+(1-\rho_1)v)\leqslant 1-(\eta_2\mu+(1-\rho_2)v)$，即 $\pi_{\lambda_1\circ A}\leqslant\pi_{\lambda_2\circ A}$。

在证据折扣运算中，如果证据的可靠性因子越大，那么折扣后的证据的不确定性就越小，显然，定理 7.2 的表述与直观分析相吻合。

7.3　基于直觉模糊多属性决策的证据可靠性评估

在传感器静态可靠性评估中，需要利用已有训练样本获得传感器的先验静态信息，然而，在目标识别等实际应用中，先验静态信息总是非常有限的，因此在大多数情况下，静态可靠性的评估带有较强的不确定性。而且在实际应用中，传感器的工作环境可能会发生变化，传感器的性能与其工作环境密切相关，如人为干扰、恶劣天气等因素都会使传感器的可靠度降低，甚至失效。所以传感器静态可靠性评估方法具有明显的局限性。对于目标识别等实际应用，基于传感器实时输出的动态可靠性评估在证据可靠性评估中起着重要的作用。

现有的证据动态可靠性评估方法大都是基于“大多数原则”开展的，在多个传感器提供的证据中，如果某个证据被其他大多数证据支持，那么可以认为该证据的可靠度较高。对于两个证据而言，如果它们之间存在较大的冲突，那么至少有一个是不可靠的[70]。通常，证据动态可靠性评估大都是基于证据间的冲突度量、距离度量进行的，这类评估方法可统一表述如下。

设定义在辨识框架 Θ 上的 N 个 BPA 分别为 $m_1,m_2,\cdots,m_N$，$\mathrm{Sim}(m_i,m_j)$ 为 m_i、m_j 之间的相似度度量，那么可以构建相似度矩阵：

$$S=\begin{pmatrix} \mathrm{Sim}(m_1,m_1) & \mathrm{Sim}(m_1,m_2) & \cdots & \mathrm{Sim}(m_1,m_N) \\ \mathrm{Sim}(m_2,m_1) & \mathrm{Sim}(m_2,m_2) & \cdots & \mathrm{Sim}(m_2,m_N) \\ \vdots & \vdots & & \vdots \\ \mathrm{Sim}(m_N,m_1) & \mathrm{Sim}(m_N,m_2) & \cdots & \mathrm{Sim}(m_N,m_N) \end{pmatrix} \tag{7.11}$$

m_i 的总支持度为

$$\mathrm{Sup}(m_i)=\sum_{j\neq i}^{N} S(m_i,m_j) \tag{7.12}$$

m_i 的动态可靠性为

$$\alpha_i=\frac{\mathrm{Sup}(m_j)}{\sum\limits_{j=1}^{N}\mathrm{Sup}(m_j)} \tag{7.13}$$

由于在证据动态可靠性评估中，通常假设最可靠的证据源的可靠度为 1，因此需要对 α_i 进行修正，修正后的可靠性因子为

$$\alpha_i'=\frac{\alpha_i}{\max\limits_{i=1,2,\cdots,N}\{\alpha_i\}} \tag{7.14}$$

可以看出，这类证据动态可靠性评估方法最终都归结为证据冲突度量、距离度量的定义问题，而证据冲突度量问题是一个仍未很好解决的问题，不同的冲突度量标准可能会得到不同的评估结果。而且当只有两个证据时，通过以上计算步骤可知两个证据的可靠性因子均为 1，与具体的 BPA 无关，即使二者之间存在较大冲突，根据相等的可靠性因子也无法确定哪一个证据不可靠，因此基于 “大多数” 原则的可靠性评估方法不适用于只有两个证据的情况。

鉴于证据组合问题与直觉模糊多属性决策的关系，可以基于直觉模糊多属性决策模型研究证据动态可靠性评估，以实现对证据动态可靠性的全面客观评估。

7.3.1 证据理论与直觉模糊多属性决策模型

设 $A=\{A_1,A_2,\cdots,A_m\}$ 为方案集，$X=\{x_1,x_2,\cdots,x_n\}$ 为属性集，方案 A_i 在属性 x_j 下的评估结果表示为直觉模糊数 $\langle\mu_{ij},v_{ij}\rangle$，$i=1,2,\cdots,m$，$j=1,2,\cdots,n$，$\langle\mu_{ij},v_{ij}\rangle$ 也可以认为是方案 A_i 在属性 x_j 下满足理想方案的程度。直觉模糊多属性决策模型表述为 A 在 X 上的决策矩阵：

$$F=(\langle\mu_{ij},v_{ij}\rangle)_{m\times n}=\begin{array}{c}\\ A_1\\ A_2\\ \vdots\\ A_m\end{array}\begin{array}{c}\begin{array}{cccc}x_1 & x_2 & \cdots & x_n\end{array}\\ \left(\begin{array}{cccc}\langle\mu_{11},v_{11}\rangle & \langle\mu_{12},v_{12}\rangle & \cdots & \langle\mu_{1n},v_{1n}\rangle\\ \langle\mu_{21},v_{21}\rangle & \langle\mu_{22},v_{22}\rangle & \cdots & \langle\mu_{2n},v_{2n}\rangle\\ \vdots & \vdots & & \vdots\\ \langle\mu_{m1},v_{m1}\rangle & \langle\mu_{m2},v_{m2}\rangle & \cdots & \langle\mu_{mn},v_{mn}\rangle\end{array}\right)\end{array} \tag{7.15}$$

设 $\Theta=\{\theta_1,\theta_2,\cdots,\theta_p\}$ 为辨识框架，q 个待组合证据对应的 BPA 为 $m_1,m_2,\cdots,m_q$，可以将辨识框架 $\Theta=\{\theta_1,\theta_2,\cdots,\theta_n\}$ 上的 BPA m 转化为直觉模糊集，直觉模糊数 $\langle\mathrm{Bel}(\theta_i),1-\mathrm{Pl}(\theta_i)\rangle$ 可以看作该证据对 θ_i 的支持度。

在基于证据理论的融合目标识别系统中，各传感器提供的信息分别反映了目标的不同属性，对于传感器 S_k 提供的 BPA m 而言，$\langle\mathrm{Bel}(\theta_i),1-\mathrm{Pl}(\theta_i)\rangle$ 可以视为 θ_i 在属性 S_k 下满足待识别目标真实类别的程度，从这个意义上讲，证据组合问题与直觉模糊多属性决策是等价的。

设 $\Theta=\{\theta_1,\theta_2,\cdots,\theta_p\}$ 为辨识框架，q 个待组合证据对应的 BPA 为 $m_1,m_2,\cdots,m_q$，$\mathrm{Su}_{ij}=\langle\mu_j(\theta_i),v_j(\theta_i)\rangle$ 是 m_j 对 θ_i 的支持度，其中 $\mu_j(A_i)=\mathrm{Bel}_j(A_i)$，$v_j(A_i)=1-\mathrm{Pl}_j(A_i)$，$i=1,2,\cdots,p$，$j=1,2,\cdots,q$。那么，该证据组合问题可转化为如下直觉模糊多属性决策模型：

$$\begin{aligned}F=(\langle\mu_j(\theta_i),v_j(\theta_i)\rangle)_{p\times q}&=\begin{array}{c}\\ \theta_1\\ \theta_2\\ \vdots\\ \theta_p\end{array}\begin{array}{c}\begin{array}{cccc}m_1 & m_2 & \cdots & m_q\end{array}\\ \left(\begin{array}{cccc}\mathrm{Su}_{11} & \mathrm{Su}_{12} & \cdots & \mathrm{Su}_{1q}\\ \mathrm{Su}_{21} & \mathrm{Su}_{22} & \cdots & \mathrm{Su}_{2q}\\ \vdots & \vdots & & \vdots\\ \mathrm{Su}_{p1} & \mathrm{Su}_{p2} & \cdots & \mathrm{Su}_{pq}\end{array}\right)\end{array}\\ &=\begin{array}{c}\\ \theta_1\\ \theta_2\\ \vdots\\ \theta_p\end{array}\begin{array}{c}\begin{array}{cccc}m_1 & m_2 & \cdots & m_q\end{array}\\ \left(\begin{array}{cccc}\langle\mu_1(\theta_1),v_1(\theta_1)\rangle & \langle\mu_2(\theta_1),v_2(\theta_1)\rangle & \cdots & \langle\mu_q(\theta_1),v_q(\theta_1)\rangle\\ \langle\mu_1(\theta_2),v_1(\theta_2)\rangle & \langle\mu_2(\theta_2),v_2(\theta_2)\rangle & \cdots & \langle\mu_q(\theta_2),v_q(\theta_2)\rangle\\ \vdots & \vdots & & \vdots\\ \langle\mu_1(\theta_p),v_1(\theta_p)\rangle & \langle\mu_2(\theta_p),v_2(\theta_p)\rangle & \cdots & \langle\mu_q(\theta_p),v_q(\theta_p)\rangle\end{array}\right)\end{array}\end{aligned} \tag{7.16}$$

所以，将证据组合问题转化为多属性条件下的方案评估问题后，各个证据的动态可靠性等价于多属性决策中各属性的权重，可以利用直觉模糊集成运算实现证据的组合，证据理论中的决策问题相应地转化为直觉模糊数间的排序。

7.3.2　基于 IFMCDM 的证据可靠性评估方法

将证据组合问题转化为直觉模糊多属性决策问题以后，可以利用直觉模糊多属性决策中属性权重的估计方法来对证据动态可靠性进行评估，常用的属性权重确定方法如基于有序加权平均 (ordered weighted averaging，OWA) 运算、非线性优化模型的方法[185-187]，但是这些方法不适用于缺乏先验知识条件下的证据动态可靠性评估。下面给出一种基于自主评估和协商评估的证据动态可靠性评估方法。

在多属性决策中，已知各个备选方案在各属性下的评估结果，如果假设每一种方案为独立的“经济人”，由于“经济人”的显著特点在于追逐最大利益，因此每一个“经济人”(方案) 会将最大的权重赋予那些最支持它的属性。例如，对于方案 A_i 而言，在属性 x_j 下的评估结果为 $\langle\mu_{ij},v_{ij}\rangle$，如果 $\langle\mu_{ik},v_{ik}\rangle=\max\{\langle\mu_{ij},v_{ij}\rangle\}$，那么 A_i 会给 x_k 赋予最大的权重。但是这会带来另外一个问题，即每一个方案把所有的权重都分配给最支持它的属性，即 A_i 会给 x_k 赋予权重 1，而其他各属性的权重为 0，这将会带来极大的信息损失，不利于最终的决策。所以既要重视最大评估结果所对应的属性 x_k 的优先地位，又要充分利用基于各属性的评估结果，可以用基于可能度的直觉模糊数排序方法来构建一种属性权重估计方法，进而实现证据动态可靠性评估。

设方案 A_i 在属性 x_j 下的评估结果为 $\langle\mu_{ij},v_{ij}\rangle$，$i=1,2,\cdots,p$，$j=1,2,\cdots,q$，对于任意两个属性 x_j、x_k 下的评估结果 $\langle\mu_{ij},v_{ij}\rangle$ 和 $\langle\mu_{ik},v_{ik}\rangle$，设 $P^{(i)}_{(x_j\geqslant x_k)}$ 为 $\langle\mu_{ij},v_{ij}\rangle$ 大于 $\langle\mu_{ik},v_{ik}\rangle$ 的可能度，那么：

$$P^{(i)}_{(x_j\geqslant x_k)}=\min\left\{1,\max\left\{\frac{1-v_{ij}-\mu_{ik}}{\pi_{ij}+\pi_{ik}},0\right\}\right\} \tag{7.17}$$

据此可以构建 q 个直觉模糊数之间的对比关系矩阵 $P^{(i)}$：

$$P^{(i)}=\begin{pmatrix} P^{(i)}_{(x_1\geqslant x_1)} & P^{(i)}_{(x_1\geqslant x_2)} & \cdots & P^{(i)}_{(x_1\geqslant x_q)} \\ P^{(i)}_{(x_2\geqslant x_1)} & P^{(i)}_{(x_2\geqslant x_2)} & \cdots & P^{(i)}_{(x_2\geqslant x_q)} \\ \vdots & \vdots & & \vdots \\ P^{(i)}_{(x_q\geqslant x_1)} & P^{(i)}_{(x_q\geqslant x_2)} & \cdots & P^{(i)}_{(x_q\geqslant x_q)} \end{pmatrix} \tag{7.18}$$

矩阵 $P^{(i)}$ 第 k 行的和可以作为 x_k 大于其他各属性的可能度，于是有

$$P^{(i)}_k=\sum_{m=1}^{q}P^{(i)}_{km},\quad k=1,2,\cdots,q \tag{7.19}$$

由于 $P^{(i)}_k$ 反映了属性 x_k 下对 A_i 的评价结果不小于其他属性下评价结果的可能度，有 $P^{(i)}_k\geqslant P^{(i)}_j\Rightarrow\langle\mu_{ik},v_{ik}\rangle\geqslant\langle\mu_{ij},v_{ij}\rangle$，因此，可以根据 $P^{(i)}_k$ 的大小顺序对 $\langle\mu_{ij},v_{ij}\rangle$ 进行排序，$j=1,2,\cdots,q$。

根据“经济人”的假设，最好的评估结果对应的属性应该被赋予最大的权重系数，因此，方案 A_i 对属性 x_j 赋予的权重可表示为

$$w_j^{(i)} = \frac{P_j^{(i)}}{\sum_{m=1}^{q} P_m^{(i)}} \tag{7.20}$$

依据方案 A_i 得到的属性权重向量为

$$w^{(i)} = \left(w_1^{(i)}, w_2^{(i)}, \cdots, w_q^{(i)}\right)^{\mathrm{T}} \tag{7.21}$$

由于各属性的权重是每个方案根据其在各个属性下的评价结果而得到的，因此该方法也称为自主评估。不难发现，各个方案赋予每个属性的权重系数不尽相同，因此需要确定最终的权重系数。

借鉴群决策的思想，可将每个方案提供的权重向量 $w^{(i)}$ 视为不同专家对属性权重做出的决策，最终的理想权重向量应该与所有 $w^{(i)}$ 之间的夹角之和最小。

可以运用特征根法来求解理想权重向量，设矩阵 $W = \left(w^{(1)}, w^{(2)}, \cdots, w^{(p)}\right)$，则方阵 WW^{T} 的最大特征值所对应的特征向量 w(Perron-Frobenius 向量) 为理想权重向量。

由于同一特征值对应的特征向量并不唯一，因此需要将 w 进行归一化：

$$w' = \frac{w}{\sum_{j=1}^{q} w_j} \tag{7.22}$$

基于证据动态可靠性与属性权重之间的关系，进一步可以得到证据的动态可靠性因子。在证据动态可靠性评估中，通常令最可靠的证据的可靠度为 1，因此进一步归一化后的证据动态可靠性因子可表示为

$$w_{\mathrm{E}} = \frac{w'}{\max\limits_{j=1,2,\cdots,q} \{w'_j\}} \tag{7.23}$$

以上证据可靠性评估方法称为基于直觉模糊多属性决策的证据可靠性评估 (evidence reliability evaluation based on IFMCDM，ERE-IFMCDM)。

7.3.3 数值算例与分析

1. 基于 ERE-IFMCDM 进行证据可靠性评估的数值算例

例 7.1 计算各证据源的动态可靠性因子。设辨识框架为 $\Theta = \{\theta_1, \theta_2, \theta_3, \theta_4\}$，从五个传感器获得的 BPA 为 $m_1, m_2, \cdots, m_5$，具体如下。

m_1 :

$$m_1(\{\theta_1\}) = 0.2, \quad m_1(\{\theta_2\}) = 0.3, \quad m_1(\{\theta_3\}) = 0.15$$

$$m_1(\{\theta_4\}) = 0.15, \quad m_1(\{\theta_1, \theta_2\}) = 0.1, \quad m_1(\{\theta_2, \theta_3, \theta_4\}) = 0.1$$

m_2 :

$$m_2(\{\theta_1\}) = 0.15, \quad m_2(\{\theta_2\}) = 0.25, \quad m_2(\{\theta_3\}) = 0.15$$

$$m_2(\{\theta_4\}) = 0.1, \quad m_2(\{\theta_1, \theta_3, \theta_4\}) = 0.15, \quad m_2(\{\theta_2, \theta_4\}) = 0.2$$

m_3 :

$$m_3(\{\theta_1\}) = 0.3, \quad m_3(\{\theta_2\}) = 0.35, \quad m_3(\{\theta_3\}) = 0.15$$

$$m_3(\{\theta_4\}) = 0.1, \quad m_3(\Theta) = 0.1$$

m_4 :

$$m_4(\{\theta_1\}) = 0.15, \quad m_4(\{\theta_2\}) = 0.3, \quad m_4(\{\theta_3\}) = 0.2$$

$$m_4(\{\theta_1, \theta_2, \theta_3\}) = 0.15, \quad m_4(\{\theta_3, \theta_4\}) = 0.15$$

m_5 :

$$m_5(\{\theta_1\}) = 0.3, \quad m_5(\{\theta_2\}) = 0.2, \quad m_5(\{\theta_3\}) = 0.1$$

$$m_5(\{\theta_4\}) = 0.1, \quad m_5(\{\theta_2, A_3\}) = 0.2, \quad m_5(\{\theta_1, \theta_3, \theta_4\}) = 0.1$$

根据上述已知条件可以建立如下直觉模糊多属性决策模型:

$$F = \begin{array}{c} \\ \theta_1 \\ \theta_2 \\ \theta_3 \\ \theta_4 \end{array} \begin{array}{c} \begin{array}{ccccc} m_1 & m_2 & m_3 & m_4 & m_5 \end{array} \\ \begin{pmatrix} \langle 0.2, 0.7 \rangle & \langle 0.15, 0.7 \rangle & \langle 0.3, 0.6 \rangle & \langle 0.15, 0.7 \rangle & \langle 0.3, 0.6 \rangle \\ \langle 0.3, 0.5 \rangle & \langle 0.25, 0.55 \rangle & \langle 0.35, 0.55 \rangle & \langle 0.3, 0.55 \rangle & \langle 0.2, 0.6 \rangle \\ \langle 0.15, 0.75 \rangle & \langle 0.15, 0.8 \rangle & \langle 0.15, 0.75 \rangle & \langle 0.2, 0.5 \rangle & \langle 0.1, 0.6 \rangle \\ \langle 0.15, 0.75 \rangle & \langle 0.1, 0.65 \rangle & \langle 0.1, 0.8 \rangle & \langle 0, 0.85 \rangle & \langle 0.1, 0.8 \rangle \end{pmatrix} \end{array}$$

根据式 (7.17) 和式 (7.18)，每种方案 $(\theta_1, \theta_2, \theta_3, \theta_4)$ 在不同属性下的评价结果之间的对比关系矩阵分别为

$$P^{(1)} = \begin{pmatrix} 0.5 & 0.6 & 0 & 0.6 & 0 \\ 0.4 & 0.5 & 0 & 0.5 & 0 \\ 1 & 1 & 0.5 & 1 & 0.5 \\ 0.4 & 0.5 & 0 & 0.5 & 0 \\ 1 & 1 & 0.5 & 1 & 0.5 \end{pmatrix}$$

$$P^{(2)}=\begin{pmatrix}0.5&0.625&0.5&0.571&0.75\\0.375&0.5&0.333&0.429&0.625\\0.5&0.667&0.5&0.6&0.833\\0.429&0.571&0.4&0.5&0.714\\0.25&0.375&0.167&0.286&0.5\end{pmatrix}$$

$$P^{(3)}=\begin{pmatrix}0.5&0.667&0.5&0.125&0.375\\0.333&0.5&0.333&0&0.286\\0.5&0.667&0.5&0.125&0.375\\0.875&1&0.875&0.5&0.667\\0.625&0.714&0.625&0.333&0.5\end{pmatrix}$$

$$P^{(4)}=\begin{pmatrix}0.5&0.429&0.75&1&0.75\\0.571&0.5&0.714&0.875&0.714\\0.25&0.286&0.5&0.8&0.833\\0&0.125&0.2&0.5&0.2\\0.25&0.286&0.5&0.8&0.5\end{pmatrix}$$

通过式 (7.19) 可以得到

$$P_1^{(1)}=1.7,\quad P_2^{(1)}=1.4,\quad P_3^{(1)}=4,\quad P_4^{(1)}=1.4,\quad P_5^{(1)}=4$$

$$P_1^{(2)}=2.946,\quad P_2^{(2)}=2.262,\quad P_3^{(2)}=3.1,\quad P_4^{(2)}=2.614,\quad P_5^{(2)}=1.577$$

$$P_1^{(3)}=2.167,\quad P_2^{(3)}=1.452,\quad P_3^{(3)}=2.167,\quad P_4^{(3)}=3.917,\quad P_5^{(3)}=2.798$$

$$P_1^{(4)}=3.429,\quad P_2^{(4)}=3.375,\quad P_3^{(4)}=2.336,\quad P_4^{(4)}=1.025,\quad P_5^{(4)}=2.336$$

根据式 (7.20) 和式 (7.21)，可以得到四种方案 $(\theta_1,\theta_2,\theta_3,\theta_4)$ 对属性权重向量的估计分别为

$$w^{(1)}=(0.136,0.112,0.320,0.112,0.320)^{\mathrm{T}}$$
$$w^{(2)}=(0.236,0.181,0.248,0.209,0.126)^{\mathrm{T}}$$
$$w^{(3)}=(0.173,0.116,0.173,0.314,0.224)^{\mathrm{T}}$$
$$w^{(4)}=(0.274,0.270,0.187,0.082,0.187)^{\mathrm{T}}$$

依据上面四个权重向量可以构造矩阵：

$$W=[w^{(1)},w^{(2)},w^{(3)},w^{(4)}]=\begin{bmatrix}0.136&0.236&0.173&0.274\\0.112&0.181&0.116&0.270\\0.320&0.248&0.173&0.187\\0.112&0.209&0.313&0.082\\0.320&0.126&0.223&0.187\end{bmatrix}$$

$$S = WW^{\mathrm{T}} = \begin{bmatrix} 0.179 & 0.152 & 0.183 & 0.141 & 0.163 \\ 0.152 & 0.132 & 0.151 & 0.109 & 0.135 \\ 0.183 & 0.151 & 0.229 & 0.157 & 0.207 \\ 0.141 & 0.109 & 0.157 & 0.161 & 0.148 \\ 0.163 & 0.135 & 0.207 & 0.148 & 0.203 \end{bmatrix}$$

计算可得方阵 S 的最大特征值为 0.811，与之对应的一个特征向量为

$$w = (0.453, 0.375, 0.518, 0.396, 0.478)^{\mathrm{T}}$$

对 w 进行归一化即可得到证据的动态可靠性因子：

$$w' = (0.874, 0.666, 1, 0.764, 0.923)^{\mathrm{T}}$$

因此，五个 BPA 所对应的证据源的动态可靠性因子分别为 0.874、0.666、1、0.764 和 0.923。

2. 基于 ERE-IFMCDM 进行证据组合的数值算例

在基于直觉模糊多属性决策模型的证据动态可靠性评估中，无须通过证据冲突度量、距离度量来确定证据之间的相互支持度。当只有两个证据时，上述方法可以根据其 BPA 的具体数值，给两个证据赋予不同的动态可靠性因子。在获得证据动态可靠性因子后，可以基于证据折扣运算或证据加权平均运算对原始证据进行修正，从而实现不可靠证据的组合。

下面结合算例说明基于直觉模糊多属性决策的证据动态可靠性评估及证据组合，算例都源于目标融合识别系统，各传感器相互独立，由各传感器获得目标的 BPA，而且没有任何关于传感器可靠性和重要程度的先验信息。

1) 待组合 BPA 均为 BBPA

例 7.2 设辨识框架为 $\Theta = \{\theta_1, \theta_2, \theta_3\}$，三个待组合证据对应的 BPA 如表 7.1 所示，其中第三个 BPA 包含两个相似的 BPAm_{3a} 和 m_{3b}。

表 7.1 待组合证据对应的 BPA

焦元	m_1	m_2	m_{3a}	m_{3b}
$\{\theta_1\}$	0	0.6	0.75	0.7
$\{\theta_2\}$	0.9	0.25	0.15	0.2
$\{\theta_3\}$	0.1	0.15	0.1	0.1

可以看出，这些 BPA 均聚焦在单元素子集上，即为 BBPA。因此，与之对应的直觉模糊多属性决策模型退化为模糊多属性决策模型。当分别考虑 m_{3a} 和 m_{3b}

时，其决策矩阵分别为

$$F_1 = \begin{array}{c} \\ \theta_1 \\ \theta_2 \\ \theta_3 \end{array} \begin{array}{c} \begin{array}{ccc} m_1 & m_2 & m_{3a} \end{array} \\ \left(\begin{array}{ccc} \langle 0,1\rangle & \langle 0.6,0.4\rangle & \langle 0.75,0.25\rangle \\ \langle 0.9,0.1\rangle & \langle 0.25,0.75\rangle & \langle 0.15,0.85\rangle \\ \langle 0.1,0.9\rangle & \langle 015,0.85\rangle & \langle 0.1,0.9\rangle \end{array}\right) \end{array}$$

$$F_2 = \begin{array}{c} \\ \theta_1 \\ \theta_2 \\ \theta_3 \end{array} \begin{array}{c} \begin{array}{ccc} m_1 & m_2 & m_{3b} \end{array} \\ \left(\begin{array}{ccc} \langle 0,1\rangle & \langle 0.6,0.4\rangle & \langle 0.7,0.3\rangle \\ \langle 0.9,0.1\rangle & \langle 0.25,0.75\rangle & \langle 0.2,0.8\rangle \\ \langle 0.1,0.9\rangle & \langle 015,0.85\rangle & \langle 0.1,0.9\rangle \end{array}\right) \end{array}$$

当对 m_1、m_2 和 m_{3a} 进行组合时，基于决策矩阵 F_1 可以得到各证据源的动态可靠性因子为 $w_a = (0.715, 1, 0.718)^{\mathrm{T}}$。

当对 m_1、m_2、m_{3b} 进行组合时，基于决策矩阵 F_2 获得的动态可靠性因子为 $w_b = (0.715, 1, 0.718)^{\mathrm{T}}$。

可以看到，当第三个证据发生小幅变化时，其动态可靠性并没有改变，这是由于 m_3 的这种变化并没有影响决策矩阵中各直觉模糊数的排序结果。

得到证据可靠性因子后，分别采用不同的方法对证据进行组合，结果如表 7.2 和表 7.3 所示。

表 7.2　m_1、m_2、m_{3a} 的组合结果

组合方法	$m_1^{3a}(\{\theta_1\})$	$m_1^{3a}(\{\theta_2\})$	$m_1^{3a}(\{\theta_3\})$
Dempster 组合方法	0	0.9574	0.0426
ERE-Shafer 方法	0.5619	0.3623	0.0758
DismP-Shafer 方法	0.8332	0.1454	0.0214

表 7.3　m_1、m_2、m_{3b} 的组合结果

组合方法	$m_1^{3b}(\{\theta_1\})$	$m_1^{3b}(\{\theta_2\})$	$m_1^{3b}(\{\theta_3\})$
Dempster 组合方法	0	0.9677	0.0323
ERE-Shafer 方法	0.5327	0.3922	0.0751
DismP-Shafer 方法	0.7958	0.1829	0.0213

表中的 m_1^{3a} 表示 m_1、m_2、m_{3a} 的组合结果，m_1^{3b} 表示 m_1、m_2、m_{3b} 的组合结果，表中各行给出了采用不同组合方法获得的结果，所用组合方法分别为:

(1) 经典 Dempster 组合方法；

(2) 基于 IFMCDM 模型获取证据动态可靠性因子，然后采用 Shafer 折扣准则对原始 BPA 进行折扣，再运用 Dempster 组合规则进行组合，简称 ERE-Shafer 方法；

(3) 对比方法为文献 [79] 中的方法，即首先基于证据不一致性度量 $\mathrm{DismP}(m_i, m_j)$ 得到 $\mathrm{Sim}(m_i, m_j) = 1 - \mathrm{DismP}(m_i, m_j)$，根据式 (7.11) 构造支持度矩阵，然后将支持度矩阵的最大特征值对应的特征向量按照式 (7.14) 进行归一化得到证据动态可靠性因子，再基于 Shafer 折扣准则进行折扣，最后利用 Dempster 组合规则进行组合，简称 DismP-Shafer 方法。

从表 7.2 和表 7.3 可以看出，从 m_1 到 $m_3(m_{3a}$ 或 $m_{3b})$，$\{\theta_1\}$ 的支持度逐渐增加，而且在 m_2 和 m_3 中，聚焦在 $\{\theta_1\}$ 上的 BPM 明显大于其他两个对象的支持度，因此，最终的融合结果应该支持 $\{\theta_1\}$。

表 7.2 和表 7.3 中的融合结果显示，Dempster 组合方法无法给出合理的结果，基于证据折扣的组合方法 (ERE-Shafer 方法和 DismP-Shafer 方法) 都可以得到合理的融合结果，$\{\theta_1\}$ 的支持度都较高，虽然基于 ERE-Shafer 方法获得的组合结果对 $\{\theta_1\}$ 的支持度低于 DismP-Shafer 方法，但根据此结果依然可以做出合理的决策，该方法的优势在于无须构造新的证据冲突度量。

对比表 7.2 和表 7.3 可以看出，ERE-Shafer 方法对 BPA 的变化比较敏感，尽管在两种情况下获取的证据可靠性因子相同，但最终的融合结果明显不同，显然，当 m_{3a} 参与融合时更有利于最终决策。

2) 待组合 BPA 包含复合焦元

例 7.3 设辨识框架为 $\Theta = \{\theta_1, \theta_2, \theta_3\}$，五个待组合证据对应的 BPA 如表 7.4 所示，其中只有第三个 BPA 是 BBPA。

表 7.4 待组合证据对应的 BPA

焦元	m_1	m_2	m_3	m_4	m_5
$\{\theta_1\}$	0.8	0.4	0	0.3	0.45
$\{\theta_2\}$	0.1	0.2	0.95	0.2	0.1
$\{\theta_3\}$	0	0.1	0.05	0.25	0
$\{\theta_1, \theta_2\}$	0	0.3	0	0.2	0
$\{\theta_2, \theta_3\}$	0	0	0	0	0.15
Θ	0.1	0	0	0.05	0.3

在进行基于直觉模糊多属性决策的证据动态可靠性评估时，需要依据待组合证据对应的 BPA 建立多属性决策模型，上述五个证据对应的直觉模糊多属性决策矩阵如下所示，当组合不同的证据时，从中提取相应的列即可构成相应的决策矩阵。

$$F = \begin{array}{c} \\ \theta_1 \\ \theta_2 \\ \theta_3 \end{array} \begin{array}{c} \begin{array}{ccccc} m_1 & m_2 & m_3 & m_4 & m_5 \end{array} \\ \begin{pmatrix} \langle 0.8, 0.1 \rangle & \langle 0.4, 0.3 \rangle & \langle 0, 1 \rangle & \langle 0.3, 0.45 \rangle & \langle 0.45, 0.25 \rangle \\ \langle 0.1, 0.8 \rangle & \langle 0.2, 0.5 \rangle & \langle 0.95, 0.05 \rangle & \langle 0.2, 0.55 \rangle & \langle 0.1, 0.45 \rangle \\ \langle 0, 0.9 \rangle & \langle 0.1, 0.9 \rangle & \langle 0.05, 0.95 \rangle & \langle 0.25, 0.7 \rangle & \langle 0, 0.55 \rangle \end{pmatrix} \end{array}$$

表 7.5 给出了使用不同方法获得的证据组合结果。

表 7.5　不同方法获得的证据组合结果

组合方法	m_1^2	m_1^3	m_1^4	m_1^5
Dempster 组合方法	$m(\{\theta_1\})$=0.8451 $m(\{\theta_2\})$=0.0986 $m(\{\theta_3\})$=0.0140 $m(\{\theta_1,\theta_2\})$=0.0423	$m(\{\theta_1\})$=0 $m(\{\theta_2\})$=0.9948 $m(\{\theta_3\})$=0.0052	$m(\{\theta_1\})$=0 $m(\{\theta_2\})$=0.9965 $m(\{\theta_3\})$=0.0035	$m(\{\theta_1\})$=0 $m(\{\theta_2\})$=0.9971 $m(\{\theta_3\})$=0.0029
ERE-Shafer 方法	$m(\{\theta_1\})$=0.6531 $m(\{\theta_2\})$=0.1423 $m(\{\theta_3\})$=0.0512 $m(\{\theta_1,\theta_2\})$=0.1535 $m(\{\theta_2,\theta_3\})$=0 $m(\Theta)$=0	$m(\{\theta_1\})$=0.4151 $m(\{\theta_2\})$=0.4728 $m(\{\theta_3\})$=0.0306 $m(\{\theta_1,\theta_2\})$=0.0816 $m(\{\theta_2,\theta_3\})$=0 $m(\Theta)$=0	$m(\{\theta_1\})$=0.4215 $m(\{\theta_2\})$=0.5181 $m(\{\theta_3\})$=0.0187 $m(\{\theta_1,\theta_2\})$=0.0418 $m(\{\theta_2,\theta_3\})$=0 $m(\Theta)$=0	$m(\{\theta_1\})$=0.5510 $m(\{\theta_2\})$=0.4067 $m(\{\theta_3\})$=0.0177 $m(\{\theta_1,\theta_2\})$=0.0211 $m(\{\theta_2,\theta_3\})$=0.0012 $m(\Theta)$=0.0023
DismP-Shafer 方法	$m(\{\theta_1\})$=0.7503 $m(\{\theta_2\})$=0.1196 $m(\{\theta_3\})$=0.0319 $m(\{\theta_1,\theta_2\})$=0.0957 $m(\{\theta_2,\theta_3\})$=0 $m(\Theta)$=0.0025	$m(\{\theta_1\})$=0.7157 $m(\{\theta_2\})$=0.1598 $m(\{\theta_3\})$=0.0308 $m(\{\theta_1,\theta_2\})$=0.0913 $m(\{\theta_2,\theta_3\})$=0 $m(\Theta)$=0.0024	$m(\{\theta_1\})$=0.7670 $m(\{\theta_2\})$=0.1655 $m(\{\theta_3\})$=0.0194 $m(\{\theta_1,\theta_2\})$=0.0477 $m(\{\theta_2,\theta_3\})$=0 $m(\Theta)$=0.0004	$m(\{\theta_1\})$=0.8254 $m(\{\theta_2\})$=0.1424 $m(\{\theta_3\})$=0.0120 $m(\{\theta_1,\theta_2\})$=0.0198 $m(\{\theta_2,\theta_3\})$=0.0002 $m(\Theta)$=0.0002

可以看出：

(1) 当只对 m_1 和 m_2 进行组合时，所有方法都能得到合理的结果，即 $\{\theta_1\}$ 获得的支持度最大。

(2) 当 m_3 参与融合时，所有方法的组合结果对 $\{\theta_1\}$ 的支持度都减小，而对 $\{\theta_2\}$ 的支持度则增加，Dempster 组合方法和 ERE-Shafer 方法将目标识别为 $\{\theta_2\}$，只有 DismP-Shafer 方法能够将目标识别为 $\{\theta_1\}$，这是由于 m_3 与前两个 BPA 明显不同，造成了较大的冲突。运用基于 IFMCDM 的方法得到 m_1、m_2、m_3 的动态可靠性因子分别为 0.716、1、0.716，尽管 m_3 与 m_1、m_2 之间的冲突较大，但其动态可靠性因子与 m_1 的相同，其对融合结果的影响仍然较大；在 DismP-Shafer 方法中，m_1、m_2、m_3 的动态可靠性因子分别为 0.981、1、0.226，m_3 的可靠性极低，而 m_1 的可靠性因子接近 1，这极大地降低了 m_3 对融合系统的影响，因此在最终组合结果中，$\{\theta_1\}$ 的支持度大于 $\{\theta_2\}$。

(3) 随着支持 $\{\theta_1\}$ 的 BPA 的加入，组合结果对 $\{\theta_1\}$ 的支持度逐渐增加，可以看出，当五个证据都参与融合时，ERE-Shafer 方法和 DismP-Shafer 方法都能够给出正确的结果；而经典的 Dempster 组合方法则陷入"一票否决"的困境，$\{\theta_1\}$ 的支持度始终为 0。

通过上述例子可以看出，本节给出的证据动态可靠性评估方法在对不可靠证据的处理方面较为保守，但该方法不需要构造新的证据冲突度量，而且能够适当降低不可靠证据的影响。在融合结果受到不可靠证据的干扰后，ERE-Shafer 方法可以使系统逐渐从干扰状态恢复过来，虽然速度较慢，但在一定程度上增加了对冲突信息的利用程度，降低了信息损失，这在一些融合识别系统中具有重要意义。

在上述例子中，当只有 m_1、m_2、m_3 时，无法判断哪个信息是不可靠的，有可能识别信息 m_1、m_2 不够准确，而识别信息 m_3 是准确的。在这种情况下采用 DismP-Shafer 方法，m_3 将被赋予较低的权重，容易造成误判，而 ERE-Shafer 方法会将目标判别为 $\{\theta_2\}$，但随着获取更多的信息，系统逐渐 "意识" 到 m_3 是干扰信息，$\{\theta_1\}$ 的支持度逐渐上升，$\{\theta_2\}$ 的支持度逐渐下降，最终将目标识别为 $\{\theta_1\}$。由此可见，基于 ERE-IFMCDM 方法对证据可靠性进行评估，进而进行证据折扣和证据组合，可以实现较为稳健的决策，可以有效降低决策风险。

综上，基于直觉模糊多属性决策的证据可靠性评估方法，不仅摆脱了证据可靠性评估对证据相似度测度、证据距离的依赖，而且对证据源的数目没有要求，即使在只有两个证据的情况下，也可对证据可靠性进行评估。结合证据折扣组合的数值算例表明，该方法可以实现更为稳健的决策，并能够有效降低决策风险。

第8章 区间不确定信息融合方法

8.1 引 言

在证据理论中，基本概率分配函数聚焦在所有焦元上的基本概率质量都为确定的实数，可以将其称为精确 BPA。然而在很多融合应用问题中，由于先验信息的不完备性、传感器输出信息的不精确性、决策者或专家主观判断的不确定性等，很多情况下无法获取到精确的 BPA。此时，需要用区间数来表示基本概率分配函数，以实现对不确定信息的准确描述、减少信息损失。

在一些实际问题中，精确 BPA 不能准确描述不确定信息会带来的信息损失，构造区间 BPA 是更合适的选择，例如，在群决策问题中，不同决策者或专家对各方案给出了不同的支持度，有时很难将所有专家的意见综合为统一的、确定的结论，此时需要使用区间证据理论进行建模，待获取到更多的信息后再进行最终的决策。因此，证据理论向区间证据理论的扩展问题引起了研究者的关注。

证据理论描述的不确定性通常源于信息不完备导致的部分未知或完全未知，模糊集描述的不确定性则源于语义表述的不精确性或模糊性，不精确性通常是指某种表述方式有两种以上的含义，模糊性则是指概念界限的不精确，如“年轻”“较好”等模糊概念。对于区间 BPA 而言，聚焦在各焦元上的基本概率质量是已知的，但不是精确的，与证据理论描述的不确定性相比，区间 BPA 还涉及由区间的非精确性引起的不确定性。因此，如何对区间证据理论中的不确定性进行度量是一个值得研究的问题。

同时，作为经典证据理论的扩展，区间证据理论中的证据组合问题，即区间证据的组合问题同样是其核心研究问题之一。研究者针对区间证据理论开展了相应研究，并取得了成果 [188-192]。

8.2 区间证据理论基础

在区间证据理论中，不确定信息以区间数的形式表达。区间证据理论在证据理论的基础上，结合以区间数描述不确定信息的特点，对相关概念、运算法则等进行相应扩展和补充。

8.2.1 区间证据理论中的信任量化函数

根据证据理论中基本概率分配函数的概念，区间证据理论中的基本概率分配函数定义如下。

定义 8.1(区间基本概率分配函数) 设 $\Theta=\{\theta_1,\theta_2,\cdots,\theta_n\}$ 为辨识框架，Θ 的 N 个子集 $F_1,F_2,\cdots,F_N$ 的基本概率质量分别为区间数 $[a_1,b_1],[a_2,b_2],\cdots,[a_N,b_N]$，其中 $0\leqslant a_j\leqslant b_j\leqslant 1$，$j=1,2,\cdots,N$，若其满足以下条件：

(1) $a_j\leqslant m(F_j)\leqslant b_j$；

(2) $\sum\limits_{j=1}^{N}a_j\leqslant 1$，$\sum\limits_{j=1}^{N}b_j\geqslant 1$；

(3) $m(H)=0$，$\forall H\notin\{F_1,F_2,\cdots,F_N\}$。

则称 m 为区间基本概率分配函数，简称为区间 BPA。

定义 8.2(区间 BPA 的归一化条件) 辨识框架 $\Theta=\{\theta_1,\theta_2,\cdots,\theta_n\}$ 中的区间 BPA m，$F_1,F_2,\cdots,F_N$ 为其所有焦元，且 $a_j\leqslant m(F_j)\leqslant b_j$，$j=1,2,\cdots,N$，如果 a_j 和 b_j 满足条件$\sum\limits_{j=1}^{N}b_j-(b_k-a_k)\geqslant 1$，$\sum\limits_{j=1}^{N}a_j+(b_k-a_k)\leqslant 1$，$\forall k\in\{1,2,\cdots,N\}$，那么称 m 为归一化的区间 BPA。

可以将非归一化的区间 BPA 分为两类。

第一类：不满足条件 $\sum\limits_{j=1}^{N}a_j\leqslant 1$ 和 $\sum\limits_{j=1}^{N}b_j\geqslant 1$。

这类非归一化的区间 BPA 可以通过式 (8.1) 和式 (8.2) 进行归一化。

$$\hat{a}_i=\frac{a_i}{a_i+\sum\limits_{j=1,j\neq i}^{N}b_j},\quad i=1,2,\cdots,N \tag{8.1}$$

$$\hat{b}_i=\frac{b_i}{b_i+\sum\limits_{j=1,j\neq i}^{N}a_j},\quad i=1,2,\cdots,N \tag{8.2}$$

可以证明，按照式 (8.1) 和式 (8.2) 归一化后的区间 BPA 满足定义 8.2 中的归一化条件。

第二类：满足条件 $\sum\limits_{j=1}^{N}a_j\leqslant 1$ 和 $\sum\limits_{j=1}^{N}b_j\geqslant 1$，但不满足 $\sum\limits_{j=1}^{N}b_j-(b_k-a_k)\leqslant 1$ 和 $\sum\limits_{j=1}^{N}a_j+(b_k-a_k)\geqslant 1$。

这种非归一化的区间 BPA 可以按照式 (8.3) 和式 (8.4) 进行归一化:

$$\hat{a}_i = \max\left\{a_i, 1 - \sum_{j=1, j\neq i}^{N} b_j\right\}, \quad i = 1, 2, \cdots, N \tag{8.3}$$

$$\hat{b}_i = \min\left\{b_i, 1 - \sum_{j=1, j\neq i}^{N} a_j\right\}, \quad i = 1, 2, \cdots, N \tag{8.4}$$

除了基本概率分配函数外，在区间证据理论中同样存在区间信任函数、区间似真函数的概念。

定义 8.3(区间信任函数) 设 m 为辨识框架 $\Theta = \{\theta_1, \theta_2, \cdots, \theta_n\}$ 上的归一化区间 BPA，焦元 F_j 的 BPM 为 $[a_j, b_j]$，其中 $F_j \subseteq \Theta$，$j = 1, 2, \cdots, N$，区间信任函数定义为

$$\mathrm{Bel}(A) = [\mathrm{Bel}^-(A), \mathrm{Bel}^+(A)] \tag{8.5}$$

其中

$$\mathrm{Bel}^-(A) = \max\left[\sum_{F_j\subseteq A} a_j, \left(1 - \sum_{F_j\not\subseteq A} b_j\right)\right] \tag{8.6}$$

$$\mathrm{Bel}^+(A) = \min\left[\sum_{F_j\subseteq A} b_j, \left(1 - \sum_{F_j\not\subseteq A} a_j\right)\right] \tag{8.7}$$

定义 8.4(区间似真函数) 设 m 为辨识框架 $\Theta = \{\theta_1, \theta_2, \cdots, \theta_n\}$ 上的归一化区间 BPA，焦元 F_j 的 BPM 为 $[a_j, b_j]$，其中 $F_j \subseteq \Theta$，$j = 1, 2, \cdots, N$，那么区间似真函数定义为

$$\mathrm{Pl}(A) = [\mathrm{Pl}^-(A), \mathrm{Pl}^+(A)] \tag{8.8}$$

其中

$$\mathrm{Pl}^-(A) = \max\left[\sum_{F_j\cap A\neq\varnothing} a_j, \left(1 - \sum_{F_i\cap A=\varnothing} b_j\right)\right] \tag{8.9}$$

$$\mathrm{Pl}^+(A) = \min\left[\sum_{F_j\cap A\neq\varnothing} b_j, \left(1 - \sum_{F_j\cap A=\varnothing} a_j\right)\right] \tag{8.10}$$

8.2.2 区间数之间的运算

Lee 和 Zhu[188] 最先研究了区间证据组合问题，定义了区间数之间的广义加法运算和乘法运算，对于两个正的区间数 $[a, b]$ 和 $[c, d]$，即 $0 < a \leqslant b$，$0 < c \leqslant d$，广义加法运算和广义乘法运算分别表示如下。

广义加法运算：

$$[a,b]+[c,d]=[u(a,c),u(b,d)] \tag{8.11}$$

其中，$u(a,b)=\min\{1,(a^w+b^w)^{1/w}\}$，$w\in(0,+\infty)$。

广义乘法运算：

$$[a,b]\times[c,d]=[i(a,c),i(b,d)] \tag{8.12}$$

其中，$i(a,b)=1-\min\{1,((1-a)^w+(1-b)^w)^{1/w}\}$，$w\in(0,+\infty)$。

对于广义加法运算和广义乘法运算而言，需要人为确定参数 w，这具有较强的主观性和任意性，选择不同的参数得到的结果也不相同。相对而言，区间数之间的算术运算则比较简单，具有更广泛的应用。

两个正的区间数 $[a,b]$ 和 $[c,d]$ 之间的算术运算法则可表述如下[192]。

加法运算：

$$[a,b]+[c,d]=[a+c,b+d] \tag{8.13}$$

减法运算：

$$[a,b]-[c,d]=[a-d,b-c] \tag{8.14}$$

乘法运算：

$$[a,b]\times[c,d]=[ac,bd] \tag{8.15}$$

除法运算：

$$[a,b]\div[c,d]=[a/d,b/c] \tag{8.16}$$

由于正实数 r 可以用区间数的形式表示为 $[r,r]$，由此可得区间数与精确数 r 之间的运算。

$$[a,b]+r=[a+r,b+r] \tag{8.17}$$

$$[a,b]-r=[a-r,b-r] \tag{8.18}$$

$$[a,b]\times r=[ar,br] \tag{8.19}$$

$$[a,b]\div r=[a/r,b/r] \tag{8.20}$$

当 $[a,b]$ 退化为精确数时，式 (8.17) ～式 (8.20) 与一般实数之间的运算法则一致。因此，区间数之间的算术运算是实数之间算术运算的扩展与延伸，具有更为坚实的数学基础。

除此之外，考虑到区间数与直觉模糊数之间的对应关系，对于区间数 $[a,b],[c,d]\subseteq[0,1]$，可以基于直觉模糊数之间的运算规则来定义它们之间的运算，具体可参照直觉模糊运算规则的相关定义。

8.2.3 区间 BPA 概率转换方法

与经典证据理论中的贝叶斯概率分配函数类似，在区间证据理论中，如果一个区间 BPA 的所有焦元都是辨识框架的单元素子集，那么称其为区间贝叶斯基本概率分配函数 (IBBPA)，区间贝叶斯基本概率分配函数等价于辨识框架上的区间概率分布。因此，将区间 BPA 转化为区间贝叶斯 BPA 对基于区间证据理论的决策具有重要意义。

在证据理论中，Pignistic 概率转换常被用来将 BPA 转化为贝叶斯概率分布，Denoeux 在文献 [189] 中给出了区间 Pignistic 概率的概念。

定义 8.5(区间 Pignistic 概率) 设 m 为辨识框架 $\Theta=\{\theta_1,\theta_2,\cdots,\theta_n\}$ 上的区间 BPA，焦元 F_j 的 BPM 为 $[a_j,b_j]$，$j=1,2,\cdots,N$，那么对 $\forall A\subseteq\Theta$，由 m 得到 A 的 Pignistic 概率为

$$\mathrm{BetP}_m(A)=\left[P^-(A),P^+(A)\right] \tag{8.21}$$

其中，$P^-(A)$、$P^+(A)$ 分别为 $\mathrm{BetP}_m(A)$ 的最小值与最大值，可以通过如下优化模型获得。

$$\begin{aligned}&\max/\min\quad \mathrm{BetP}_m(A)=\sum_{F_j}m(F_j)\frac{|A\cap F_j|}{|F_j|}\\&\text{s.t.}\begin{cases}\displaystyle\sum_{F_j}m(F_j)=1\\a_j\leqslant m(F_j)\leqslant b_j\end{cases}\end{aligned} \tag{8.22}$$

特别地，$\forall\theta\in\Theta$，$\{\theta\}$ 的 Pignistic 概率为

$$\mathrm{BetP}_m(\{\theta\})=\left[P^-(\{\theta\}),P^+(\{\theta\})\right] \tag{8.23}$$

其中，$\mathrm{BetP}_m(\{\theta\})$ 的最小值与最大值，可以通过如下优化模型获得。

$$\begin{aligned}&\max/\min\quad \mathrm{BetP}_m(A)=\sum_{\theta\in F_j}\frac{m(F_j)}{|F_j|}\\&\text{s.t.}\begin{cases}\displaystyle\sum_{F_j}m(F_j)=1\\a_j\leqslant m(F_j)\leqslant b_j\end{cases}\end{aligned} \tag{8.24}$$

这种方法的出发点是假设区间 BPA 是一系列精确 BPA 的集合，在求其 Pignistic 概率时，需要从这一系列精确 BPA 对应的 Pignistic 概率中搜索最大值和最小值，当辨识框架的基数较大时，需要耗费大量的计算时间。而且在计算各单元素子集的 Pignistic 概率时，需要分别构建优化模型，最终结果可能不满足定义 8.1 中关于区间 BPA 的定义。针对这些问题，需要基于区间数之间的算术运算法则来定义新的区间 BPA 概率转换方法。

定义 8.6(广义 Pignistic 概率转换)　设 m 为辨识框架 $\Theta=\{\theta_1,\theta_2,\cdots,\theta_n\}$ 上的区间 BPA，其焦元为 F_j，$j=1,2,\cdots,N$，$m(F_j)=[a_j,b_j]$，那么对 $\forall A\subseteq\Theta$，其 Pignistic 概率为

$$\mathrm{BetP}_m(\{A\})=\left[P^-(\{A\}),P^+(\{A\})\right] \tag{8.25}$$

其中

$$P^-(\{A\})=\sum_{\theta\in F_j}\frac{a_j\,|A\cap F_j|}{|F_j|} \tag{8.26}$$

$$P^+(\{A\})=\min\left\{1,\sum_{\theta\in F_j}\frac{b_j\,|A\cap F_j|}{|F_j|}\right\} \tag{8.27}$$

容易证明，当区间 BPA 退化为精确 BPA 时，该转换方法与 Pignistic 概率转换方法一致，所以广义 Pignistic 概率转换是 Pignistic 概率转换在区间证据理论中的拓展。

定义 8.7(区间 BPA 概率转换)　设 m 为辨识框架 $\Theta=\{\theta_1,\theta_2,\cdots,\theta_n\}$ 上的区间 BPA，其焦元为 F_j，$j=1,2,\cdots,N$，$m(F_j)=[a_j,b_j]$，那么对 $\forall\theta\in\Theta$，其区间 Pignistic 概率为

$$\mathrm{IP}_m(\{\theta\})=\left[P^-(\{\theta\}),P^+(\{\theta\})\right] \tag{8.28}$$

其中

$$P^-(\{\theta\})=\sum_{\theta\in F_j}\frac{a_j}{|F_j|} \tag{8.29}$$

$$P^+(\{\theta\})=\min\left\{1,\sum_{\theta\in F_j}\frac{b_j}{|F_j|}\right\} \tag{8.30}$$

通过区间 BPA 概率转换即可将区间 BPA 转化为区间 Pignistic 概率分布，即区间 BBPA。

定理 8.1　设 m 为辨识框架 $\Theta=\{\theta_1,\theta_2,\cdots,\theta_n\}$ 上的区间 BPA，其焦元为 F_j，$j=1,2,\cdots,N$，$m(F_j)=[a_j,b_j]$，$\forall\theta\in\Theta$，那么根据定义 8.7 得到的区间概率 $\mathrm{IP}_m(\{\theta_1\}),\mathrm{IP}_m(\{\theta_2\}),\cdots,\mathrm{IP}_m(\{\theta_n\})$ 构成区间贝叶斯基本概率分配函数。

证明　设由 $\mathrm{IP}_m(\{\theta_1\}),\mathrm{IP}_m(\{\theta_2\}),\cdots,\mathrm{IP}_m(\{\theta_n\})$ 构成的 BPA 为 m'，$m'(\{\theta_i\})=[p_i,q_i]$，$i=1,2,\cdots,n$。

从式 (8.29) 和式 (8.30) 可得

$$p_i=\sum_{\theta_i\in F_j}\frac{a_j}{|F_j|},\quad q_i=\min\left[1,\sum_{\theta_i\in F_j}\frac{b_j}{|F_j|}\right]$$

由于 m 是区间 BPA，满足 $a_j \leqslant m(F_j) \leqslant b_j$，于是有

$$\sum_{j=1}^{N} a_j \leqslant 1, \quad \sum_{j=1}^{N} b_j \geqslant 1, \quad p_i \leqslant q_i$$

由 $|F_j| \geqslant 1$ 可得

$$p_i = \sum_{\theta_i \in F_j} \frac{a_j}{|F_j|} \leqslant \sum_{\theta_i \in F_j} a_j \leqslant 1, \quad q_i = \min\left[1, \sum_{\theta_i \in F_j} \frac{b_j}{|F_j|}\right] \leqslant 1$$

因此，$\sum_{i=1}^{n} p_i = \sum_{i=1}^{n} \sum_{\theta_i \in F_j} \frac{a_j}{|F_j|} = \sum_{j=1}^{N} a_j \leqslant 1$。

由 $q_i = \min\left[1, \sum_{\theta_i \in F_j} \frac{b_j}{|F_j|}\right]$ 和 $\sum_{i=1}^{n} \sum_{\theta_i \in F_j} \frac{b_j}{|F_j|} = \sum_{j=1}^{N} b_j \geqslant 1$ 可得 $\sum_{i=1}^{n} q_i \geqslant 1$。

显然，若 $\theta \notin \Theta$，$m(\theta) = 0$。

综上，m' 满足定义 8.1 中的所有条件，而且其焦元都为单元素集合，因此，m' 是区间贝叶斯基本概率分配函数。

例 8.1　将区间 BPA 转化为区间贝叶斯 BPA。设辨识框架为 $\Theta = \{\theta_1, \theta_2, \theta_3\}$，该辨识框架上的证据对应的区间 BPA 为

$$m(\{\theta_1\}) = [0.2, 0.4]$$
$$m(\{\theta_2\}) = [0.3, 0.5]$$
$$m(\{\theta_2, \theta_3\}) = [0.1, 0.3]$$
$$m(\{\theta_1, \theta_2\}) = [0, 0.4]$$

解析　依据定义 8.7 中的区间 BPA 概率转换方法可以得到区间 BBPA：

$$m'(\{\theta_1\}) = [0.2, 0.6]$$
$$m'(\{\theta_2\}) = [0.35, 0.85]$$
$$m'(\{\theta_3\}) = [0.05, 0.15]$$

容易验证，m' 满足定义 8.1 中的条件，但是，可以发现 $\sum_{i=1}^{3} p_i + (q_2 - p_2) = 1.1 > 1$ 并不满足定义 8.2 中的归一化条件，这表明，按照以上方法得到的区间 BBPA 不一定是归一化的区间 BPA。可以根据式 (8.3) 和式 (8.4) 对其进行归一化。

8.3 区间证据理论中的不确定性度量

不确定性度量对不确定信息的评估和处理至关重要，同时也是评价信息融合方法的重要准则。区间 BPA 的不确定性在证据理论的基础上又增加了区间非精确性，如何对其度量是区间证据理论中的一个关键问题。

8.3.1 证据理论中的不确定性度量

Klir 和 Yuan 在文献 [193] 中对不确定性进行了分类：模糊性、不一致性及非精确性。通常来说，概率分布中只涉及不一致性，表现为决策对象以不同的概率属于不同的集合；模糊集则涉及模糊性，表现为集合边界的不确定以及概念的模糊；经典集合只包含不精确性，与集合中元素的个数有关，反映了集合指向某一个特定对象的能力。在经典证据理论中，因为 BPA 可能聚焦在多元素子集上，所以证据理论中的不确定性包含不一致性和非精确性。

Shannon 熵和 Hartley 测度常被用于定义证据理论中的不确定性度量，其定义分别表述如下。

定义 8.8(Shannon熵) 对于论域 $\Theta=\{\theta_1,\theta_2,\cdots,\theta_n\}$ 上的概率分布 $p=\{p_\theta|\theta\in\Theta\}$，其 Shannon 熵定义为

$$S(p)=\sum_{\theta\in\Theta}-p_\theta\log_2 p_\theta \tag{8.31}$$

定义 8.9(Hartley测度) 设论域为 $\Theta=\{\theta_1,\theta_2,\cdots,\theta_n\}$，对 $\forall A\subseteq\Theta$，其 Hartley 测度为

$$H(A)=\log_2(|A|) \tag{8.32}$$

基于以上两种不确定性度量方法，Klir 等在文献 [194] 中对证据理论中的不确定性度量应满足的性质进行了总结。对于辨识框架$\Theta=\{\theta_1,\theta_2,\cdots,\theta_n\}$上的 BPA m，设其不确定性度量为 U，则 U 满足的概率一致性、集合一致性及 U 的取值范围可描述如下。

(1) 概率一致性：当 m 退化为 BBPA，即 m 为 $\Theta=\{\theta_1,\theta_2,\cdots,\theta_n\}$ 上的概率分布时，U 等价于 Shannon 熵，表示为

$$U(m)=-\sum_{\theta\in\Omega}m(\{\theta\})\log_2 m(\{\theta\}) \tag{8.33}$$

(2) 集合一致性：当 m 为绝对概率分配 (CPA)，也就是说 m 完全聚焦在 Θ 的一个子集 A 上，即 $m(A)=1$，$A\subseteq\Theta$ 时，U 等价于 Hartley 测度，表示为

$$U(m)=\log_2|A| \tag{8.34}$$

(3) 取值范围：U 的取值范围为 $[0, M]$，其中 M 只取决于辨识框架 Θ 的基数，即 $M = f(|\Theta|)$。

基于以上性质，Dubois 和 Prade 提出了一种广义 Hartley 测度来描述证据理论中的非精确性[195]，广义 Hartley 测度的表述为

$$H_{\mathrm{E}}(m) = \sum_{A \subseteq \Omega} m_A \log_2 |A| \tag{8.35}$$

为了同时对非精确性和不一致性进行量化，可以基于上下概率的思想，通过最大化 Shannon 熵来定义 BPA 的不确定度[196]。

对于辨识框架 $\Theta = \{\theta_1, \theta_2, \cdots, \theta_n\}$ 上的 BPA m，其不确定度为

$$\mathrm{AU}(m) = \max_{P_m} \left[\sum_{\theta \in \Theta} -p_\theta \log_2 p_\theta \right] \tag{8.36}$$

其中，最大值是从与 BPA 对应的所有概率分布 P_m 中获得，概率分布满足下列条件：

$$\begin{cases} \sum\limits_{\theta \in \Theta} p_\theta = 1 \\ \mathrm{Bel}(\theta) \leqslant \sum\limits_{\theta \in \Theta} p_A \leqslant \mathrm{Pl}(\theta) \end{cases} \tag{8.37}$$

AU 的构造思路较为合理，但是其不足之处也比较明显：计算复杂度较高，对 BPA 的变化不够敏感，AU 中不一致度和非精确度的界限不够明确[197]。为了克服以上不足，Klir 和 Smith 给出了总不确定度 TU 的概念[194]：

$$\mathrm{TU}(m) = \delta \mathrm{AU}(m) + (1 - \delta) H_{\mathrm{E}}(m) \tag{8.38}$$

其中，$\delta \in [0, 1]$ 是一个常数。

可以证明，TU 满足关于证据不确定度度量的所有条件，但 TU 并没有解决计算复杂度的问题，而且又带来一个新问题，即参数 δ 的选择。于是 Jousselme 等基于 Pignistic 变换定义了一种新的不确定度 AM[198]：

$$\mathrm{AM}(m) = -\sum_{\theta \in \Theta} \mathrm{BetP}_m(\theta) \log_2 (\mathrm{BetP}_m(\theta)) \tag{8.39}$$

不确定性度量 AM 具有许多优良的性质，并得到了广泛应用，它不仅满足所有关于不确定度的条件，而且解决了计算复杂度的问题，AM 已经被证明是一种特殊的 TU[198]。然而，对 BPA 的变化不够敏感的问题在 AU、TU 以及 AM 中都存在，这是由于在定义这些不确定性度量时，都需要依据一定规则或优化策略将 BPA 转

换为概率分布，而概率分布与 BPA 之间不是一一对应的，并且也存在概率分布不同而 Shannon 熵相等的情况。通常，对任何一种不确定性度量来说，不确定度和 BPA 之间都不存在一一对应的关系，必然存在不同的 BPA 具有相同不确定度的现象。

8.3.2 区间 BPA 的不确定性度量

通常在计算精确 BPA 的不确定度时，需要采取一定的变换准则或优化策略将 BPA 转化为 BBPA，即辨识框架上的概率分布。同样，在对区间 BPA 的不确定性进行度量时，也有必要将其转化为区间 BBPA，也就是辨识框架上的区间概率分布。下面将采用定义 8.6 中的广义 Pignistic 概率转换来实现区间 BPA 向区间概率的转换。

1. 不确定性度量应该满足的性质

设 m 为辨识框架 $\Theta=\{\theta_1,\theta_2,\cdots,\theta_n\}$ 上的区间 BPA，则其不确定度 IU 应具备以下性质：

(1) 当 m 为精确 BPA 时，其不确定度 IU 与 AM 等价，即

$$\mathrm{IU}(m)=\mathrm{AM}(m) \tag{8.40}$$

(2) 当 $\mathrm{BetP}_m(\{\theta_i\})=[0,1]$，$i=1,2,\cdots,n$ 时，其不确定度取最大值；

(3) 当 m 为聚焦在唯一单元素子集的精确 BPA，即 $\exists i\in\{1,2,\cdots,n\}$ 使得 $m(\{\theta_i\})=1$，且 $\forall A\neq\{\theta_i\}$，$m(A)=0$，那么其不确定度为 0。

需要说明：

性质 (1) 表明 IU 同样适用于精确 BPA 的不确定性度量，而且满足概率一致性、集合一致性等性质。

性质 (2) 表明，只有当各单元素子集的 Pignistic 概率都为区间时，其不确定度才最大，$m(\{\theta_i\})=[0,1]$ 显然满足该条件，故其不确定度最大。但是当 $m(\Theta)=[0,1]$ 时，其他各子集的信任度均为 0，是确定的数值，对应的 Pignistic 概率分布为 $\mathrm{BetP}_m(\{\theta_i\})=[0,1/n]$，比 $\mathrm{BetP}_m(\{\theta_i\})=[0,1]$ 的情况更为确定，因此其不确定度小于最大值。

2. 区间 BPA 的不确定性度量

区间 BPA 的不确定性是在精确 BPA 不确定性的基础上加入了由区间数导致的不精确性，区间 BPA 的不确定性度量可以定义如下。

定义 8.10(区间 BPA 的不确定性度量) 设 m 为辨识框架 $\Theta=\{\theta_1,\theta_2,\cdots,\theta_n\}$ 上的归一化区间 BPA，经广义 Pignistic 概率变换后的区间概率分布为 $\mathrm{BetP}_m(\{\theta_i\})=$

$[p_i, q_i]$，$i=1,2,\cdots,n$，那么 m 的不确定性可通过式 (8.41) 进行量化：

$$\mathrm{IU}(m)=\sum_{i=1}^{n}\left(-\frac{p_i+q_i}{2}\log_2\frac{p_i+q_i}{2}+\frac{q_i-p_i}{2}\right) \tag{8.41}$$

定理 8.2　当 m 为 $\Theta=\{\theta_1,\theta_2,\cdots,\theta_n\}$ 上的精确 BPA 时，$\mathrm{IU}(m)=\mathrm{AM}(m)$。

证明　设 m 的焦元为 $F_1,F_2,\cdots,F_N$，由于 m 表示精确 BPA，因此各焦元的 BPM 可表示为 $m(F_j)=[a_j,a_j]$，$j=1,2,\cdots,N$。

根据定义 8.7 中的概率转换公式可得

$$\mathrm{BetP}_m(\{\theta\})=\left[\sum_{\theta\in F_j}\frac{a_j}{|F_j|},\min\left\{1,\sum_{\theta\in F_j}\frac{a_j}{|F_j|}\right\}\right]$$

由于 $\sum_{j=1}^{N}a_j=1$，$1/|F_j|\leqslant 1$，故 $\sum_{\theta\in F_j}a_j/|F_j|\leqslant 1$，因此可得

$$\min\left\{1,\sum_{\theta\in F_j}\frac{a_j}{|F_j|}\right\}=\sum_{\theta\in F_j}\frac{a_j}{|F_j|}$$

于是，$\mathrm{BetP}_m(\{\theta\})=\sum_{\theta\in F_j}\frac{a_j}{|F_j|}$，即 $\mathrm{BetP}_m(\{\theta\})=\left[\sum_{\theta\in F_j}\frac{a_j}{|F_j|},\sum_{\theta\in F_j}\frac{a_j}{|F_j|}\right]$。

也就是说，对于精确 BPA 而言，广义 Pignistic 概率转换等价于原始的 Pignistic 概率转换。

根据定义 8.10 可得，$\mathrm{IU}(m)=\sum_{i=1}^{n}\mathrm{BetP}_m(\{\theta_i\})\log_2\mathrm{BetP}_m(\{\theta_i\})=\mathrm{AM}(m)$。

定理 8.3　设辨识框架为 $\Theta=\{\theta_1,\theta_2,\cdots,\theta_n\}$，$m$ 为定义在 Θ 上的区间 BPA，那么 m 的最大不确定度为 n。

证明　为简化证明，首先构造一个二元函数 $f(x,y)$：

$$f(x,y)=-\frac{x+y}{2}\log_2\left(\frac{x+y}{2}\right)+\frac{y-x}{2}$$

其中，$0\leqslant x\leqslant y\leqslant 1$。

对 $f(x,y)$ 求偏导可得

$$\frac{\partial f}{\partial x}=-\frac{1}{2}\log_2\left(\frac{x+y}{2}\right)-\frac{1}{2\ln 2}=-\frac{1}{2}\log_2\left(\mathrm{e}\,(x+y)\right)$$

$$\frac{\partial f}{\partial y}=-\frac{1}{2}\log_2\left(\frac{x+y}{2}\right)-\frac{1}{2\ln 2}+1=-\frac{1}{2}\log_2\frac{\mathrm{e}\,(x+y)}{4}$$

由于 $0 \leqslant x \leqslant y \leqslant 1$，$0 \leqslant x+y \leqslant 2 < \mathrm{e}$，因此可得：

(1) $x+y<\dfrac{1}{\mathrm{e}} \Leftrightarrow \dfrac{\partial f}{\partial x}>0$，$x+y>\dfrac{1}{\mathrm{e}} \Leftrightarrow \dfrac{\partial f}{\partial x}<0$，$x+y=\dfrac{1}{\mathrm{e}} \Leftrightarrow \dfrac{\partial f}{\partial x}=0$；

(2) $x+y<\dfrac{4}{\mathrm{e}} \Leftrightarrow \dfrac{\partial f}{\partial y}>0$，$x+y>\dfrac{4}{\mathrm{e}} \Leftrightarrow \dfrac{\partial f}{\partial y}<0$，$x+y=\dfrac{4}{\mathrm{e}} \Leftrightarrow \dfrac{\partial f}{\partial y}=0$。

由此可见，$f(x,y)$ 不是变量 x 或 y 的单调函数，其最大值有可能在驻点或定义域的边界获得。由于 $\dfrac{\partial f}{\partial x}=0$ 和 $\dfrac{\partial f}{\partial y}=0$ 不能同时成立，因此函数 $f(x,y)$ 的最大值可能在三个边界点处获得，即 $(x,y)=(0,1)$、$(x,y)=(0,0)$ 或 $(x,y)=(1,1)$。由 $f(1,1)=0$、$f(0,0)=0$、$f(0,1)=1$ 可得 $f_{\max}(x,y)=f(0,1)=1$。

图 8.1 给出了函数 $f(x,y)$ 的三维图形，直观显示了函数 $f(x,y)$ 的性质，可以看出 $f(x,y)$ 在点 $(0,1)$ 处取得最大值 1，与前面的分析一致。

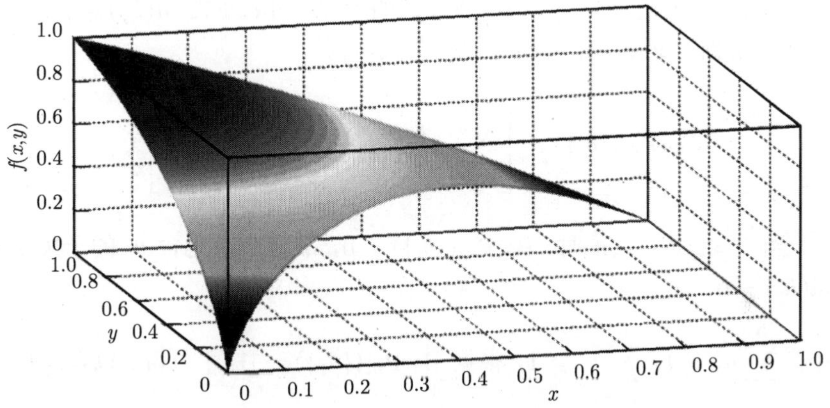

图 8.1 函数 $f(x,y)$ 的三维图形

对比 $f(x,y)$ 与式 (8.41) 可得，若 $p_i=0$、$q_i=1$，即 $\mathrm{BetP}_m(\{\theta_i\})=[0,1]$，那么 $-\dfrac{p_i+q_i}{2}\log_2\dfrac{p_i+q_i}{2}+\dfrac{q_i-p_i}{2}$ 取得最大值 1。另外，可以验证区间贝叶斯基本概率分配函数 $\mathrm{BetP}_m(\{\theta_1\})=\cdots=\mathrm{BetP}_m(\{\theta_n\})=[0,1]$ 满足定义 8.2 中区间 BPA 的归一化条件，因此，当 $\forall\theta\in\Theta$，$\mathrm{BetP}_m(\{\theta\})=[0,1]$ 时，$\mathrm{IU}(m)$ 取得最大值 n。

定理 8.4 设 m 为辨识框架 $\Theta=\{\theta_1,\theta_2,\cdots,\theta_n\}$ 上归一化的区间 BPA，那么当且仅当 m 为绝对概率分配函数，且焦元基数为 1 时，其不确定度 $\mathrm{IU}(m)$ 取最小值 0，即当 $\exists k\in\{1,2,\cdots,n\}$ 使 $m(\{\theta_k\})=1$ 且 $\forall A\neq\{\theta_k\},m(A)=0\Leftrightarrow \mathrm{IU}(m)=0$。

证明 充分性：

由于 $\exists\theta_k\in\Theta$ 使得 $m(\{\theta_k\})=1$，而且 $\forall A\neq\{\theta_k\}$，$m(A)=0$，因此，$\mathrm{BetP}_m(\{\theta_k\})=1$，$\forall i\neq k$，$\mathrm{BetP}_m(\{\theta_i\})=0$，代入式 (8.41) 可得 $\mathrm{IU}(m)=0$。

必要性：

由于式 (8.41) 右侧中的每一项都不小于 0，因此，由 $\mathrm{IU}(m)=0$ 可得

$$\forall i \in \{1,2,\cdots,n\}, \quad -\frac{p_i+q_i}{2}\log_2\frac{p_i+q_i}{2}+\frac{q_i-p_i}{2}=0$$

从定理 8.2 的证明过程可知，$f(x,y)$ 只在 $(x,y)=(0,0)$ 和 $(x,y)=(1,1)$ 这两个点处取最小值 0，此时 $x=y$。因此，$\mathrm{IU}(m)=0$ 时，$\mathrm{BetP}_m(\{\theta_i\})$ 构成 $\Theta=\{\theta_1,\theta_2,\cdots,\theta_n\}$ 上的精确 BBA。

由于$\sum_{i=1}^{n}\mathrm{BetP}_m(\{\theta_i\})=1$ 且 $0\leqslant\mathrm{BetP}_m(\{\theta_i\})\leqslant 1$，在所有 $\mathrm{BetP}_m(\{\theta_i\})$ 中只能有一个为 1，其余都为 0，不失一般性，可以设 $\mathrm{BetP}_m(\{\theta_1\})=1$，$\mathrm{BetP}_m(\{\theta_i\})=0$，$i=2,3,\cdots,n$。

设 m 的焦元为 $F_1,F_2,\cdots,F_N$，各焦元的 BPM 可表示为 $m(F_j)=[a_j,b_j]$，$j=1,2,\cdots,N$。根据定义 8.7 中的概率转换公式可得

$$\mathrm{BetP}_m(\{\theta_i\})=\left[\sum_{\theta_i\in F_j}\frac{a_j}{|F_j|},\min\left\{1,\sum_{\theta_i\in F_j}\frac{b_j}{|F_j|}\right\}\right]$$

由于当 $i=2,3,\cdots,n$ 时，$\mathrm{BetP}_m(\{\theta_i\})=0$，故对所有包含 θ_i 的子集 $F_j\subseteq\Theta$ 都有 $m(F_j)=0$。

由于 $\sum_{j=1}^{N}a_j\leqslant 1$，$\sum_{j=1}^{N}b_j\geqslant 1$，根据 $\mathrm{BetP}_m(\{\theta_1\})=[1,1]$ 可得，包含 $\{\theta_1\}$ 的子集 F_k 中只有一个元素，且 $m(F_k)=[1,b_k]$。

于是 $F_k=\{\theta_1\}$，$m(\{\theta_1\})=[1,b]$，其中 $b\geqslant 1$。

根据定义 8.2 中的归一化条件 $\sum_{j=1}^{N}a_j+(b_k-a_k)\leqslant 1$ 可得，$1+(b-1)\leqslant 1$，即 $b\leqslant 1$。

最终可以得到：$b=1$，$m(\{\theta_1\})=1$，对于 $A\neq\{\theta_1\}$，$m(A)=0$。

由 θ_1 的任意性可得：$\exists k\in\{1,2,\cdots,n\}$ 使 $m(\{\theta_k\})=1$ 且 $\forall A\neq\{\theta_k\},m(A)=0$。

综上可得：当且仅当 $\exists k\in\{1,2,\cdots,n\}$ 使 $m(\{\theta_k\})=1$，且 $\forall A\neq\{\theta_k\}$，$m(A)=0$ 时，$\mathrm{IU}(m)=0$。

通过以上两个定理可知，不确定度 IU 的取值范围为 $[0,n]$，n 为辨识框架的基数，这与 Klir 等在文献 [194] 中关于证据理论中不确定性度量值域的描述一致。

8.3.3 数值算例与分析

1. 不确定性度量 IU 的性质分析

1) 区间贝叶斯 BPA 不确定性分析

例 8.2 设辨识框架为 $\Theta=\{\theta_1,\theta_2,\theta_3,\theta_4,\theta_5\}$，十组证据对应的 BPA 如表 8.1 所示，其中，所有区间 BPA 都已归一化。

表 8.1 各证据对应的 BPA

BPA	$\{\theta_1\}$	$\{\theta_2\}$	$\{\theta_3\}$	$\{\theta_4\}$	$\{\theta_5\}$
m_1	0.6	0.4	0	0	0
m_2	0.5	0.2	0.3	0	0
m_3	0.4	0.2	0.3	0.1	0
m_4	0.3	0.2	0.3	0.1	0.1
m_5	0.2	0.2	0.2	0.2	0.2
m_6	[0.1, 0.25]	0.2	0.2	0.2	0.2
m_7	[0.1, 0.25]	[0.1, 0.25]	0.2	0.2	0.2
m_8	[0.1, 0.25]	[0.1, 0.25]	[0.1, 0.25]	0.2	0.2
m_9	[0.1, 0.25]	[0.1, 0.25]	[0.1, 0.25]	[0.1, 0.25]	0.2
m_{10}	[0.1, 0.25]	[0.1, 0.25]	[0.1, 0.25]	[0.1, 0.25]	[0.1, 0.25]

从表 8.1 可以看出，m_1 只聚焦在集合 $\{\theta_1\}$ 和 $\{\theta_2\}$ 上，比 m_2、m_3、m_4 和 m_5 的聚焦能力更强，因此，m_1 的不确定度最小。从 m_1 到 m_5，随着概率分布逐渐分散，各 BPA 的不确定度也逐渐增加，因此，$\mathrm{IU}(m_1)<\mathrm{IU}(m_2)<\mathrm{IU}(m_3)<\mathrm{IU}(m_4)<\mathrm{IU}(m_5)$，不确定度的增加本质上是不一致度的增加。$m_6$ 与 m_5 的区别在于，m_6 聚焦在 $\{\theta_1\}$ 上的概率质量为区间值，因此，m_6 的不确定度比 m_5 的大。分析 m_7、m_8、m_9 和 m_{10} 可以发现，基本概率质量为区间值的单元素子集的数目逐渐增加，因此，由区间数带来的不精确性使得 $\mathrm{IU}(m_6)<\mathrm{IU}(m_7)<\mathrm{IU}(m_8)<\mathrm{IU}(m_9)<\mathrm{IU}(m_{10})$。

图 8.2 给出了各 BPA 的不确定度 IU 的计算结果，图中各 BPA 不确定度的变化趋势与以上分析相一致。

通过该算例可以看出，不确定性度量 IU 能够同时对不一致性和不精确性进行度量，另外，也能够体现不确定性度量 IU 对 BPA 变化的敏感性。

2) 包含复合焦元的区间 BPA

例 8.3 设辨识框架为 $\Theta=\{\theta_1,\theta_2,\theta_3\}$，七组证据对应的区间 BPA 如表 8.2 所示，各区间 BPA 都已归一化。

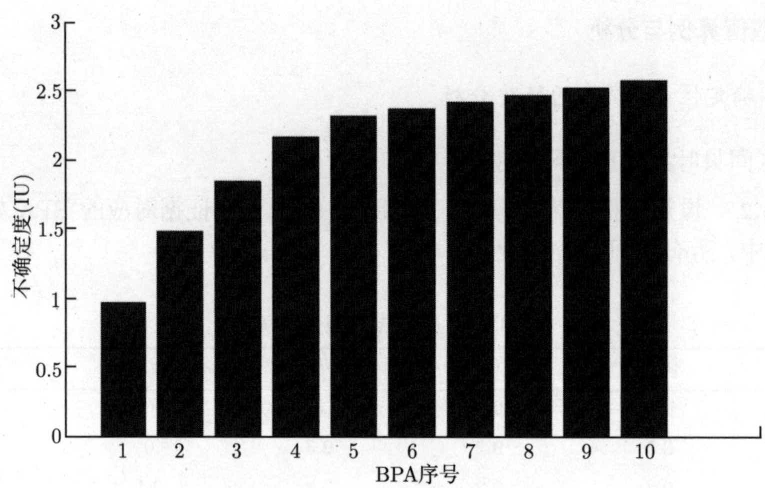

图 8.2 各 BPA 的不确定度 (IU)

表 8.2 各证据对应的区间 BPA

BPA	$\{\theta_1\}$	$\{\theta_2\}$	$\{\theta_3\}$	$\{\theta_1,\theta_2\}$	$\{\theta_1,\theta_3\}$	$\{\theta_2,\theta_3\}$	$\{\theta_1,\theta_2,\theta_3\}$
m_1	[0.2, 0.4]	[0.1,0.3]	[0.3,0.6]	[0,0.1]	0	0	0
m_2	[0.2, 0.4]	0	0	[0,0.1]	[0.3,0.6]	0	[0.1,0.3]
m_3	0	[0.1,0.3]	0	[0,0.1]	[0.2, 0.4]	[0.3,0.6]	0
m_4	0	0	[0.3,0.6]	[0,0.1]	[0.2,0.4]	[0.1,0.3]	0
m_5	0	0	0	[0,0.1]	[0.3,0.6]	[0.1,0.3]	[0.2,0.4]
m_6	[0,1]	[0,1]	[0,1]	0	0	0	0
m_7	0	0	0	0	0	0	[0,1]

为了计算各区间 BPA 的不确定度，需要将区间 BPA 转换为区间 BBPA，各区间 BPA 对应的区间 BBPA 如表 8.3 所示。各区间 BPA 的不确定度 IU 的计算结果如图 8.3 所示。

表 8.3 各区间 BPA 对应的区间 BBPA

BPA	$\{\theta_1\}$	$\{\theta_2\}$	$\{\theta_3\}$
m_1	[0.2, 0.45]	[0.1,0.35]	[0.3,0.6]
m_2	[0.38, 0.75]	[0.03,0.15]	[0.18,0.4]
m_3	[0.1,0.25]	[0.25,0.65]	[0.25,0.5]
m_4	[0.1,0.25]	[0.05,0.2]	[0.45,0.95]
m_5	[0.22,0.48]	[0.12,0.33]	[0.27,0.58]
m_6	[0,1]	[0,1]	[0,1]
m_7	[0,0.33]	[0,0.33]	[0,0.33]

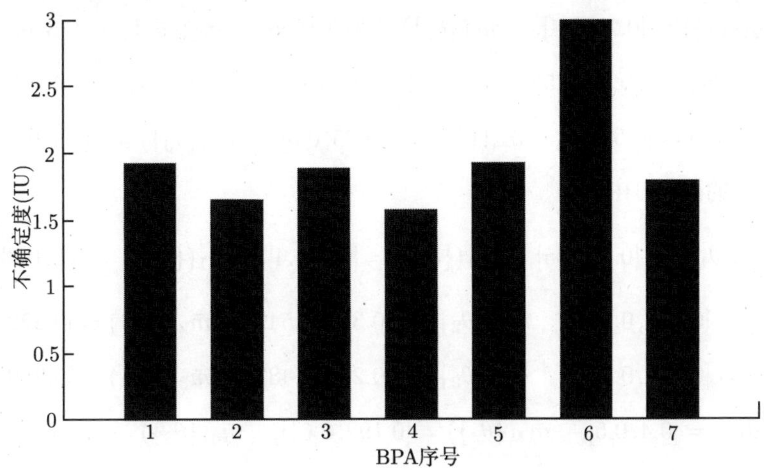

图 8.3 各 BPA 的不确定度 (IU)

可以看出，IU 对区间 BPA 的变化比较敏感，区间 BPA 的细微变化都将引起不确定度发生相应变化。另外，可以看出 m_6 具有最大的不确定度，与之前的理论分析一致，在另外的六个区间 BPA 中，m_1 的不确定度最大，由此可见，焦元基数的增加不会带来不确定度的增加，这是由于在进行广义 Pignistic 概率转换的过程中存在一定的信息损失，忽视了焦元基数带来的不精确性。

通过该算例还可以看出，m_7 的不确定度并不是最大的，由于在此情况下，除 $\{\theta_1,\theta_2,\theta_3\}$ 外，其他各子集的概率质量均为 0，对应的 Pignistic 概率为 $[0,1/3]$，该区间的不精确度小于区间 $[0,1]$，因此，当各单元素子集的 Pignistic 概率均为 $[0,1]$ 时，不确定度最大。

2. 基于 IU 的传感器可靠性评估

不确定性度量在基于证据理论的不确定性推理中也有非常广泛的应用，例如，不确定度可以直接用来度量证据源的精确度。假设两个传感器 S_1 和 S_2 提供的信息对应的区间 BPA 分别为 m_1 和 m_2，基于不确定性度量 IU 计算 m_1 和 m_2 的不确定度分别为 $\mathrm{IU}(m_1)$ 和 $\mathrm{IU}(m_2)$，如果 $\mathrm{IU}(m_1)\leqslant\mathrm{IU}(m_2)$，那么有理由相信传感器 S_1 比 S_2 更精确，在信息融合中，应该赋予 S_1 更高的权重。所以证据的不确定度可以作为证据动态可靠性评估的一个指标。

例 8.4 在目标识别中，四个传感器 S_1、S_2、S_3 和 S_4 构成融合识别系统，待识别目标的类型为 θ_1、θ_2、θ_3，即辨识框架为 $\Theta=\{\theta_1,\theta_2,\theta_3\}$，将传感器 S_1、S_2、S_3 和 S_4 对目标的识别信息分别转换为辨识框架 Θ 中的区间 BPA m_1、m_2、m_3 和 m_4，表示如下：

$$m_1(\{\theta_1\})=[0.4,0.45],\quad m_1(\{\theta_2\})=[0.3,0.6],\quad m_1(\{\theta_3\})=[0.2,0.7]$$

$$m_2(\{\theta_1\}) = [0.25, 0.4], \quad m_2(\{\theta_2\}) = [0.5, 0.65], \quad m_2(\{\theta_3\}) = [0.3, 0.4]$$

$$m_3(\{\theta_1\}) = [0.35, 0.5], \quad m_3(\{\theta_2\}) = [0.3, 0.7], \quad m_3(\{\theta_3\}) = [0.4, 0.5]$$

$$m_4(\{\theta_1\}) = [0.5, 0.6], \quad m_4(\{\theta_2\}) = [0.25, 0.3], \quad m_4(\{\theta_3\}) = [0.35, 0.45]$$

归一化的区间 BPA 为

$$\bar{m}_1(\{\theta_1\}) = [0.4, 0.45], \quad \bar{m}_1(\{\theta_2\}) = [0.3, 0.4], \quad \bar{m}_1(\{\theta_3\}) = [0.2, 0.3]$$

$$\bar{m}_2(\{\theta_1\}) = [0.192, 0.333], \quad \bar{m}_2(\{\theta_2\}) = [0.385, 0.542], \quad \bar{m}_2(\{\theta_3\}) = [0.222, 0.348]$$

$$\bar{m}_3(\{\theta_1\}) = [0.226, 0.417], \quad \bar{m}_3(\{\theta_2\}) = [0.231, 0.483], \quad \bar{m}_3(\{\theta_3\}) = [0.250, 0.435]$$

$$\bar{m}_4(\{\theta_1\}) = [0.4, 0.5], \quad \bar{m}_4(\{\theta_2\}) = [0.192, 0.61], \quad \bar{m}_4(\{\theta_3\}) = [0.280, 0.375]$$

基于不确定性度量 IU 计算各区间 BPA 的不确定度分别为

$$\mathrm{IU}(\bar{m}_1) = 1.680$$

$$\mathrm{IU}(\bar{m}_2) = 1.749$$

$$\mathrm{IU}(\bar{m}_3) = 1.900$$

$$\mathrm{IU}(\bar{m}_4) = 1.663$$

区间 BPA $m_j(j = 1, 2, 3, 4)$ 的动态可靠性可通过式 (8.42) 进行计算：

$$w_j = \frac{n - \mathrm{IU}(\bar{m}_j)}{\sum_{k=1}^{4} (n - \mathrm{IU}(\bar{m}_k))}, \quad j = 1, 2, 3, 4 \tag{8.42}$$

其中，n 为辨识框架的基数，代表最大的不确定度，在本例中 $n = 3$。

将各区间 BPA 的不确定度代入式 (8.42) 可得

$$w_1 = 0.263, \quad w_2 = 0.250, \quad w_3 = 0.220, \quad w_4 = 0.267$$

如果假设可靠度最高的区间 BPA 为完全可靠的，那么可以对以上动态可靠度按式 (8.43) 进行归一化，获得相对可靠性因子：

$$\hat{w}_j = \frac{w_j}{\max\limits_{j=1,2,3,4} \{w_j\}} \tag{8.43}$$

于是可得各证据的动态相对可靠性因子为

$$\hat{w}_1 = 0.985, \quad \hat{w}_2 = 0.936, \quad \hat{w}_3 = 0.824, \quad \hat{w}_4 = 1$$

8.4 基于直觉模糊集区间证据组合

区间证据的组合是区间证据理论中的核心问题之一。现有区间证据组合方法[188−192] 的主要思路为：基于优化模型求出组合结果中各区间 BPA 的上下界，虽然求解相关优化问题的算法较为丰富，但算法复杂度较高，而且这类方法通常不满足结合律，对多个区间证据进行组合时不能依次对各个证据进行组合，难以满足时域信息融合等应用的需求。所以区间证据的组合方法仍然是值得深入研究的问题。

在现有区间证据组合方法的基础上，从区间数与直觉模糊数、证据理论与直觉模糊集之间的关系出发，可以在直觉模糊框架内研究区间证据的组合问题。

8.4.1 现有区间证据组合方法

经典证据理论中的证据组合规则并不适用于区间证据的组合，相关研究者曾尝试将证据理论推广至区间证据理论，其中 Lee 和 Zhu 基于式 (8.11) 和式 (8.12) 中的广义加法和乘法运算，将两个区间 BPA 的组合定义为[188]

$$m_1 \oplus m_2(A) = \sum_{B \cap C = A} m_1(B) \times m_2(C) \tag{8.44}$$

Wang 等在文献 [192] 中指出，这种方法有两大明显不足：首先是参数 w 的选择带有一定的主观性和随意性，不同的取值带来的结果可能差别较大；其次是在对区间证据进行组合前后都没有考虑区间 BPA 的归一化问题。参数 w 对组合结果的影响可以通过算例 8.5 进行分析。

例 8.5 设辨识框架为 $\Theta = \{P, L, K\}$，两个证据对应的区间 BPA 如下：

$$m_1(\{P\}) = [0.5, 0.8], \quad m_1(\{L, K\}) = [0.3, 0.4], \quad m_1(\Theta) = [0.2, 0.5]$$

$$m_2(\{P, L\}) = [0.4, 0.6], \quad m_2(\{L, K\}) = [0.3, 0.5], \quad m_2(\Theta) = [0.3, 0.4]$$

参数 w 取不同数值时的证据组合结果如表 8.4 所示。

表 8.4 不同 w 条件下的证据组合结果

w	$\{P\}$	$\{L\}$	$\{P, L\}$	$\{L, K\}$	Θ
1	[0,0.6]	0	[0,0.1]	0	0
2	[0.26,0.66]	[0.08,0.28]	[0,0.4]	[0.01,0.40]	[0,0.22]
3	[0.34,0.64]	[0.18,0.35]	[0.10,0.43]	[0.15,0.45]	[0.05,0.30]
4	[0.36,0.62]	[0.22,0.37]	[0.14,0.46]	[0.20,0.46]	[0.10,0.34]
5	[0.38,0.61]	[0.24,0.38]	[0.17,0.47]	[0.23,0.47]	[0.13,0.36]

可以看出，w 的取值对 $m_1 \oplus m_2$ 的影响非常大，当 $w = 1$ 时，聚焦在 $\{L\}$、$\{L, K\}$ 及全集 Θ 上的概率质量都为 0，这样的结果不利于决策。在考察范围内，$m(\{L\})$、

$m(\{P,L\})$、$m(\{L,K\})$ 及 $m(\Theta)$ 的上下界都随 w 的增加而增加；$m(\{P\})$ 的下界随 w 的增加而增加，其上界随 w 的增加先增加，而后下降。尽管这种变化趋势不具有普遍性，但它从一个侧面反映了这种组合方法的不稳定性。

Denoeux 系统地研究了区间 BPA 的归一化问题及组合问题[189,190]，指出传统的算术运算并不适用于区间证据的组合，构造了如下优化模型来计算组合结果中聚焦在各焦元上的概率质量的上下界。

$$\max/\min(m_1\oplus m_2)(A)=\sum_{B\cap C=A}m_1(B)\times m_2(C)$$
$$\text{s.t.}\begin{cases}\displaystyle\sum_{B\in F(m_1)}m_1(B)=1\\ \displaystyle\sum_{C\in F(m_2)}m_2(C)=1\\ m_1^-(B)\leqslant m_1(B)\leqslant m_1^+(B)\\ m_2^-(C)\leqslant m_2(C)\leqslant m_2^+(C)\end{cases}\tag{8.45}$$

其中，m_1 和 m_2 为待组合的两个区间 BPA；B、C 分别是 m_1 和 m_2 的焦元；$F(m_1)$ 和 $F(m_2)$ 分别是两 BPA 的焦元组成的集合 (区间 BPA 的核)；$m_1(B)=[m_1^-(B),m_1^+(B)]$ 和 $m_2(C)=[m_2^-(C),m_2^+(C)]$ 分别是两个 BPA 中各焦元的 BPM；$(m_1\oplus m_2)(A)$ 是组合结果中焦元 A 上的 BPM。

Denoeux 认识到基于最优化思想的区间证据组合方法不满足结合律，即在一般情况下 $(m_1\oplus m_2)\oplus m_3\neq m_1\oplus(m_2\oplus m_3)$，这个缺点致使多个区间 BPA 的组合结果依赖于其组合顺序。为克服该问题，Denoeux 指出，将所有的区间 BPA 放在一起进行组合，然后将组合结果按照式 (8.46) 和式 (8.47) 进行归一化处理：

$$m_d^{*-}(A)=\min\frac{m(A)}{1-m(\varnothing)}=\frac{m^-(A)}{1-\max\left\{m^-(\varnothing),\ \displaystyle\sum_{B\neq A,B\neq\varnothing}m^+(B)-m^-(A)\right\}}\tag{8.46}$$

$$m_d^{*+}(A)=\max\frac{m(A)}{1-m(\varnothing)}=\frac{m^+(A)}{1-\min\left\{m^+(\varnothing),\ \displaystyle\sum_{B\neq A,B\neq\varnothing}m^-(B)-m^+(A)\right\}}\tag{8.47}$$

其中，$m(A)=[m^-(A),m^+(A)]$；$m(B)=[m^-(B),m^+(B)]$；$m(\varnothing)=[m^-(\varnothing),m^+(\varnothing)]$ 是非归一化的 BPM；$m_d^*(A)=[m_d^{*-}(A),m_d^{*+}(A)]$ 是 $m(A)=[m^-(A),m^+(A)]$ 归一化以后的结果。

可以发现，Denoeux 的方法将区间 BPA 的组合与归一化过程分离，分别构造优化模型进行优化，文献 [192] 中通过算例表明，使用该方法得到的结果中各 BPM 的区间宽度太大，偏离真实结果较远。

Yager 基于区间数之间的算术运算对区间证据的组合问题也进行了研究[191]，然而 Wang 等指出，区间算术运算并不适用于区间证据组合[192]，可能会出现区间上界小于下界的现象，而且这种方法无法对组合结果进行归一化。

为克服上述问题，Wang 等提出了一种新的区间证据组合方法[192]，该方法将区间证据的组合过程与归一化过程联合在一起进行优化，其组合方法表示为

$$m_{1\oplus 2}(A)=\begin{cases}[m_{1\oplus 2}^{-}(A),m_{1\oplus 2}^{+}(A)], & \forall A\subseteq \Omega 且 A\neq\varnothing\\ 0, & A=\varnothing\end{cases}\tag{8.48}$$

其中，$m_{1\oplus 2}^{-}(A)$ 和 $m_{1\oplus 2}^{+}(A)$ 分别为 $m_{1\oplus 2}(A)$ 的最小值与最大值，通过以下优化模型获得

$$\max/\min m_{1\oplus 2}(A)=\frac{\displaystyle\sum_{B\cap C=A}m_1(B)m_2(C)}{1-\displaystyle\sum_{B\cap C=\varnothing}m_1(B)m_2(C)}$$

$$\text{s.t.}\begin{cases}\displaystyle\sum_{B\in F(m_1)}m_1(B)=1\\ \displaystyle\sum_{C\in F(m_2)}m_2(C)=1\\ m_1^{-}(B)\leqslant m_1(B)\leqslant m_1^{+}(B)\\ m_2^{-}(C)\leqslant m_2(C)\leqslant m_2^{+}(C)\end{cases}\tag{8.49}$$

该方法可以进一步扩展至多个区间 BPA 的组合，$N(N\geqslant 2)$ 个区间 BPA 的组合方法为

$$\oplus_1^N m(A)=\begin{cases}[\oplus_1^{N-}m(A),\oplus_1^{N+}m(A)], & \forall A\subseteq \Omega 且 A\neq\varnothing\\ 0, & A=\varnothing\end{cases}\tag{8.50}$$

其中，$\oplus_1^{N-}m(A)$ 和 $\oplus_1^{N+}m(A)$ 通过以下优化模型获得

$$\max/\min\ \oplus_1^N m(A)=\frac{\displaystyle\sum_{B_{j_1}^1\cap B_{j_2}^2\cap\cdots\cap B_{j_N}^N=A}m_1(B_{j_1}^1)m_2(B_{j_2}^2)\cdots m_N(B_{j_N}^N)}{1-\displaystyle\sum_{B_{j_1}^1\cap B_{j_2}^2\cap\ldots\cap B_{j_N}^N=\varnothing}m_1(B_{j_1}^1)m_2(B_{j_2}^2)\cdots m_N(B_{j_N}^N)}$$

$$\text{s.t.}\begin{cases}\displaystyle\sum_{j=1}^{n_i} m_i(B_j^i)=1, \quad i=1,2,\cdots,N \\ m_i^-(B_j^i)\leqslant m_i(B_j^i)\leqslant m_i^+(B_j^i), \quad i=1,2,\cdots,N, \quad j=1,2,\cdots,n_i\end{cases} \tag{8.51}$$

其中，$m_1,m_2,\cdots,m_N$ 是 N 个待组合的区间 BPA；$m_i(B_j^i)=[m_i^-(B_j^i),m_i^+(B_j^i)]$ $(i=1,2,\cdots,N，j=1,2,\cdots,n_i)$ 是区间 BPA m_i 中的基本概率分配；B_j^i 是 m_i 的焦元。

与其他几种方法相比，Wang 等的方法在区间 BPA 组合中表现出较好的性质，并成功应用于多属性决策中。但是不满足结合律的问题依然存在，而且优化算法的复杂度较高，由于将组合过程与归一化过程同时进行优化涉及多个非线性规划模型的求解，虽然可以得到较为精确的解，但其计算复杂度明显高于 Denoeux 的组合方法。

此外，Sevastianov 等也对区间证据的组合问题进行了研究[199]，结合区间证据提出了一种基于规则的证据推理框架，在式 (8.13) ～式 (8.16) 所示的区间数算术运算的基础上，将来自不同证据源的区间 BPA 通过 "扩展零区间" 的方法进行组合，用组合结果中的区间概率乘以归一化因子 NF 来实现归一化，这种方法仅涉及区间数之间的算术运算，不需要求解非线性规划模型，因此相对简单。但其不合理之处在于归一化后的区间概率可能超过 1，如例 8.6 中所示。

例 8.6 设辨识框架为 $\Theta=\{\theta_1,\theta_2,\theta_3\}$，某证据对应的区间 BPA 为

$$m(\{\theta_1\})=[0,0.8], \quad m(\{\theta_2\})=[0,0.1], \quad m(\{\theta_3\})=[0,0.1]$$

该区间 BPA 不是归一化的，因为 $m(\{\theta_1\})+m(\{\theta_2\})+m(\{\theta_3\})=[0,1]$，不是以 1 为中心的区间，因此，需要根据 Sevastianov 等的方法构造如下所示的归一化因子：

$$\text{NF}=\frac{2}{m^-(\{\theta_1\})+m^-(\{\theta_2\})+m^-(\{\theta_3\})+m^+(\{\theta_1\})+m^+(\{\theta_2\})+m^2(\{\theta_3\})}=2$$

归一化过程为

$$m^*(A_i)=m(A_i)\times\text{NF}, \quad i=1,2,3 \tag{8.52}$$

归一化后的区间 BPA 为

$$m^*(\{\theta_1\})=[0,1.6], \quad m^*(\{\theta_2\})=[0,0.2], \quad m^*(\{\theta_3\})=[0,0.2]$$

显然，$m^*(\{\theta_1\})$ 的上界大于 1，这种归一化的区间 BPA 是不合理的，因此，这种方法并不适用于对区间 BPA 进行归一化。

通过以上分析可知，区间证据理论中区间 BPA 的组合问题仍未得到很好解决，各种方法都有其局限性，因此，需要针对存在的问题，研究有效的区间证据组合方法。

8.4.2 基于直觉模糊集的区间证据组合方法

设 m 为辨识框架 $\Theta=\{\theta_1,\theta_2,\cdots,\theta_n\}$ 上的区间 BBPA，各单元素子集的支持度为 $m(\{\theta_i\})=[a_i,b_i]$，$i=1,2,\cdots,n$。由于区间数 $[a_i,b_i]$ 可以用直觉模糊数的形式表示为 $\langle a_i,1-b_i\rangle$，基于证据理论与直觉模糊集之间的关系，可以将 m 转化为论域 $\Theta=\{\theta_1,\theta_2,\cdots,\theta_n\}$ 上的直觉模糊集 M，表示为

$$M=\{\langle\theta_i,\mu_M(\theta_i),v_M(\theta_i)\rangle|\,\theta_i\in\Theta\} \tag{8.53}$$

其中存在的对应关系如下：

$$\mu_M(\theta_i)=m^-(\theta_i)=a_i \tag{8.54}$$

$$v_M(\theta_i)=1-m^+(\theta_i)=1-b_i \tag{8.55}$$

显然，M 的犹豫度函数 $\pi_M(\theta_i)=m^+(\theta_i)-m^-(\theta_i)=b_i-a_i$。

例 8.7 证据理论与直觉模糊集转换过程说明。设 $\Theta=\{\theta_1,\theta_2,\theta_3\}$ 为辨识框架，两个证据对应的归一化区间 BPA 分别为

$$m_1(\{\theta_1\})=[0.2,0.4],\quad m_1(\{\theta_2\})=[0.3,0.5],\quad m_1(\{\theta_3\})=[0.2,0.4]$$

$$m_2(\{\theta_1\})=[0.3,0.4],\quad m_2(\{\theta_2\})=[0.1,0.4],\quad m_2(\{\theta_3\})=[0.2,0.3]$$

根据式 (8.53) ～式 (8.55)，可以得到与 m_1 和 m_2 对应的直觉模糊集分别为

$$M_1=\{\langle\theta_1,0.2,0.6\rangle,\langle\theta_2,0.3,0.5\rangle,\langle\theta_3,0.2,0.6\rangle\}$$

$$M_2=\{\langle\theta_1,0.3,0.6\rangle,\langle\theta_2,0.1,0.6\rangle,\langle\theta_3,0.2,0.7\rangle\}$$

基于证据理论中的 Dempster 组合规则，可以定义直觉模糊集之间的正交和运算。

对于论域 $\Theta=\{\theta_1,\theta_2,\cdots,\theta_n\}$ 上的直觉模糊集 $A=\{\langle\theta,\mu_A(\theta),v_A(\theta)\rangle|\,\theta\in\Theta\}$ 和 $B=\{\langle\theta,\mu_B(\theta),v_B(\theta)\rangle|\,\theta\in\Theta\}$，它们的正交和可表示为

$$A\oplus B=\left\{\left\langle\theta,\frac{\mu_A(1-v_B)+\mu_B\pi_A}{1-\mu_Av_B-\mu_Bv_A},\frac{v_A(1-\mu_B)+v_B\pi_A}{1-\mu_Av_B-\mu_Bv_A}\right\rangle\middle|\,\theta\in\Theta\right\} \tag{8.56}$$

由于该运算是基于证据理论中的 Dempster 组合规则定义的，而 Dempster 组合规则可用于多个 BPA 的组合，因此，该直觉模糊集之间的正交和运算可以扩展至多个直觉模糊集，直觉模糊集 $A_1,A_2,\cdots,A_N$ 之间的正交和运算记为 $\oplus_{j=1}^N A_j$。

由 Dempster 组合规则的交换性和结合性可知，直觉模糊集之间的正交和运算具有以下性质：

(1)$A_1 \oplus A_2 = A_2 \oplus A_1$；

(2)$A_1 \oplus A_2 \oplus A_3 = (A_1 \oplus A_2) \oplus A_3 = A_1 \oplus (A_2 \oplus A_3)$。

鉴于正交和运算的优良性质，可以基于此对区间 BPA 对应的直觉模糊集进行集成，从而实现区间 BPA 的组合，将该方法称为基于直觉模糊集的区间证据组合 (interval evidence combination based on IFS，IEC-IFS) 方法。

设 m_1 和 m_2 为辨识框架 $\Theta = \{\theta_1, \theta_2, \cdots, \theta_n\}$ 中的两个归一化区间 BPA。基于直觉模糊集进行区间证据组合的具体过程如下。

(1) 按照定义 8.7 中的区间 BPA 概率转换规则分别将 m_1 和 m_2 转换为归一化的区间 Pignistic 概率分布: $\mathrm{BetP}_{m_1}(\{\theta_i\}) = [a_{1i}, b_{1i}]$, $\mathrm{BetP}_{m_2}(\{\theta_i\}) = [a_{2i}, b_{2i}]$, $i = 1, 2, \cdots, n$。

(2) 根据式 (8.53) ～式 (8.55) 可以将 Pignistic 概率分布转化为直觉模糊集，BetP_{m_1} 和 BetP_{m_2} 对应的直觉模糊集分别为

$$M_1 = \{\langle \theta_i, a_{1i}, 1 - b_{1i} \rangle \,|i = 1, 2, \cdots, n\} \tag{8.57}$$

$$M_2 = \{\langle \theta_i, a_{2i}, 1 - b_{2i} \rangle \,|i = 1, 2, \cdots, n\} \tag{8.58}$$

(3) 根据式 (8.56) 可得

$$\begin{aligned} M_1 \oplus M_2 = &\left\{ \left\langle \theta_i, \frac{a_{1i}b_{2i} + a_{2i}(b_{1i} - a_{1i})}{1 - a_{1i} - a_{2i} + a_{1i}b_{2i} + a_{2i}b_i}, \right.\right. \\ &\left.\left. \frac{b_{1i}(1 - a_{2i}) + (1 - b_{2i})(b_{1i} - a_{1i})}{1 - a_{1i} - a_{2i} + a_{1i}b_{2i} + a_{2i}b_i} \right\rangle \right| i = 1, 2, \cdots, n \Bigg\} \end{aligned} \tag{8.59}$$

(4) 基于式 (8.53) ～式 (8.55) 中区间 BPA 与直觉模糊集之间的关系，可以将 $M_1 \oplus M_2$ 转换为区间 BPA，如果用 $m_1 \oplus m_2$ 表示 m_1 和 m_2 的组合结果，则

$$m_1 \oplus m_2(\theta_i) = \left[\frac{a_{1i}b_{2i} + a_{2i}(b_{1i} - a_{1i})}{1 - a_{1i} - a_{2i} + a_{1i}b_{2i} + a_{2i}b_i}, 1 - \frac{b_{1i}(1 - a_{2i}) + (1 - b_{2i})(b_{1i} - a_{1i})}{1 - a_{1i} - a_{2i} + a_{1i}b_{2i} + a_{2i}b_i} \right] \tag{8.60}$$

(5) 由于区间 BPA $m_1 \oplus m_2$ 可能不满足区间 BPA 的归一化条件，因此，需要根据式 (8.1) ～式 (8.4) 中的归一化过程对 IEC-IFS 方法的组合结果进行归一化。

显然，以上组合过程可以扩展至两个以上区间 BPA 的组合，$N(N \geqslant 2)$ 个区间 BPA $m_1, m_2, \cdots, m_N$ 的组合结果可以简记为 $\oplus_{j=1}^{N} m_j$。

因为直觉模糊集之间的正交和运算满足交换律和结合律，所以以此为基础的 ICE-IFS 方法也满足交换律和结合律，于是有

$$m_1 \oplus m_2 = m_2 \oplus m_1 \tag{8.61}$$

$$m_1 \oplus m_2 \oplus m_3 = (m_1 \oplus m_2) \oplus m_3 = m_1 \oplus (m_2 \oplus m_3) \tag{8.62}$$

因此，利用 ICE-IFS 方法对多个区间 BPA 进行组合时，可以从第一个 BPA 开始对它们逐一进行组合，也可以分组先对任意若干个进行组合，之后再将各组的组合结果进行组合，组合的结果与各 BPA 的组合顺序无关。

需要说明的是，为保证 ICE-IFS 方法满足结合律，需要将所有 BPA 基于直觉模糊正交和运算进行组合后再对组合结果进行归一化。

令 $\mathscr{N}$ 表示证据组合结果的归一化过程，$m_1, m_2, \cdots, m_N$ 的组合过程可表示为

$$\oplus_{j=1}^{N} m_j = \mathscr{N}\{((((m_1 \oplus m_2) \oplus m_3) \oplus \cdots) \oplus m_{N-1}) \oplus m_N\} \tag{8.63}$$

图 8.4 给出了运用 ICE-IFS 方法对辨识框架 $\Theta = \{\theta_1, \theta_2, \cdots, \theta_n\}$ 中的 N 个区间 BPA $m_1, m_2, \cdots, m_N$ 进行组合的流程图。

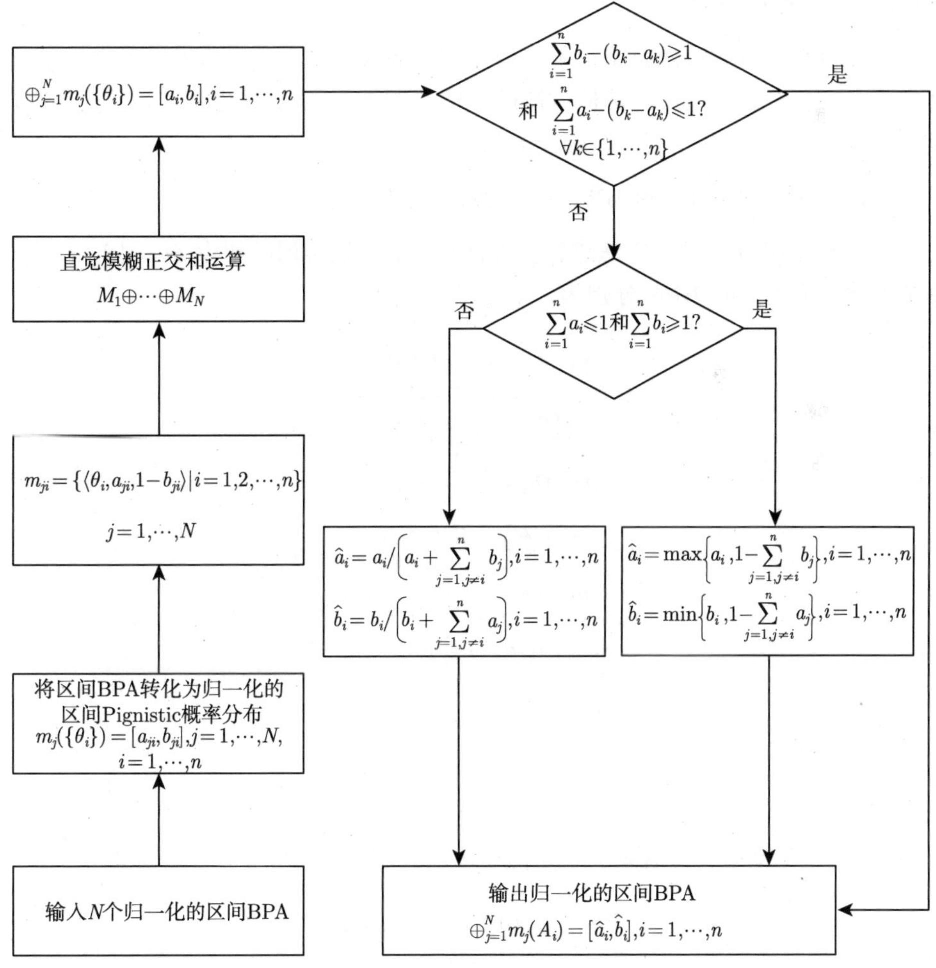

图 8.4 ICE-IFS 方法流程图

对于时域信息融合而言，区间 BPA 组合规则满足结合律意味着：当前时刻的融合结果只与当前时刻获得的最新信息及前一时刻的融合结果有关，前面所有时刻的信息可以用前一时刻的融合结果来表示，即 $m_1 \oplus \cdots \oplus m_N = (m_1 \oplus \cdots \oplus m_{N-1}) \oplus m_N$。融合规则的这一性质也称马尔可夫性，这对时域信息的融合非常重要。在基于证据理论的时域融合中，各 BPA 随时间序列依次获得，融合规则满足马尔可夫性可以使融合系统无须存储每一时刻的信息，避免了对历史信息的重复融合，既节约了存储空间，也有助于提升计算效率。

综上所述，基于直觉模糊正交和运算的区间证据组合方法可以同时对多个区间 BPA 进行组合，且满足结合律，这一特点对于时域不确定信息的融合等应用具有重要的意义。

8.4.3 数值算例与分析

下面将利用数值算例说明基于直觉模糊集的区间证据组合方法 ICE-IFS 的具体过程并进行分析，通过与其他方法的对比说明 ICE-IFS 方法的有效性，并结合具体算例验证 ICE-IFS 方法满足结合律。

1. ICE-IFS 方法对区间 BPA 进行组合的具体过程

例 8.8 用 ICE-IFS 方法进行区间证据组合。设辨识框架为 $\Theta = \{\theta_1, \theta_2, \theta_3\}$，两个证据对应的区间 BPA 分别为

$$m_1(\{\theta_1\}) = [0.2, 0.5]$$

$$m_1(\{\theta_1, \theta_2\}) = [0.3, 0.7]$$

$$m_1(\{\theta_1, \theta_3\}) = [0, 0.4]$$

$$m_1(\Theta) = [0.1, 0.5]$$

$$m_2(\{\theta_1\}) = [0.2, 0.5]$$

$$m_2(\{\theta_1, \theta_2\}) = [0.1, 0.2]$$

$$m_2(\{\theta_1, \theta_3\}) = [0.3, 0.7]$$

$$m_2(\Theta) = [0, 0.4]$$

可以验证，这两个区间 BPA 都满足定义 8.2 中的归一化条件。根据定义 8.7 中的区间 BPA 概率转换规则，将 m_1 和 m_2 分别转化为区间 Pignistic 概率，可得

$$\mathrm{BetP}_{m_1}(\{\theta_1\}) = [0.383, 1]$$

$$\mathrm{BetP}_{m_1}(\{\theta_2\}) = [0.183, 0.517]$$

$$\mathrm{BetP}_{m_1}(\{\theta_3\}) = [0.033, 0.367]$$

$$\mathrm{BetP}_{m_2}(\{\theta_1\}) = [0.4, 1]$$

$$\mathrm{BetP}_{m_2}(\{\theta_2\}) = [0.05, 0.233]$$

$$\mathrm{BetP}_{m_2}(\{\theta_3\}) = [0.15, 0.483]$$

由于以下两个不等式成立:

$$\sum_{i=1}^{3} \mathrm{BetP}_{m_1}^{-}(\{\theta_i\}) + \mathrm{BetP}_{m_1}^{+}(\{\theta_1\}) - \mathrm{BetP}_{m_1}^{-}(\{\theta_1\}) = 1.216 > 1$$

$$\sum_{i=1}^{3} \mathrm{BetP}_{m_2}^{-}(\{\theta_i\}) + \mathrm{BetP}_{m_2}^{+}(\{\theta_1\}) - \mathrm{BetP}_{m_2}^{-}(\{\theta_1\}) = 1.2 > 1$$

因此, BetP_{m_1} 和 BetP_{m_2} 不是归一化的区间 BPA, 需要根据式 (8.3) 和式 (8.4) 对其进行归一化, 归一化后的区间 Pignistic 概率分布为

$$\mathrm{BetP}_{m_1}^{*}(\{\theta_1\}) = [0.383, 0.783]$$

$$\mathrm{BetP}_{m_1}^{*}(\{\theta_2\}) = [0.183, 0.517]$$

$$\mathrm{BetP}_{m_1}^{*}(\{\theta_3\}) = [0.033, 0.367]$$

$$\mathrm{BetP}_{m_2}^{*}(\{\theta_1\}) = [0.4, 0.8]$$

$$\mathrm{BetP}_{m_2}^{*}(\{\theta_2\}) = [0.05, 0.233]$$

$$\mathrm{BetP}_{m_2}^{*}(\{\theta_3\}) = [0.15, 0.483]$$

根据式 (8.53) ～式 (8.55), 可以分别将两个区间 Pignistic 概率分布转化为直觉模糊集:

$$M_1 = \{\langle\theta_1, 0.383, 0.217\rangle, \langle\theta_2, 0.183, 0.483\rangle, \langle\theta_3, 0.033, 0.633\rangle\}$$

$$M_2 = \{\langle\theta_1, 0.4, 0.2\rangle, \langle\theta_2, 0.05, 0.767\rangle, \langle\theta_3, 0.15, 0.517\rangle\}$$

根据式 (8.56) 可得

$$M_1 \oplus M_2 = \{\langle A_1, 0.558, 0.251\rangle, \langle A_2, 0.071, 0.856\rangle, \langle A_3, 0.075, 0.8\rangle\}$$

基于式 (8.53) ～式 (8.55) 中区间 BPA 与直觉模糊集之间的关系, 可得到组合后的区间 BPA 为

$$m_1 \oplus m_2(\{\theta_1\}) = [0.558, 0.749]$$

$$m_1 \oplus m_2(\{\theta_2\}) = [0.071, 0.144]$$

$$m_1 \oplus m_2(\{\theta_3\}) = [0.075, 0.2]$$

根据式 (8.3) 和式 (8.4) 对其归一化后，可得最终组合结果为

$$m_1 \oplus m_2(\{\theta_1\}) = [0.656, 0.749]$$

$$m_1 \oplus m_2(\{\theta_2\}) = [0.071, 0.144]$$

$$m_1 \oplus m_2(\{\theta_3\}) = [0.107, 0.2]$$

2. ICE-IFS *方法性能分析*

例 8.9 ICE-IFS 方法的性能特点及与其他相关方法的对比分析。设辨识框架 $\Theta = \{\theta_1, \theta_2, \theta_3\}$ 中的两个区间 BPA 分别表示如下：

$$m_1(\{\theta_1\}) = [0.2, 0.4],\ m_1(\{\theta_2\}) = [0.3, 0.5],\ m_1(\{\theta_3\}) = [0.1, 0.3],\ m_1(\Theta) = [0, 0.4]$$

$$m_2(\{\theta_1\}) = [0.3, 0.4],\ m_2(\{\theta_2\}) = [0.1, 0.2],\ m_2(\{\theta_3\}) = [0.2, 0.3],\ m_2(\Theta) = [0.1, 0.4]$$

根据例 8.9 中的组合过程，可以基于直觉模糊运算对两个区间 BPA 进行组合。为进行对比分析，分别运用 Lee 和 Zhu 方法[188]、Denoeux 方法[189]、Yager 方法[191]、Wang 等的方法[192] 以及 Sevastianov 等的方法[199] 对两个 BPA 进行组合，运用各种方法获得的结果如表 8.5 所示。

表 8.5 运用不同方法的组合结果

	Lee 和 Zhu 方法	Denoeux 方法	Yager 方法	Wang 等的方法	Sevastianov 等的方法	ICE-IFS 方法
$m(\{\theta_1\})$	[0.05, 0.35]	[0.13, 0.73]	[0.20, 0.75]	[0.22, 0.55]	[0.26, 0.49]	[0.36, 0.52]
$m(\{\theta_2\})$	[0, 0.31]	[0.12, 0.67]	[0.15, 0.59]	[0.19, 0.48]	[0.20, 0.38]	[0.24, 0.39]
$m(\{\theta_3\})$	[0, 0.23]	[0.05, 0.56]	[0.07, 0.51]	[0.08, 0.39]	[0.15, 0.32]	[0.18, 0.32]
$m(\Theta)$	[0, 0.24]	[0, 0.43]	[0, 0.25]	[0, 0.21]	[0.06, 0.14]	—

可以验证，除了 Lee 和 Zhu 方法以外，其余各种方法获得的组合结果都为归一化的区间 BPA。由于 Wang 等的方法获得的各区间的上下界均为全局最优解，可以将其视为真实结果。容易发现，Lee 和 Zhu 方法获得的结果与真实结果差异较大，除了 $m(\Theta)$ 外，其余焦元的区间概率值的上界均小于真实结果。

另外，在使用 Denoeux 方法和 Yager 方法获得的结果中，各区间都包含了真实结果，但同时也带来了较大的不确定性，不利于决策，相对于 Wang 等的方法得到的最优结果，Denoeux 方法和 Yager 方法获得的结果是次优的。

如果将 Wang 等的方法和 Sevastianov 等的方法获得的结果转换为区间 BBPA，分别表示为 m^{W} 和 m^{S}，可以得到：

$$m^{\mathrm{W}}(\{\theta_1\}) = [0.22, 0.62]$$

$$m^{\mathrm{W}}((\{\theta_2\})) = [0.19, 0.55]$$

$$m^{\mathrm{W}}((\{\theta_3\})) = [0.08, 0.46]$$

$$m^{\mathrm{S}}(\{\theta_1\}) = [0.28, 0.54]$$

$$m^{\mathrm{S}}((\{\theta_2\})) = [0.22, 0.43]$$

$$m^{\mathrm{S}}((\{\theta_3\})) = [0.17, 0.37]$$

可以验证，这两个区间 BBPA 满足归一化条件。由于运用 Wang 等的方法获取的各区间的上下界均为全局最优解，毫无疑问，真实的区间 BPA 一定包含于 Wang 等的结果中。一般情况下，区间的中心值要比上下界的值发生的可能性更大，因此，可以认为距离中心值越近的区间值更可信。可以看出，尽管 ICE-IFS 方法和 Sevastianov 等的方法获得的结果都包含 "真实结果" 中各区间的中心值，但 ICE-IFS 方法获得的结果距离真实结果的中心值更近，区间宽度更小，能够提供更为确定的信息，从这个意义上来说，ICE-IFS 方法要优于 Sevastianov 等的方法。

另外，由于 Sevastianov 等的方法在归一化过程中存在一定不足，而 ICE-IFS 方法不存在此问题，而且在组合过程中不涉及优化问题，算法复杂度较低。因此，在所有各种方法中，ICE-IFS 方法更为实用。

3. ICE-IFS *方法的结合律验证*

为进一步验证 ICE-IFS 方法满足结合律，在例 8.9 的基础上再加入一个区间 BPA，构成例 8.10。

例 8.10 验证 ICE-IFS 方法满足结合律。辨识框架 $\Theta = \{\theta_1, \theta_2, \theta_3\}$ 中的三个区间 BPA 分别表示如下：

$$m_1(\{\theta_1\}) = [0.2, 0.4],\ \ m_1(\{\theta_2\}) = [0.3, 0.5],\ \ m_1(\{\theta_3\}) = [0.1, 0.3],\ \ m_1(\Theta) = [0, 0.4]$$

$$m_2(\{\theta_1\}) = [0.3, 0.4],\ \ m_2(\{\theta_2\}) = [0.1, 0.2],\ \ m_2(\{\theta_3\}) = [0.2, 0.3],\ \ m_2(\Theta) = [0.1, 0.4]$$

$$m_3(\{\theta_1\}) = [0.2, 0.3],\ \ m_3(\{\theta_2\}) = [0.3, 0.4],\ \ m_3(\{\theta_3\}) = [0.4, 0.5],\ \ m_3(\Theta) = [0, 0.1]$$

表 8.6 给出了不同组合顺序下的组合结果，表中 $m_1 \oplus m_2$、$m_1 \oplus m_3$ 及 $m_2 \oplus m_3$ 的组合结果没有进行归一化。

表 8.6　不同区间 BPA 的组合结果

组合	$\{\theta_1\}$	$\{\theta_2\}$	$\{\theta_3\}$
$m_1 \oplus m_2$	[0.29,0.38]	[0.19,0.28]	[0.15,0.23]
$m_1 \oplus m_3$	[0.16,0.21]	[0.31,0.36]	[0.25,0.30]
$m_2 \oplus m_3$	[0.21,0.24]	[0.16,0.19]	[0.30,0.33]
$m_1 \oplus m_2 \oplus m_3$	[0.30,0.34]	[0.30,0.33]	[0.34,0.38]
$m_1 \oplus (m_2 \oplus m_3)$	[0.30,0.34]	[0.30,0.33]	[0.34,0.38]
$(m_1 \oplus m_3) \oplus m_2$	[0.30,0.34]	[0.30,0.33]	[0.34,0.38]

从表 8.6 中给出的结果可以看出，三个区间 BPA 的组合结果与组合次序无关，即 $m_1 \oplus m_2 \oplus m_3 = m_1 \oplus (m_2 \oplus m_3) = (m_1 \oplus m_3) \oplus m_2$，IEC-IFS 方法满足结合律，这一特点对各 BPA 依次获取的时域证据融合等应用具有重要意义。另外，该方法不涉及优化过程，算法复杂度较低，这对解决实时性要求高的应用问题同样具有重要意义。

第 9 章 时域不确定信息融合方法

9.1 引言

在多传感器信息融合应用中，受干扰信息和传感器性能的影响，单个测量周期内各传感器所获取的目标信息并不一定准确，在实际应用尤其是在目标识别等军事应用中，往往需要综合利用多个时间节点的识别信息进行时域的融合识别。通常，目标综合识别不仅要融合能够同时获得的多传感器空域信息，而且还要对不断获得的时域信息进行融合，是基于多传感器的时空序贯融合识别的过程。

在空域信息融合中，各传感器所获取的信息可以同时进行融合，没有时间上的先后顺序，而时域信息融合所处理的信息是随时间序列逐步获取的。另外，时域信息融合系统一般对实时性有较高要求，因此，时域信息融合具有明显的序贯性、动态性和实时性，体现为融合结果的继承和更新。

在时域融合识别中，随着目标特征的变化，各时间节点采用的识别手段不尽相同，这极大降低了各时间节点之间识别信息的相关性，即使同一传感器对目标进行持续识别，各时间节点间信息的相关性也很低，因此，时域融合中的信息序列满足证据理论对各证据相互独立的要求，可以利用证据理论对时域不确定信息融合方法进行研究。

对于时域信息融合问题，可以在现有空域信息融合方法的基础上，结合时域证据序列的特点，研究证据动态可靠性评估、实时可靠的时域证据组合方法，并进一步面向时域融合对证据理论中的相关问题进行研究。

9.2 基于证据理论的时空信息融合

时域信息融合问题很早就受到了研究者的关注，在已有的以综合目标识别为背景的研究中，将时空不确定信息融合模型分为三类[85]：递归集中式融合模型、递归分布无反馈式融合模型和递归分布有反馈式融合模型。

递归集中式时空信息融合流程如图 9.1 所示，称第 k 时刻之前获得的所有识别信息在时域的累积结果为第 $k-1$ 时刻的累积目标识别信息，记为 $m(k-1)$。在递归集中式时空信息融合模型中，将 $m(k-1)$ 与第 k 时刻由 N 个传感器获得的识别信息相融合，即可得到第 k 时刻的目标融合识别信息。显然，初始时刻的时域累积信息即该时刻各传感器识别信息的空域融合结果，因此，该时空信息融合模型相当于先进行空域融合，将各时间节点的空域融合结果进行融合后，再进行时域融合。

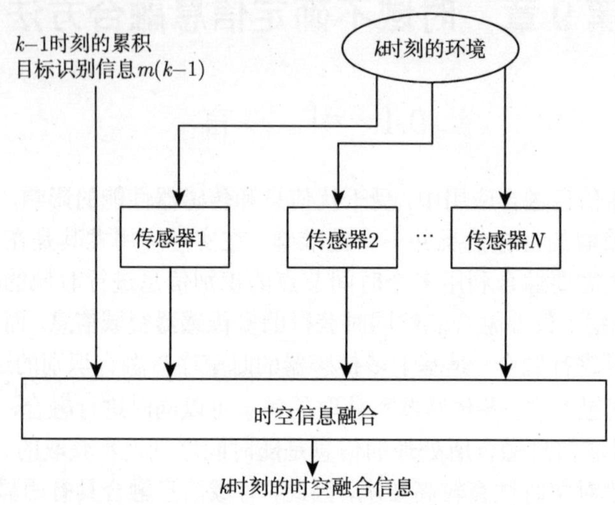

图 9.1　递归集中式时空信息融合流程

递归分布式融合结构又分为递归分布无反馈信息融合和递归分布有反馈信息融合两种。

递归分布无反馈时空信息融合模型如图 9.2 所示，在该模型中，每个传感器 S_i 当前的识别信息与其上一时刻的时域融合信息 $m^i(k-1)$ 融合，得到该传感器当前的时域融合信息 $m^i(k)$，然后将 N 个传感器的时域融合信息 $m^1(k),m^2(k),\cdots,m^N(k)$ 进行空域融合后，即可得到当前时刻的时空融合信息。显然，该模型的实质是先对单一传感器提供的信息进行时域融合，然后对各传感器的时域累积结果进行空域融合。

递归分布有反馈时空信息融合模型如图 9.3 所示，在该模型中，每个传感器当前时刻获得的识别信息与 $k-1$ 时刻整个系统的时空融合信息 $m(k-1)$ 相融合，得到该传感器当前的时域融合信息 $m^i(k)$，然后将 N 个传感器的时域融合信息 $m^1(k),m^2(k),\cdots,m^N(k)$ 进行空域融合，得到最终的时空融合信息，由图 9.3 可知，这里的反馈实质上是指各时刻系统时空信息融合后的全局反馈。

在递归分布有反馈模型中，不同时刻获得的识别信息对最终融合结果的贡献不同，越早获得的信息对时空融合结果的影响越大，而当前时刻获得的最新信息则几乎被忽略[86]。根据一般的认知规律可知，随着对目标认识越来越全面，最新获得的信息比较早获得的信息更可靠，对融合结果的影响应该更大，即信息具有很强的时效性。显然，有反馈式的融合模型与此直观分析相悖，并且，利用该模型进行

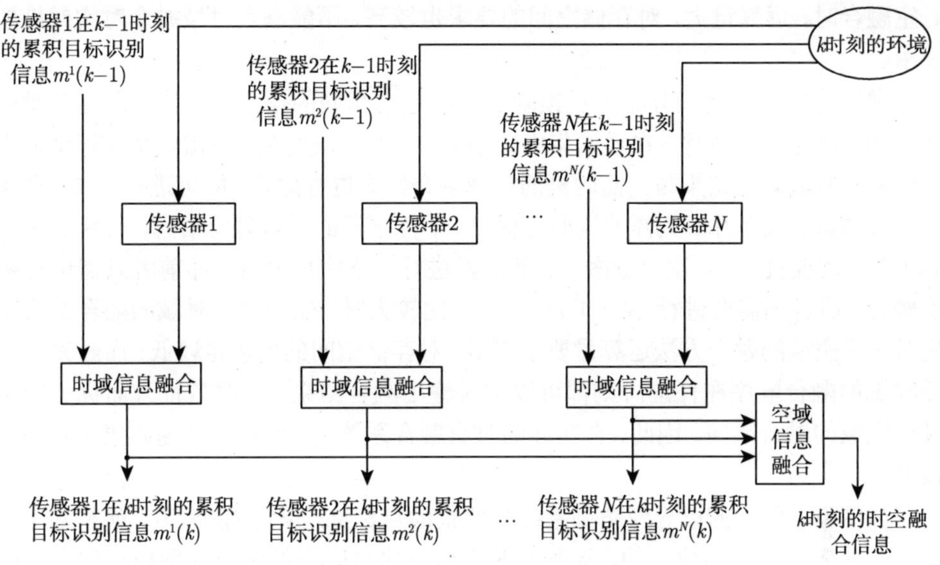

图 9.2 递归分布无反馈时空信息融合模型

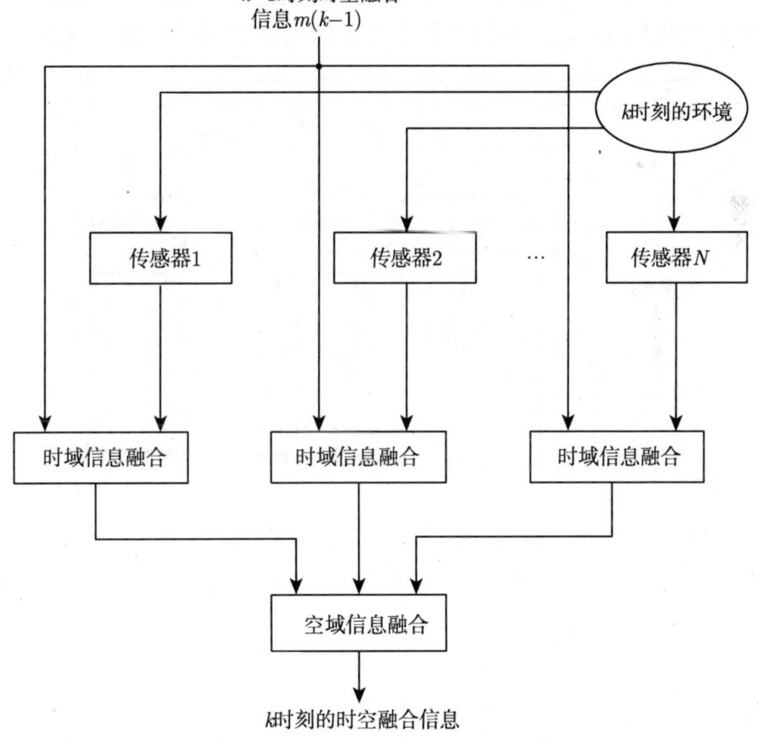

图 9.3 递归分布有反馈时空信息融合模型

时空融合时，运算量大，对存储空间的要求也较高，不能满足时域融合对实时性的要求。

递归集中式和递归分布无反馈融合模型包含相同的信息量，其区别在于时域融合和空域融合的顺序。在递归集中式模型中，在任一时刻，只需将系统存储的上一时刻的时域融合结果与当前时刻的空域融合结果进行融合，即可进行判决；在递归无反馈融合模型中，则需要同时存储 N 个传感器的时域融合信息，待新的信息到来后，需要进行 N 次时域融合，然后再进行一次空域融合。即前者只需进行两次融合，后者则需要进行 $N+1$ 次。当 N 比较大时，先空域后时域的融合方法比先时域后空域的融合方法运算量要小得多，对存储空间的要求也较低，而且先空域后时域的融合顺序在任意时刻都可以实时输出融合结果，在时效性方面优于先时域后空域的融合顺序。因此，在实际的时空融合系统中，通常采用递归集中式融合模型。

如图 9.4 所示的以导弹防御系统为背景的目标综合识别模型[87]，就是基于递归集中式融合模型而建立的，该基于时空信息序贯融合的综合识别模型综合考虑了环境信息、专家知识以及测量信息对目标识别的影响。在空域融合中，基于层次分析法对各识别信息的可靠性进行评估，利用群决策的思想进行信息融合。在时域融合中，则直接使用 Dempster 组合规则对各时刻的识别信息进行融合。

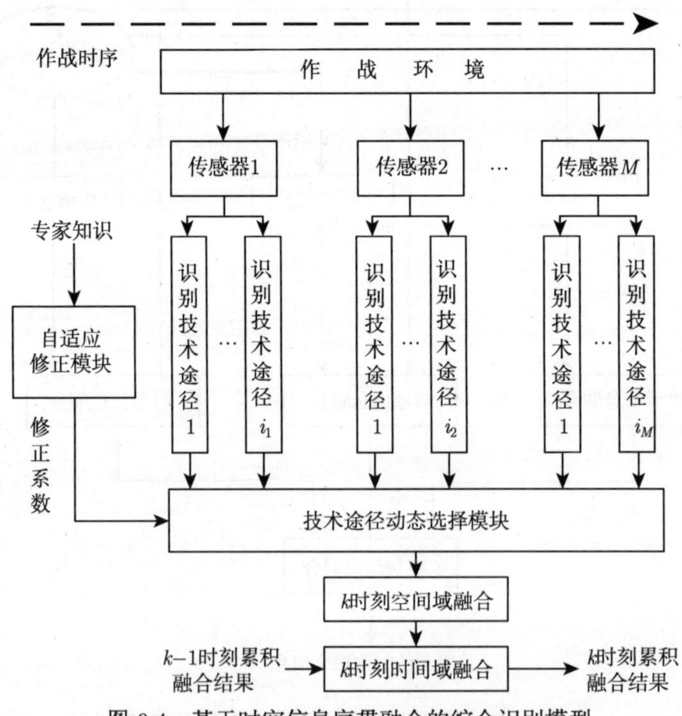

图 9.4 基于时空信息序贯融合的综合识别模型

在如图 9.5 所示的多平台多雷达目标识别三级信息融合结构[88] 中，基于证据理论的决策层融合识别也采用了递归集中式的融合模型。该融合模型中，采用先空域后时域的顺序对决策层时空不确定信息进行融合。在空域融合中，通过平均证据距离 $\bar{d}_{\mathrm{J}}$ 来选择证据组合方法，当 $\bar{d}_{\mathrm{J}}$ 小于某一阈值 ε 时，采用 Dempster 组合规则，当 $\bar{d}_{\mathrm{J}} > \varepsilon$ 时，则运用证据折扣准则对证据修正后再使用 Dempster 组合规则。在时域融合中，依据 k 时刻的空域融合结果与 $k-1$ 时刻的时域融合结果之间的证据距离 $d_{k,k-1}$，采用同样的准则来选择证据组合方法，依据当前时刻各证据之间的平均距离 $\bar{d}_{\mathrm{J}}$ 以及 $k-1$ 时刻的空域融合结果与 $k-2$ 时刻的时域融合结果之间的证据距离 $d_{k-1,k-2}$ 来确定折扣因子。

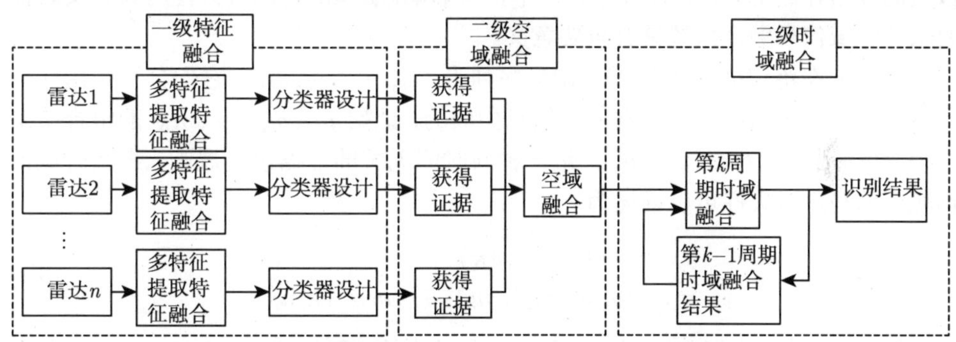

图 9.5 多平台多雷达目标识别三级信息融合结构

在基于证据理论的决策层时空信息融合中，通常采用递归集中式融合模型，先对各时刻的证据进行空域融合，然后再进行时域融合。时域证据融合表现为信息在时间域的累积过程，当前时刻的融合结果是对上一时刻累积结果的继承与更新。

在进行时域证据融合时，需要充分考虑和体现：时域证据动态性和序贯性的特点、时域证据序列之间的关系及时间因素对时域证据融合的影响规律，既要基于时域证据序列间的关系进行动态可靠性评估，又要对相邻时间节点间的信息冲突进行合理处理。

9.3 基于实时可靠度的时域证据组合

在空域证据融合中，可以在获得所有证据后，通过分析各证据之间的关系来进行可靠性评估，而在时域证据融合中，由于证据是依次获取的，不可能在获取所有证据后再进行证据组合。因此，空域证据组合中的证据可靠性评估方法在时域证据组合中并不适用，对时域证据可靠性进行评估是一个值得研究的问题。

下面将以 Dempster 组合规则为基础，针对时域信息融合序贯性的特点，分析时域证据组合规则的马尔可夫性，结合证据折扣理论建立可靠度衰减模型，给出一种基于实时可靠性因子的时域证据组合方法。

9.3.1 马尔可夫性及证据折扣

定义 9.1(马尔可夫性) 时域信息融合的马尔可夫性是指，当系统 t_m 时刻的融合结果 (状态) 已知时，系统在 $t_{m+1}(t_m < t_{m+1})$ 时刻的融合结果只与 t_m 时刻的状态有关，而与 t_m 时刻以前的状态无关。

对于不满足马尔可夫性的融合系统而言，需要将每一时刻的信息都存储下来，每次融合都要将过去所有时刻的信息进行融合，存在大量的重复计算，这不仅需要极大的数据存储空间，而且对计算效率也有影响。因此，马尔可夫性对具有实时性要求的时域信息融合系统具有重要意义。

设定义在辨识框架 Θ 上的 BPA 序列为 $m_1, m_2, \cdots, m_N$，它们分别是由同一传感器在时刻 $t_1, t_2, \cdots, t_N$ 收集的信息生成的，证据 $m_1, m_2, \cdots, m_N$ 的组合结果记为 $f_N(m_1, m_2, \cdots, m_N)$。设 g 是一种与时间无关的证据组合规则，那么时域证据融合的马尔可夫性可以描述为

$$\begin{aligned}&f_N(m_1, m_2, \cdots, m_N)\\&= g(g(g(g(m_1, m_2), m_3), \cdots, m_{N-1}), m_N)\end{aligned} \tag{9.1}$$

由于 Dempster 组合规则满足交换律与结合律，因此，当 g 为 Dempster 组合规则时，可以满足时域证据融合的马尔可夫性要求。

如前所述，当已知证据的可靠性因子时，可以通过证据折扣运算对证据所对应的 BPA 进行折扣。证据可靠性因子越小，折扣后的 BPA 越接近空概率分配函数 (VPA)。由于 VPA 表示传感器在 Θ 上一无所知的状态，不提供任何信息，任意 BPA m 与 VPA 的组合结果依然为 m 本身，即 $f(m, \text{VPA}) = m$，对于 Dempster 组合规则，有 $m \oplus \text{VPA} = m$，而且，根据 Shafer 折扣准则对 VPA 进行折扣后，VPA 保持不变，即 $\text{VPA}^{\alpha} = \text{VPA}$。

定理 9.1 设 $\Theta = \{\theta_1, \theta_2, \cdots, \theta_n\}$ 为辨识框架，Θ 上的证据对应的 BPA 为 m，在 t_1、t_2 时刻，该证据的可靠度分别为 α_1、α_2，$\alpha_1, \alpha_2 \in [0, 1]$，$m^{\alpha_1}$ 表示 m 在 t_1 时刻依据 Shafer 折扣准则折扣后的证据，那么 m 在 t_2 时刻折扣后的证据为 $(m^{\alpha_1})^{\alpha_2} = m^{\alpha_1\alpha_2}$。

证明 由 Shafer 折扣准则得

$$m^{\alpha_1}(A) = \begin{cases} \alpha_1 m(A), & A \subset \Theta \\ 1 - \alpha_1 + \alpha_1 m(A), & A = \Theta \end{cases}$$

$$m^{\alpha_1\alpha_2}(A) = \begin{cases} \alpha_1\alpha_2 m(A), & A \subset \Theta \\ \alpha_1\alpha_2 m(A) + 1 - \alpha_1\alpha_2, & A = \Theta \end{cases}$$

对于 $A \neq \Theta$ 有

$$(m^{\alpha_1})^{\alpha_2}(A) = \alpha_2 \cdot (\alpha_1 m(A)) = \alpha_1\alpha_2 m(A) = m^{\alpha_1\alpha_2}(A)$$

对于 $A = \Omega$ 有

$$(m^{\alpha_1})^{\alpha_2}(A) = \alpha_2 \cdot (1-\alpha_1+\alpha_1 m(A)) + 1 - \alpha_2 = 1-\alpha_1\alpha_2+\alpha_1\alpha_2 m(A) = m^{\alpha_1\alpha_2}(A)$$

综上可得，$(m^{\alpha_1})^{\alpha_2} = m^{\alpha_1\alpha_2}$。

9.3.2 基于实时可靠度的时域证据组合方法

在时域信息融合中，若传感器性能稳定，如果不考虑外界干扰，随着时间的推移，传感器所获得的信息会越来越准确。例如，对于目标融合识别系统，随着目标与雷达之间的距离越来越近，雷达所获得信息的可靠度不断增加。因此，通常情况下最新获得的信息具有最大的可靠度，对融合结果的影响最大；较早获得的信息具有较低的可靠度，对融合的结果影响较小。也就是说，传感器在某一时刻获得信息后，随着时间的推移，该信息的可靠度不断衰减，对融合结果的影响不断减小，而且经历的时间越长，可靠度衰减的程度越高；随着新的高可靠度证据的不断加入，之前所获得的证据对融合结果的影响应逐渐减小。因此，在时域证据融合中，某一特定时刻所获得证据的可靠度是随着时间的推移不断衰减的。

定义 9.2(证据实时可靠度) 设系统在 t_j 时刻所获取的证据对应的 BPA 为 m_j，则 m_j 在某一时刻 $t_i(t_i > t_j)$ 的实时可靠度为 $\alpha(t_i - t_j)$。

特别地，将 $t_{i-1}(i \geqslant 2)$ 时刻所获得的证据记为 m_{i-1}，将当前时刻记为 t_i，$t_i > t_{i-1}$，当前时刻获得的证据为 m_i，m_{i-1} 在当前时刻的可靠度为 $\alpha(\mathrm{d}t_i)$，$\mathrm{d}t_i = t_i - t_{i-1}$。由于证据的可靠度 $\alpha \in [0,1]$，通常假设当前时刻获得的证据是最可靠的，因此，将当前时刻所获得的证据的可靠度设为 1。

随着时间的推移，由于证据 m_j 的可靠度不断衰减，因此，$\alpha(t)$ 为单调递减函数，且满足 $\alpha(0) = 1$，$\lim\limits_{t\to\infty} \alpha(t) = 0$。

结合证据折扣和马尔可夫性可得

$$\left\{\begin{array}{l} f_2(m_1, m_2) = g(m_1^{\alpha(\mathrm{d}t_2)}, m_2) \\ f_3(m_1, m_2, m_3) = g(g(m_1^{\alpha(\mathrm{d}t_2)}, m_2)^{\alpha(\mathrm{d}t_3)}, m_3) \\ \qquad\qquad \vdots \end{array}\right. \tag{9.2}$$

设定义在辨识框架 Θ 上的时域 BPA 序列为 $m_1, m_2, \cdots, m_N$，它们分别是由同一传感器在时刻 $t_1, t_2, \cdots, t_N$ 收集的信息生成的，证据 $m_1, m_2, \cdots, m_N$ 的组合结果记为 $f_N(m_1, m_2, \cdots, m_N)$，对于 $i = 2, \cdots, N$，$\mathrm{d}t_i = t_i - t_{i-1}$，时域证据组合

满足：

$$
\begin{aligned}
& f_n(m_1,\cdots,m_n) \\
&= g((g(g(m_1^{\alpha(\mathrm{d}t_2)},m_2)^{\alpha(\mathrm{d}t_3)},m_3)^{\alpha(\mathrm{d}t_4)},\cdots,m_{n-1})^{\alpha(\mathrm{d}t_n)},m_n)
\end{aligned}
\tag{9.3}
$$

对于定义在辨识框架 Θ 上的任意 BPA m 和空信任函数 VPA，由于 VPA 不提供任何信息，不会对融合结果产生任何影响，所以时域证据融合规则 g 应满足以下条件：

$$
g(\mathrm{VPA},m)=g(m,\mathrm{VPA})=m \tag{9.4}
$$

设系统在 t_1 时刻获得的证据为 m_1，在 t_2 时刻获得空信任函数 VPA，在 t_3 时刻获得证据 m_3，由于 VPA 不提供任何信息，所以在 t_3 时刻对这三个证据进行融合等效于在 t_3 时刻对 m_1 和 m_3 进行融合，即

$$
\begin{aligned}
f_3(m_1,\mathrm{VPA},m_3) &= f_2(m_1,m_3) \\
&= g(m_1^{\alpha(t_3-t_1)},m_3)
\end{aligned}
\tag{9.5}
$$

由式 (9.3) 和式 (9.4) 和定理 9.1 可得

$$
\begin{aligned}
f_3(m_1,\mathrm{VPA},m_3) &= g(g(m_1^{\alpha(\mathrm{d}t_2)},\mathrm{VPA})^{\alpha(\mathrm{d}t_3)},m_3) \\
&= g((m_1^{\alpha(\mathrm{d}t_2)})^{\alpha(\mathrm{d}t_3)},m_3) \\
&= g(m_1^{\alpha(\mathrm{d}t_2)\alpha(\mathrm{d}t_3)},m_3)
\end{aligned}
\tag{9.6}
$$

联立式 (9.5) 和式 (9.6) 可得

$$
\begin{aligned}
g(m_1^{\alpha(\mathrm{d}t_2)\alpha(\mathrm{d}t_3)},m_3) &= g(m_1^{\alpha(t_2-t_1)\alpha(t_3-t_2)},m_3) \\
&= g(m_1^{\alpha(t_3-t_1)},m_3)
\end{aligned}
\tag{9.7}
$$

于是有

$$
\alpha(t_2-t_1)\alpha(t_3-t_2)=\alpha((t_2-t_1)+(t_3-t_2)) \tag{9.8}
$$

由此可得，关于 t 的函数 $\alpha(t)$ 满足以下条件：

$$
\begin{cases}
\alpha(t_1)\alpha(t_2)=\alpha(t_1+t_2) \\
\lim\limits_{t\to\infty}\alpha(t)=0 \\
\alpha(0)=1 \\
\alpha'(t)<0
\end{cases}
\tag{9.9}
$$

当 $\alpha(t)$ 为负指数函数时，式 (9.9) 中的所有条件都成立，在实际应用中，通常取 $\alpha(t)=\mathrm{e}^{-\lambda t}(\lambda>0)$。

结合时域证据实时可靠度的定义，可以构造以下时域证据融合中的可靠度衰减模型。

定义 9.3(可靠度衰减模型) 在时域证据组合中，系统在 t_j 时刻所获取的 BPA m_j 在后续时刻 $t_i(t_i > t_j)$ 的实时可靠度为

$$\alpha_{ij} = \mathrm{e}^{-\lambda(t_i - t_j)} \tag{9.10}$$

其中，$\lambda > 0$ 为可靠度衰减因子，为减小信息损失，λ 的取值范围为 $0 < \lambda < \ln 2$。

通过时域证据融合中的可靠度衰减模型，可以得到后续时刻的实时可靠度，称为时域证据的实时可靠性因子 (real-time reliability factor，RTRF)。

基于上述定义，为实现时域证据融合，可在将传感器在不同时刻收集到的信息转换为 BPA 后，根据式 (9.10) 得到各证据在不同时刻的实时可靠性因子 RTRF，再根据 Shafer 折扣准则进行证据折扣，由于 Dempster 组合规则满足马尔可夫性的要求，可以运用 Dempster 组合规则按照时间序列进行证据组合，称上述方法为基于实时可靠性因子的时域证据组合方法 (temporal evidence combination based on RTRF，TEC-RTRF)，或基于实时可靠度的时域证据组合方法。

TEC-RTRF 方法对应的基于证据实时可靠度的时空信息融合模型如图 9.6 所示，图中，采用 Dempster 组合规则进行证据组合。运用该模型可以进行基于多传感器的时空信息融合。

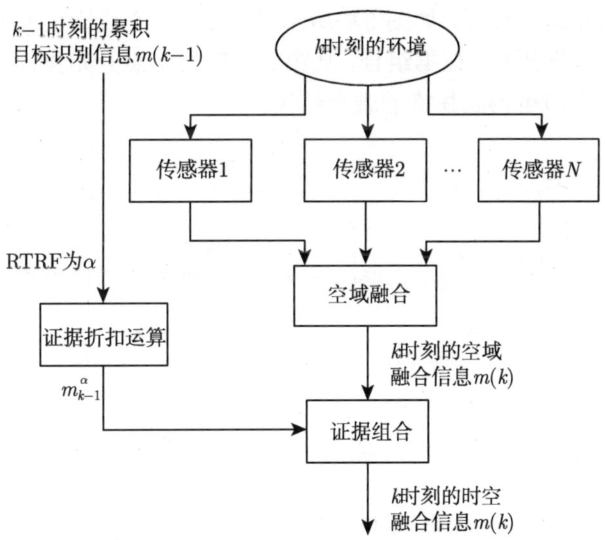

图 9.6 基于证据实时可靠度的时空信息融合模型

9.3.3 数值仿真与分析

证据理论在弹道目标综合识别中得到了广泛的重视，下面用弹道目标识别领域的一个算例来说明时域证据融合中可靠度衰减模型的应用，并进行相关分析。

例 9.1　设辨识框架 $\Theta=\{A=$ 真弹头，$B=$ 重诱饵，$C=$ 碎片$\}$，某传感器在 $t_1=1\text{s}$，$t_2=3\text{s}$，$t_3=4\text{s}$，$t_4=6\text{s}$，$t_5=10\text{s}$ 五个不同时刻对同一目标进行了识别，五次识别结果对应的 BPA 如表 9.1 所示。

表 9.1　不同时间节点获得的 BPA

时间节点	BPA
$t_1=1\text{s}$	$m_1(\{A\})=0.3$，$m_1(\{A,B\})=0.5$，$m_1(\{B,C\})=0.2$
$t_2=3\text{s}$	$m_2(\{B\})=0.25$，$m_2(\{A,B\})=0.15$，$m_2(\{B,C\})=0.2$，$m_2(\{A,C\})=0.4$
$t_3=4\text{s}$	$m_3(\{A\})=0.6$，$m_3(\{B\})=0.2$，$m_3(\{A,B\})=0.1$，$m_3(\{A,C\})=0.1$
$t_4=6\text{s}$	$m_4(\{A\})=0.55$，$m_4(\{B\})=0.15$，$m_4(\{A,B\})=0.1$，$m_4(\{A,C\})=0.1$，$m_4(\{A,B,C\})=0.1$
$t_5=10\text{s}$	$m_5(\{A\})=0.75$，$m_5(\{B\})=0.15$，$m_5(\{A,C\})=0.1$

在本算例中，假设传感器一直处于良好的工作状态，证据间的冲突是由外界干扰导致的。时域融合过程可表述为：在 t_1 以后的每一时间节点 $t_i(i\geqslant 2)$，用 $\oplus_1^{i-1}m$ 表示使用 Dempster 组合规则对前 $i-1$ 时刻获得的所有 BPA 进行组合的结果，计算 $\oplus_1^{i-1}m$ 的实时可靠度，记为 $\alpha_{i-1,i}$，在当前时刻 t_i，将 $\oplus_1^{i-1}m$ 根据 Shafer 折扣准则进行折扣，记为 $(\oplus_1^{i-1}m)^{\alpha_{i-1,i}}$，再将其与当前时刻的 BPA$m_i$ 组合。该过程也称为证据序贯折扣组合过程，如图 9.7 所示，图中黑色实线箭头表示时间序列，其他箭头分别表示证据折扣、证据组合，从第二个时间节点开始执行此过程，持续到最后一个时间节点即可得到最终的融合结果。

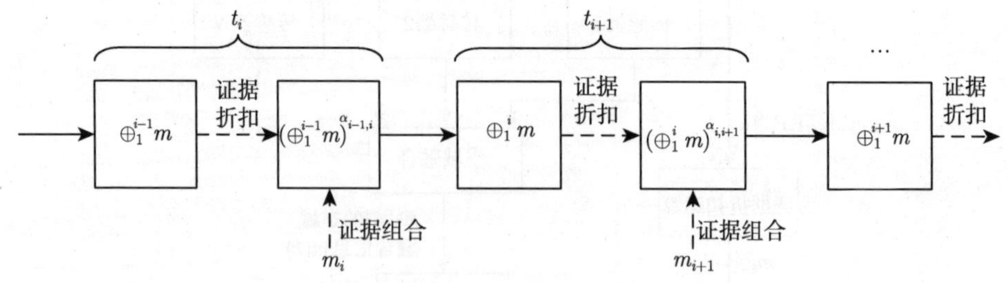

图 9.7　时域证据序贯折扣组合过程

表 9.2 给出了 $\lambda=0.15$ 时不同时刻的证据组合结果，表中最后一列给出了不同时刻的 Pignistic 概率，以便于分析。

表 9.2 时域证据融合结果(λ=0.15)

时刻	当前时刻 BPA	前一时刻融合结果的实时可靠度	前一时刻融合结果折扣后的 BPA	当前时刻融合结果	当前时刻 Pignistic 概率
t_1=1s	$m_1(\{A\})=0.3$ $m_1(\{A,B\})=0.5$ $m_1(\{B,C\})=0.2$	—	—	$m(\{A\})=0.3$ $m(\{A,B\})=0.5$ $m(\{B,C\})=0.2$	$P(\{A\})=0.55$ $P(\{B\})=0.35$ $P(\{C\})=0.1$
t_2=3s	$m_2(\{B\})=0.25$ $m_2(\{A,B\})=0.15$ $m_2(\{A,C\})=0.4$ $m_2(\{B,C\})=0.2$	0.741	$m(\{\{A\}\})=0.222$ $m(\{B\})=0$ $m(\{C\})=0$ $m(\{AB\})=0.370$ $m(\{AC\})=0$ $m(\{BC\})=0.149$ $m(\{ABC\})=0.259$	$m(\{A\})=0.300$ $m(\{B\})=0.323$ $m(\{C\})=0.066$ $m(\{A,B\})=0.105$ $m(\{A,C\})=0.115$ $m(\{B,C\})=0.091$ $m(\Theta)=0$	$P(\{A\})=0.410$ $P(\{B\})=0.421$ $P(\{C\})=0.169$
t_3=4s	$m_3(\{A\})=0.6$ $m_3(\{B\})=0.2$ $m_3(\{A,B\})=0.1$ $m_3(\{A,C\})=0.1$	0.861	$m(\{A\})=0.259$ $m(\{B\})=0.278$ $m(\{C\})=0.057$ $m(\{AB\})=0.090$ $m(\{AC\})=0.099$ $m(\{BC\})=0.078$ $m(\{ABC\})=0.139$	$m(\{A\})=0.665$ $m(\{B\})=0.240$ $m(\{C\})=0.021$ $m(\{A,B\})=0.036$ $m(\{A,C\})=0.038$ $m(\{B,C\})=0$ $m(\Theta)=0$	$P(\{A\})=0.702$ $P(\{B\})=0.258$ $P(\{C\})=0.040$
t_4=6s	$m_4(\{A\})=0.55$ $m_4(\{B\})=0.15$ $m_4(\{A,B\})=0.1$ $m_4(\{A,C\})=0.1$ $m_4(\Theta)=0.1$	0.741	$m(\{A\})=0.493$ $m(\{B\})=0.178$ $m(\{C\})=0.016$ $m(\{AB\})=0.027$ $m(\{AC\})=0.028$ $m(\{BC\})=0$ $m(\{ABC\})=0.259$	$m(\{A\})=0.752$ $m(\{B\})=0.132$ $m(\{C\})=0.004$ $m(\{A,B\})=0.039$ $m(\{A,C\})=0.040$ $m(\{B,C\})=0$ $m(\Theta)=0.033$	$P(\{A\})=0.802$ $P(\{B\})=0.163$ $P(\{C\})=0.035$
t_5=10s	$m_5(\{A\})=0.75$ $m_5(\{A,B\})=0.15$ $m_5(\{A,C\})=0.1$	0.549	$m(\{A\})=0.413$ $m(\{B\})=0.073$ $m(\{C\})=0.002$ $m(\{AB\})=0.021$ $m(\{AC\})=0.022$ $m(\{BC\})=0$ $m(\{ABC\})=0.469$	$m(\{A\})=0.839$ $m(\{B\})=0.011$ $m(\{C\})=0$ $m(\{A,B\})=0.075$ $m(\{A,C\})=0.075$ $m(\{B,C\})=0$ $m(\Theta)=0$	$P(\{A\})=0.914$ $P(\{B\})=0.048$ $P(\{C\})=0.038$

从表 9.2 可以看出，随着新证据的不断加入，证据融合结果的不确定度逐渐降低，更加有利于决策。在 t_1、t_2 时刻获得的信息不确定度很高，仅靠这两个证据几乎很难识别出目标。随着新的证据的加入，以前获得的识别信息的可靠度不断衰减，对融合结果的影响越来越小，根据 t_3 时刻的结果已经基本可以认定目标为真弹头。再结合 t_4、t_5 时刻收集到的证据，可以进一步确定待识别目标为真弹头。

假设传感器在某一时刻受到干扰，获得的信息与前一时刻的融合结果完全冲突，则在可靠度衰减模型中，由于该证据的可靠度随时间不断降低，足够长的时间后，该证据会接近于 VPA，其在证据融合中的作用会越来越小，系统将会自动从完全冲突的状态中恢复过来；如果可靠度没有衰减，那么系统就会一直处于完全冲突的状态，从而陷入“一票否决”的困境。

需要说明的是，该融合识别模型的基础是传感器受到干扰以后能够尽快从干扰状态恢复过来，如果随着传感器工作时间的增加，其性能有所下降，不能尽快从干扰状态恢复为正常状态，或者在最后时刻受到干扰，那么该模型将无法处理此类冲突信息。因此，还需要基于相邻时间节点信息之间的关系来对时域证据可靠性进行评估。

9.4　基于复合可靠度的时域证据组合

时域证据融合的关键在于如何处理当前获得的最新证据 $m(k)$ 与前一时刻累积结果 $m(k-1)$ 之间的冲突，虽然可靠度衰减模型可以用于冲突证据的组合，但在计算证据可靠度时，只利用了时域信息本身的时效性，与时间节点的证据对应的 BPA 无关，而且没有考虑 $m(k)$ 与 $m(k-1)$ 之间的相互关系，因此，仅依靠可靠度衰减模型进行时域证据融合不够全面。为进一步增强时域融合算法对冲突信息的处理能力，下面将在直觉模糊框架内对 $m(k)$ 和 $m(k-1)$ 的相对可靠性进行评估，结合实时可靠性因子，得到两个相邻时间节点间证据的复合可靠度，进而确定折扣因子，实现时域冲突信息的有效融合。

9.4.1　时域证据相对可靠性评估

根据之前章节关于证据可靠性评估的讨论可知，基于证据距离的可靠性评估并不能用来对 $m(k)$ 和 $m(k-1)$ 的可靠性进行评估，因为在只有两个证据的情况下，最终的评估结果是两个证据的可靠性都为 1，无法对证据源进行折扣。而基于直觉模糊多属性决策模型的证据动态可靠性评估方法摆脱了对证据距离度量的依赖，可用于两个证据的动态可靠性评估，因此，可以基于此方法对时域证据 $m(k)$ 和 $m(k-1)$ 的可靠性进行评估。

为方便表述，将当前时刻 k 记为 t_k，将前一时刻 $k-1$ 记为 t_{k-1}，各时刻的证据对应的 BPA 为 m_k 和 m_{k-1}。根据可靠度衰减模型可知，前一时刻的累积识别结果 m_{k-1} 在当前时刻的可靠度因子为 $\alpha=\mathrm{e}^{-\lambda(t_k-t_{k-1})}$，因此，当前时刻需要考虑的两个 BPA 为 m_{k-1} 折扣后的 m_{k-1}^{α} 和当前时刻各传感器的融合结果 m_k。

设辨识框架为 $\Theta=\{\theta_1,\theta_2,\cdots,\theta_n\}$，使用 7.3 节基于直觉模糊多属性决策的证据可靠性评估方法 ERE-IFMCDM，对相邻时间节点间的证据可靠性进行评估的具体过程如下。

(1) 根据可靠度衰减模型，计算 m_{k-1} 在当前时刻的可靠度因子 α:

$$\alpha=\mathrm{e}^{-\lambda(t_k-t_{k-1})}\tag{9.11}$$

(2) 按照 Shafer 折扣准则，对 m_{k-1} 进行折扣运算，折扣后的 BPA 为 m_{k-1}^{α}:

$$m_{k-1}^{\alpha}(A)=\begin{cases}\mathrm{e}^{-\lambda(t_k-t_{k-1})}\cdot m_{k-1}(A), & A\subset\Theta\\ \mathrm{e}^{-\lambda(t_k-t_{k-1})}\cdot m_{k-1}(A)+1-\mathrm{e}^{-\lambda(t_k-t_{k-1})}, & A=\Theta\end{cases}\tag{9.12}$$

(3) 将 m_{k-1}^{α} 和 m_k 分别转换为对 Θ 的各单元素子集的支持度 $\mathrm{Su}_1(\theta_i)$ 和 $\mathrm{Su}_2(\theta_i)$，$i=1,2,\cdots,n$，设 Bel_1 和 Bel_2 分别为 m_{k-1}^{α} 和 m_k 对应的信任函数，Pl_1 和 Pl_2 分别为 m_{k-1}^{α} 和 m_k 对应的似真函数，则对于 $\forall\theta\in\Theta$，其直觉模糊支持度表示为

$$\mathrm{Su}_j(\theta)=\langle\mathrm{Bel}_j(\theta),1-\mathrm{Pl}_j(\theta)\rangle,\quad j=1,2\tag{9.13}$$

(4) 根据 m_{k-1}^{α} 和 m_k 对应的直觉模糊支持度建立多属性决策模型：

$$\begin{aligned}F=(\langle\mu_j(\theta_i),v_j(\theta_i)\rangle)_{n\times 2}&=\begin{matrix}\\ \theta_1\\ \theta_2\\ \vdots\\ \theta_n\end{matrix}\begin{matrix}\begin{matrix}m_{k-1}^{\alpha} & m_k\end{matrix}\\ \begin{pmatrix}\mathrm{Su}_1(\theta_1) & \mathrm{Su}_2(\theta_1)\\ \mathrm{Su}_1(\theta_2) & \mathrm{Su}_2(\theta_2)\\ \vdots & \vdots\\ \mathrm{Su}_1(\theta_n) & \mathrm{Su}_2(\theta_n)\end{pmatrix}\end{matrix}\\ &=\begin{matrix}\\ \theta_1\\ \theta_2\\ \vdots\\ \theta_n\end{matrix}\begin{matrix}\begin{matrix}m_{k-1}^{\alpha} & m_k\end{matrix}\\ \begin{pmatrix}\langle\mathrm{Bel}_1(\theta_1),1-\mathrm{Pl}_1(\theta_1)\rangle & \langle\mathrm{Bel}_2(\theta_1),1-\mathrm{Pl}_2(\theta_1)\rangle\\ \langle\mathrm{Bel}_1(\theta_2),1-\mathrm{Pl}_1(\theta_2)\rangle & \langle\mathrm{Bel}_2(\theta_2),1-\mathrm{Pl}_2(\theta_2)\rangle\\ \vdots & \vdots\\ \langle\mathrm{Bel}_1(\theta_n),1-\mathrm{Pl}_1(\theta_n)\rangle & \langle\mathrm{Bel}_2(\theta_n),1-\mathrm{Pl}_2(\theta_n)\rangle\end{pmatrix}\end{matrix}\end{aligned}\tag{9.14}$$

(5) 根据基于可能度的直觉模糊数对比规则，在 $\theta_i(i=1,2,\cdots,n)$ 的条件下，计算 $\mathrm{Su}_1(\theta_i)$ 大于 $\mathrm{Su}_2(\theta_i)$ 的可能度：

$$P_{(\mathrm{Su}_1\geqslant\mathrm{Su}_2)}^{(i)}=\min\left\{1,\max\left\{\frac{\mathrm{Pl}_1(\theta_i)-\mathrm{Bel}_2(\theta_i)}{\mathrm{Pl}_1(\theta_i)+\mathrm{Pl}_2(\theta_i)-\mathrm{Bel}_1(\theta_i)-\mathrm{Bel}_2(\theta_i)},0\right\}\right\}\tag{9.15}$$

(6) 在 $\theta_i(i=1,2,\cdots,n)$ 的条件下，得到 $\mathrm{Su}_1(\theta_i)$ 与 $\mathrm{Su}_2(\theta_i)$ 之间的对比关系矩阵为

$$P^{(i)}=\begin{pmatrix}P_{(\mathrm{Su}_1\geqslant\mathrm{Su}_1)}^{(i)} & P_{(\mathrm{Su}_1\geqslant\mathrm{Su}_2)}^{(i)}\\ P_{(\mathrm{Su}_2\geqslant\mathrm{Su}_1)}^{(i)} & P_{(\mathrm{Su}_2\geqslant\mathrm{Su}_2)}^{(i)}\end{pmatrix}=\begin{pmatrix}0.5 & P_{(\mathrm{Su}_1\geqslant\mathrm{Su}_2)}^{(i)}\\ P_{(\mathrm{Su}_2\geqslant\mathrm{Su}_1)}^{(i)} & 0.5\end{pmatrix}\tag{9.16}$$

(7) 根据 $P^{(i)}$ 的行和，可以得到 θ_i 对 m_{k-1}^{α}、m_k 的权重估计分别为

$$\beta_1^{(i)}=\frac{\sum\limits_{j=1}^{2}P_{1j}^{(i)}}{\sum\limits_{j=1}^{2}P_{1j}^{(i)}+\sum\limits_{j=1}^{2}P_{2j}^{(i)}}=\frac{0.5+P_{(\mathrm{Su}_1\geqslant\mathrm{Su}_2)}^{(i)}}{0.5+P_{(\mathrm{Su}_1\geqslant\mathrm{Su}_2)}^{(i)}+0.5+P_{(\mathrm{Su}_2\geqslant\mathrm{Su}_1)}^{(i)}}\tag{9.17}$$

$$\beta_2^{(i)} = \frac{\sum_{j=1}^{2} P_{2j}^{(i)}}{\sum_{j=1}^{2} P_{1j}^{(i)} + \sum_{j=1}^{2} P_{2j}^{(i)}} = \frac{0.5 + P_{(\mathrm{Su}_2 \geqslant \mathrm{Su}_1)}^{(i)}}{0.5 + P_{(\mathrm{Su}_1 \geqslant \mathrm{Su}_2)}^{(i)} + 0.5 + P_{(\mathrm{Su}_2 \geqslant \mathrm{Su}_1)}^{(i)}} \tag{9.18}$$

由于 $P_{(\mathrm{Su}_1 \geqslant \mathrm{Su}_2)}^{(i)} + P_{(\mathrm{Su}_2 \geqslant \mathrm{Su}_1)}^{(i)} = 1$，因此，依据 θ_i 得到的权重向量为

$$\beta^{(i)} = \left(\frac{0.5 + P_{(\mathrm{Su}_1 \geqslant \mathrm{Su}_2)}^{(i)}}{2}, \frac{0.5 + P_{(\mathrm{Su}_2 \geqslant \mathrm{Su}_1)}^{(i)}}{2} \right)^{\mathrm{T}} \tag{9.19}$$

(8) 构造矩阵 $W = \left(\beta^{(1)}, \beta^{(2)}, \cdots, \beta^{(n)}\right)$，矩阵 WW^{T} 的最大特征值对应的特征向量就是 m_{k-1}^{α}、m_k 的权重向量 $\beta = (\beta_1, \beta_2)^{\mathrm{T}}$，即 β 满足:

$$\beta \left(WW^{\mathrm{T}}\right) = \lambda_{\max} \cdot WW^{\mathrm{T}} \tag{9.20}$$

(9) 为保证 β 的各分量均为正值，对 β 进行归一化可得

$$\beta' = \beta' / (\beta_1 + \beta_2) = (\beta_1', \beta_2')^{\mathrm{T}} \tag{9.21}$$

(10) 对于证据 m_{k-1}^{α}、m_k 而言，可以认为权重较大的 BPA 是完全可靠的，于是可以得到 m_{k-1}^{α}、m_k 的动态可靠性因子为

$$r_1 = \beta_1' / \max\{\beta_1', \beta_2'\} \tag{9.22}$$

$$r_2 = \beta_2' / \max\{\beta_1', \beta_2'\} \tag{9.23}$$

由于 r_1 为证据 m_{k-1}^{α} 相对于 m_k 的可靠性因子，r_2 为 m_k 相对于 m_{k-1}^{α} 的可靠性因子，所以将以上证据可靠性评估方法称为相对可靠性评估 (relative reliability evaluation, RRE)，将 r_1、r_2 称为相对可靠性因子 (relative reliability factor, RRF)。

9.4.2 基于复合可靠度的时域证据组合方法

在获得证据 m_{k-1}^{α} 和 m_k 的相对可靠性因子 RRF 的基础上，依据 Shafer 折扣准则对相邻时间节点间的证据进行折扣运算，证据 m_{k-1}^{α} 和 m_k 折扣后分别为

$$(m_{k-1}^{\alpha})^{r_1}(A) = \begin{cases} r_1 \cdot m_{k-1}^{\alpha}(A), & A \subset \Theta \\ r_1 \cdot m_{k-1}^{\alpha}(A) + 1 - r_1, & A = \Theta \end{cases} \tag{9.24}$$

$$m_k^{r_2}(A) = \begin{cases} r_2 \cdot m_k(A), & A \subset \Theta \\ r_2 \cdot m_k(A) + 1 - r_2, & A = \Theta \end{cases} \tag{9.25}$$

根据定理 9.1 可得 $(m_{k-1}^{\alpha})^{r_1} = m_{k-1}^{\alpha \cdot r_1}$，由于 m_k 在当前时刻的实时可靠性因子为 1，因此，$m_k^{r_2}$ 可表示为 $m_k^{1 \cdot r_2}$，可见，依据相对可靠性因子 r_1 和 r_2 分别对 m_{k-1}^{α}

和 m_k 进行折扣，等价于依据 $r_1\alpha$ 和 $r_2 \cdot 1$ 对 m_{k-1} 和 m_k 进行折扣。由此可得，在当前时刻，m_{k-1} 和 m_k 的可靠度因子分别为 $c_1 = r_1\alpha$ 和 $c_2 = r_2 \cdot 1$，称 c_1 和 c_2 为时域证据的复合可靠性因子 (composite reliability factor，CRF)。显然，在时域证据融合中，相邻时间节点的两个证据的复合可靠性因子 CRF 为实时可靠性因子 RTRF 与相对可靠性因子 RRF 的乘积。

依据得到的 m_{k-1} 和 m_k 的复合可靠性因子，按照 Shafer 折扣准则进一步对 m_{k-1} 和 m_k 进行折扣运算，然后再运用 Dempster 组合规则进行组合，称上述方法为基于复合可靠性因子的时域证据组合 (temporal evidence combination based on CRF，TEC-CRF) 方法，或基于复合可靠度的时域证据组合方法，按照此流程进行递归融合即可获得最终融合结果。

TEC-CRF 方法对应的基于证据复合可靠度的时空信息融合模型如图 9.8 所示，图中采用 Dempster 组合规则进行证据组合。运用该模型可以进行基于多传感器的时空信息融合。

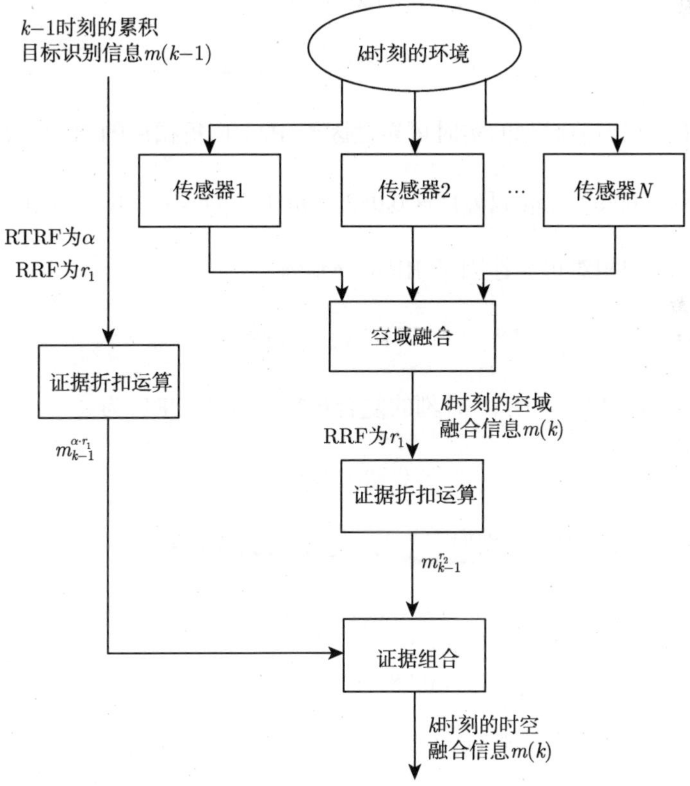

图 9.8 基于证据复合可靠度的时空信息融合模型

9.4.3 数值算例与分析

下面以决策层融合识别中的数值和仿真算例为例，从冲突处理能力、抗干扰能力等方面，对基于复合可靠度的时域证据组合方法 TEC-CRF 的性能进行分析。

1. TEC-CRF 方法冲突处理能力分析

例 9.2　设辨识框架为 $\Theta=\{\theta_1,\theta_2,\theta_3\}$，融合识别系统在 $t_1=10\text{s}$ 时的累积识别结果对应的 BPA 为 m_1，在当前时刻 $t_2=12\text{s}$ 获得的最新识别信息对应的 BPA 为 m_2，m_1 和 m_2 分别表示如下：

$$m_1(\{\theta_1\})=0.6,\quad m_1(\{\theta_2\})=0.1,\quad m_1(\{\theta_3\})=0.3$$

$$m_2(\{\theta_1\})=0,\quad m_2(\{\theta_2\})=0.8,\quad m_2(\{\theta_3\})=0.2$$

计算本算例中的实时可靠性因子时，取可靠度衰减因子 $\lambda=0.1$。

m_1 与 m_2 在 t_2 时刻的实时可靠性因子 RTRF 为

$$\alpha_1=\mathrm{e}^{-0.1(12-10)}=0.82,\quad \alpha_2=1$$

m_1 按照其在当前时刻的实时可靠性因子 RTRF 折扣后的 BPA 为

$$m_1^{\alpha}(\{\theta_1\})=0.492,\quad m_1(\{\theta_2\})=0.082,\quad m_1(\{\theta_3\})=0.246,\quad m_1(\Theta)=0.18$$

m_1^{α} 与 m_2 的相对可靠性因子 RRF 分别为

$$r_1=1,\quad r_2=0.48$$

由此可得 m_1 与 m_2 在 t_2 时刻的复合可靠性因子 CRF 为

$$c_1=0.82,\quad c_2=0.48$$

依据复合可靠性因子分别对 m_1 与 m_2 进行折扣，可得

$$m_1^{c_1}(\{\theta_1\})=0.492,\quad m_1^{c_1}(\{\theta_2\})=0.082,\quad m_1^{c_1}(\{\theta_3\})=0.246,\quad m_1^{c_1}(\Theta)=0.18$$

$$m_2^{c_2}(\{\theta_1\})=0,\quad m_2^{c_2}(\{\theta_2\})=0.384,\quad m_2^{c_2}(\{\theta_3\})=0.096,\quad m_2^{c_2}(\Theta)=0.520$$

运用 Dempster 组合规则将 $m_1^{c_1}$ 和 $m_2^{c_2}$ 组合，可得 $t_2=12\text{s}$ 时刻的融合结果为

$$m_{12}(\{\theta_1\})=0.38,\quad m_{12}(\{\theta_2\})=0.22,\quad m_{12}(\{\theta_3\})=0.25,\quad m_{12}(\Theta)=0.15$$

可以看出，最终的融合结果对 $\{\theta_1\}$ 的支持度最大，与 m_1 支持的命题一致。

如果直接采用 Dempster 组合规则进行组合，那么将会出现 $m_{12}(\{\theta_1\})=0$，即使后面获取的证据支持 $\{\theta_1\}$，聚焦在 $\{\theta_1\}$ 上的 BPM 将一直为 0，从而陷入“一票否决”的困境。

单纯依靠实时可靠性因子得到的结果为 $m_{12}(\{\theta_1\})=0$，$m_{12}(\{\theta_2\})=0.71$，$m_{12}(\{\theta_3\})=0.29$。虽然随着后续证据的加入，$\{\theta_1\}$ 的支持度可能会上升，但如果 t_2 时刻就是最后的识别节点，由于系统在该时刻受到严重干扰，基于实时可靠性因子的方法将会得到错误的结果，导致决策失误。

综上所述，基于复合可靠度的时域证据融合方法能够较好地处理相邻证据之间的冲突，有利于做出合理的决策。

2. TEC-CRF *方法抗干扰能力分析*

例 9.3 在例 9.2 的基础上，系统在 $t_3=15\text{s}$ 获得的识别信息对应的 BPA为 m_3，为进一步说明 TEC-CRF 方法的性能，考虑两种情况。

情况 1：$m_3(\{\theta_1\})=0.5, m_3(\{\theta_2\})=0.3, m_3(\{\theta_3\})=0.2$。

情况 2：$m_3(\{\theta_1\})=0.1, m_3(\{\theta_2\})=0.75, m_3(\{\theta_3\})=0.15$。

按照基于复合可靠度的时域证据组合方法 TEC-CRF，分别对以上两种情况下的证据进行组合，时域组合结果如表 9.3 所示。

表 9.3 两种情况下 TEC-CRF 方法的融合结果

情况	m_3	RTRF	m_{12} 折扣后的 BPA	RRF	CRF	最终融合结果
1	$m_3(\{\theta_1\})=0.5$		$m_{12}^{\alpha_1}(\{\theta_1\})=0.2371$			$m_{13}(\{\theta_1\})=0.4962$
	$m_3(\{\theta_2\})=0.3$	$\alpha_1=0.7408$	$m_{12}^{\alpha_1}(\{\theta_2\})=0.30$	$r_1=1$	$c_1=0.7408$	$m_{13}(\{\theta_2\})=0.2482$
	$m_3(\{\theta_3\})=0.2$	$\alpha_2=1$	$m_{12}^{\alpha_1}(\{\theta_3\})=0.26$	$r_2=0.8785$	$c_2=0.8785$	$m_{13}(\{\theta_3\})=0.1859$
	$m_3(\Theta)=0$		$m_{12}^{\alpha_1}(\Theta)=0.12$			$m_{13}(\Theta)=0.0696$
2	$m_3(\{\theta_1\})=0.1$		$m_{12}^{\alpha_1}(\{\theta_1\})=0.2371$			$m_{13}(\{\theta_1\})=0.2267$
	$m_3(\{\theta_2\})=0.75$	$\alpha_1=0.7408$	$m_{12}^{\alpha_1}(\{\theta_2\})=0.30$	$r_1=1$	$c_1=0.7408$	$m_{13}(\{\theta_2\})=0.3536$
	$m_3(\{\theta_3\})=0.15$	$\alpha_2=1$	$m_{12}^{\alpha_1}(\{\theta_3\})=0.26$	$r_2=0.4806$	$c_2=0.4806$	$m_{13}(\{\theta_3\})=0.1740$
	$m_3(\Theta)=0$		$m_{12}^{\alpha_1}(\Theta)=0.12$			$m_{13}(\Theta)=0.2456$

从表 9.3 中可以看出，两种情况下获得的最终结果明显不同，第 1 种情况下得到的融合结果支持 $\{\theta_1\}$，第 2 种情况下得到的结果则支持 $\{\theta_2\}$。

在第 1 种情况下，m_3 与 m_1 比较接近，都倾向于支持 $\{\theta_1\}$，这可以理解为：在 t_2 时刻，系统受到干扰，获得错误的识别信息，导致在 t_2 时刻的累积信息中，$\{\theta_1\}$ 的支持度有所下降；在 t_3 时刻，系统恢复正常，因此，在此时的融合结果中 $\{\theta_1\}$ 的支持度明显上升，使得最终决策结果为 $\{\theta_1\}$。

在第 2 种情况下，m_3 与 m_2 比较接近，都倾向于支持 $\{\theta_2\}$，可以理解为：在 t_1 时刻，系统获得的识别结果有较大偏差，随着时间的推移，获取的信息越来越准确，对 $\{\theta_2\}$ 的支持度逐渐上升，使得最终决策结果为 $\{\theta_2\}$。

以上结果及分析表明，TEC-CRF 方法对证据的变化较为敏感，能够较好地处理时域融合识别中的冲突信息，有助于提升融合识别系统的抗干扰能力。

表 9.4 给出了对本例中的两种情况运用 Dempster 组合方法和基于实时可靠度的时域证据组合方法 TEC-RTRF 的融合结果。

对比表中给出的 Dempster 组合方法和基于实时可靠度的时域证据组合方法 TEC-RTRF 的融合结果，可以看出：

表 9.4　两种情况下 Dempster 方法和 TEC-RTRF 方法的融合结果

情况	m_3	Dempster 组合方法		TEC-RTRF 方法	
		t_2 时刻融合结果	t_3 时刻融合结果	t_2 时刻融合结果	t_3 时刻融合结果
1	$m_3(\{\theta_1\})=0.5$	$m_{12}(\{\theta_1\})=0$	$m_{13}(\{\theta_1\})=0$	$m_{12}(\{\theta_1\})=0$	$m_{13}(\{\theta_1\})=0.35$
	$m_3(\{\theta_2\})=0.3$	$m_{12}(\{\theta_2\})=0.57$	$m_{13}(\{\theta_2\})=0.67$	$m_{12}(\{\theta_2\})=0.71$	$m_{13}(\{\theta_2\})=0.44$
	$m_3(\{\theta_3\})=0.2$	$m_{12}(\{\theta_3\})=0.43$	$m_{13}(\{\theta_3\})=0.33$	$m_{12}(\{\theta_3\})=0.29$	$m_{13}(\{\theta_3\})=0.21$
2	$m_3(\{\theta_1\})=0.1$	$m_{12}(\{\theta_1\})=0$	$m_{13}(\{\theta_1\})=0$	$m_{12}(\{\theta_1\})=0$	$m_{13}(\{\theta_1\})=0.05$
	$m_3(\{\theta_2\})=0.75$	$m_{12}(\{\theta_2\})=0.57$	$m_{13}(\{\theta_2\})=0.87$	$m_{12}(\{\theta_2\})=0.71$	$m_{13}(\{\theta_2\})=0.83$
	$m_3(\{\theta_3\})=0.15$	$m_{12}(\{\theta_3\})=0.43$	$m_{13}(\{\theta_3\})=0.13$	$m_{12}(\{\theta_3\})=0.29$	$m_{13}(\{\theta_3\})=0.12$

在第 1 种情况下，系统在 t_2 时刻受到干扰，运用 Dempster 组合方法时，由于没有考虑证据的可靠性，得到的融合结果对 $\{\theta_1\}$ 的支持度为 0，尽管后续的证据对 $\{\theta_1\}$ 的支持度较大，但最终的融合结果依然不支持 $\{\theta_1\}$，系统无法从干扰状态恢复过来；运用 TEC-RTRF 方法时，虽然在 t_3 的融合结果中 $\{\theta_1\}$ 的支持度有所上升，但增幅较小，系统虽然可以从干扰状态恢复，但恢复速度较慢。

在第 2 种情况下，可以认为是初始时刻的信息偏差较大，运用 Dempster 组合方法和 TEC-RTRF 方法都能得到正确的结果，但存在较大风险，如果后续时刻再次受到干扰，那么融合识别系统将无法恢复或恢复速度较慢。

对比基于复合可靠度的时域证据组合方法 TEC-CRF、经典 Dempster 组合方法和基于实时可靠度的时域证据组合方法 TEC-RTRF 可知，TEC-CRF 方法的抗干扰能力最强，具有较高的可靠性，对初始干扰、识别过程中的干扰都有较强的抵抗能力，适合用来进行时域信息融合；不考虑证据折扣的经典 Dempster 组合方法和 TEC-RTRF 方法的抗干扰能力则比较有限，在时域证据融合中的适用性较差。

3. 基于时空信息融合的目标识别仿真及分析

例 9.4　假设在综合识别仿真系统中，六个传感器 $(S_1,S_2,S_3,S_4,S_5,S_6)$ 位于不同的平台上，在有限时间内对目标进行连续观测、多次识别。各传感器之间以及同一传感器各时间节点之间的探测信息互不影响，满足证据理论中各证据源相互独立的要求。

基于某特定战情设置，待识别目标可能的类别为弹头、气球和碎片，因此辨识框架为 $\Theta=\{\theta_1(\text{弹头}),\theta_2(\text{气球}),\theta_3(\text{碎片})\}$，根据六个传感器在连续五个时间节点的探测信息对目标类别进行识别。

各传感器在各识别时间节点的输出结果对应的 BPA 如表 9.5 所示。

1) 在各时间节点的空域融合结果

在五个时间节点分别采用经典 Dempster 组合方法和基于证据信任度和虚假度的证据组合方法 EC-CF 进行空域融合，表 9.6 给出了在五个时间节点对各传感器的输出结果进行融合而得到的空域融合结果。

表 9.5 各传感器在不同时间节点的输出结果

时间节点	BPM	S_1	S_2	S_3	S_4	S_5	S_6
t_1=5s	$m(\{\theta_1\})$	0.250	0.300	0.221	0.333	0.629	0.305
	$m(\{\theta_2\})$	0.299	0.256	0.350	0.273	0.352	0.212
	$m(\{\theta_3\})$	0.451	0.444	0.429	0.394	0.019	0.383
t_2=8s	$m(\{\theta_1\})$	0.440	0.628	0.435	0.348	0.642	0.530
	$m(\{\theta_2\})$	0.323	0.136	0.325	0.262	0.252	0.118
	$m(\{\theta_3\})$	0.237	0.236	0.240	0.390	0.106	0.352
t_3=16s	$m(\{\theta_1\})$	0.251	0.454	0.269	0.460	0.623	0.124
	$m(\{\theta_2\})$	0.276	0.236	0.336	0.215	0.142	0.420
	$m(\{\theta_3\})$	0.473	0.310	0.395	0.325	0.235	0.456
t_4=23s	$m(\{\theta_1\})$	0.337	0.318	0.262	0.246	0.435	0.312
	$m(\{\theta_2\})$	0.303	0.269	0.203	0.262	0.259	0.342
	$m(\{\theta_3\})$	0.360	0.413	0.535	0.492	0.306	0.346
t_5=26s	$m(\{\theta_1\})$	0.336	0.346	0.241	0.368	0.330	0.303
	$m(\{\theta_2\})$	0.312	0.305	0.258	0.262	0.301	0.391
	$m(\{\theta_3\})$	0.352	0.349	0.501	0.370	0.369	0.306

表 9.6 各时间节点的空域融合结果

时间节点	Dempster 组合方法			EC-CF 方法		
	$m(\{\theta_1\})$	$m(\{\theta_2\})$	$m(\{\theta_3\})$	$m(\{\theta_1\})$	$m(\{\theta_2\})$	$m(\{\theta_3\})$
t_1=5s	0.5529	0.2850	0.1621	0.2322	0.1299	0.6379
t_2=8s	0.9789	0.0077	0.0134	0.9509	0.0189	0.0302
t_3=16s	0.3216	0.0829	0.5955	0.4425	0.0993	0.4582
t_4=23s	0.1715	0.0703	0.7582	0.1951	0.0920	0.7129
t_5=26s	0.2365	0.1737	0.5898	0.2546	0.1956	0.5498

从表 9.6 可以看出：在 t_1 时刻，两种方法的计算结果有较大差异，这是由于在该时刻，传感器 S_5 获得的识别结果与其他五个传感器的识别结果有较大的冲突，直观来看，S_1、S_2、S_3、S_4、S_6 五个传感器的识别结果都支持 $\{\theta_3\}$，只有 S_5 倾向于 $\{\theta_1\}$，因此，该时刻的融合结果应该赋予 $\{\theta_3\}$ 最大的支持度，可见运用 EC-CF 方法可以得到与直观分析一致的融合结果。

从 $t_2 \sim t_5$ 时刻的空域融合结果可看出，对于低冲突证据而言，EC-CF 方法与 Dempster 组合方法的结果相差不大。另外，由于该实验中辨识框架的基数不大，而且各 BPA 均为 BBPA，相对于 Dempster 组合方法，EC-CF 方法不会造成时间复杂度的大幅提升。因此，在空域融合中，可以运用 EC-CF 方法对各传感器的识别结果进行融合，以降低冲突信息的影响。

2) 各时间节点的时域累积识别结果及比较与分析

为分析基于复合可靠度的时域证据组合方法 TEC-CRF 在时空信息融合中的性能，实验分别使用 Dempster 组合方法和 TEC-CRF 方法进行了时域证据累积。实验仿真中证据可靠度衰减因子 λ 的取值为 0.05。

表 9.7 给出了在各时间节点的时域累积识别结果。

表 9.7　各时间节点的时域累积融合结果

时间节点	Dempster 组合方法			TEC-CRF 方法			
	$m(\{\theta_1\})$	$m(\{\theta_2\})$	$m(\{\theta_3\})$	$m(\{\theta_1\})$	$m(\{\theta_2\})$	$m(\{\theta_3\})$	$m(\Theta)$
t_1=5s	0.2322	0.1299	0.6379	0.2322	0.1299	0.6379	0
t_2=8s	0.9105	0.0101	0.0794	0.9414	0.0168	0.0418	0.1247
t_3=16s	0.9151	0.0023	0.0827	0.6570	0.0360	0.1466	0.1633
t_4=23s	0.7512	0.0009	0.2480	0.4241	0.0445	0.3610	0.1704
t_5=26s	0.5835	0.0005	0.4169	0.2903	0.1275	0.5823	0

从表中可以看出：

在 $t_2 = 8$s 时，系统受到干扰，导致该时刻的累积识别结果对 $\{\theta_1\}$ 的支持度大于 $\{\theta_3\}$，随着后续识别信息的加入，两种组合方法都可以使 $\{\theta_3\}$ 的支持度逐渐上升，但由于 TEC-CRF 方法考虑了时域证据可靠度的衰减以及相邻证据间的相对可靠度，因此，运用 TEC-CRF 方法可以使系统尽快从干扰状态恢复过来。

到 $t_5 = 26$s 时，TEC-CRF 方法可以得到最终的识别结果为 $\{\theta_3\}$，而在此时，运用 Dempster 组合方法的识别结果依然为 $\{\theta_1\}$，与直观分析不一致。

图 9.9 和图 9.10 分别给出了基于 Dempster 组合方法和 TEC-CRF 方法进行时域融合时，Pignistic 概率分布随时间的变化趋势，以便于直观分析。

从图 9.9 和图 9.10 中可以看出：

运用 Dempster 组合方法进行时域融合时，在 t_2 时刻的干扰过后，$\mathrm{BetP}_m\{\theta_1\}$

下降得较慢，而 $\mathrm{BetP}_m\{\theta_3\}$ 上升得也较慢；到 $t_5=26\mathrm{s}$ 时，$\mathrm{BetP}_m\{\theta_1\}$ 依然大于 $\mathrm{BetP}_m\{\theta_3\}$，因此目标被识别为 $\{\theta_1\}$。

运用 TEC-CRF 方法进行时域融合时，在 t_2 时刻干扰过后，$\mathrm{BetP}_m\{\theta_1\}$ 急剧下降，$\mathrm{BetP}_m\{\theta_3\}$ 上升的速度较快，到 $t_5=26\mathrm{s}$ 时，由于 $\mathrm{BetP}_m\{\theta_2\}<\mathrm{BetP}_m\{\theta_1\}<\mathrm{BetP}_m\{\theta_3\}$，因此目标被识别为 $\{\theta_3\}$，符合直观分析。

上述结果说明，基于 TEC-CRF 的时域融合方法更适合于实时决策。

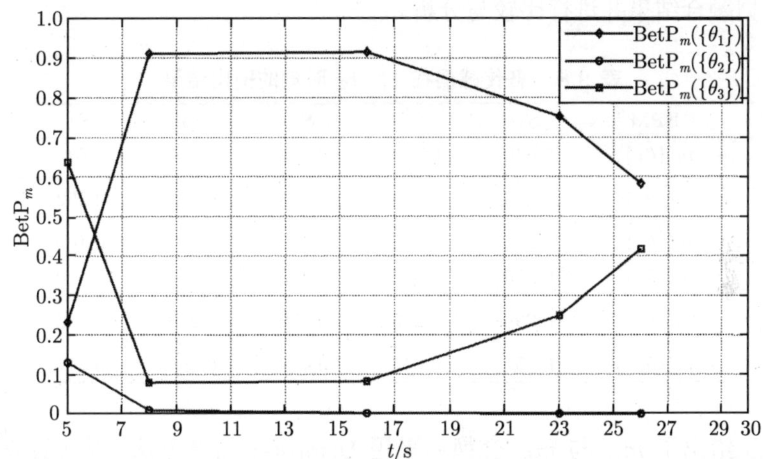

图 9.9 基于 Dempster 组合方法的时域累积融合结果

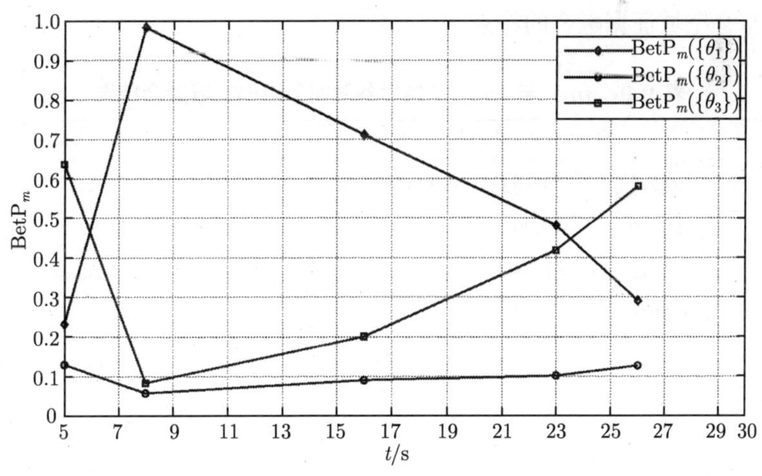

图 9.10 基于 TEC-CRF 方法的时域累积融合结果

由 Dempster 组合方法和 TEC-CRF 方法的计算过程可知：运用 Dempster 组合方法进行时域证据组合时，没有考虑时间因素的影响，只是单纯地将证据序列依次组合；而 TEC-CRF 方法则充分考虑了时域证据融合的两个显著特点，即证据可靠度随时间的变化和相邻两个时间节点获得的证据之间的相互关系。

3) 2 个时刻证据互换情况下的时域累积识别结果及比较与分析

为了说明时间因素对时域证据融合的影响，将本例中 t_1 时刻获得的证据 m_{t_1} 与 t_2 时刻获得的证据 m_{t_2} 进行交换，即各传感器在 t_1 时刻与 t_2 时刻的输出对应的 BPA 如表 9.8 所示，其余各时间节点的输出结果保持不变。在新的情况下，计算时域证据融合结果并进行比较与分析。

表 9.8　各传感器在 t_1、t_2 时刻的输出结果

时间节点	BPM	S_1	S_2	S_3	S_4	S_5	S_6
t_1=5s	$m(\{\theta_1\})$	0.440	0.628	0.435	0.348	0.642	0.530
	$m(\{\theta_2\})$	0.323	0.136	0.325	0.262	0.252	0.118
	$m(\{\theta_3\})$	0.237	0.236	0.240	0.390	0.106	0.352
t_2=8s	$m(\{\theta_1\})$	0.250	0.300	0.221	0.333	0.629	0.305
	$m(\{\theta_2\})$	0.299	0.256	0.350	0.273	0.352	0.212
	$m(\{\theta_3\})$	0.451	0.444	0.429	0.394	0.019	0.383

表 9.9 给出了 m_{t_1} 与 m_{t_2} 交换后采用 Dempster 组合方法、基于证据信任度和虚假度的证据组合方法 EC-CF 各时间节点的空域融合结果。与表 9.6 对比可以看出，在 t_1、t_2 时刻的空域融合结果也发生了互换，其余时刻的空域融合结果则保持不变，符合空域证据融合的特点。

表 9.9　m_{t_1} 与 m_{t_2} 交换后各时间节点的空域融合结果

时间节点	Dempster 组合方法			EC-CF 方法		
	$m(\{\theta_1\})$	$m(\{\theta_2\})$	$m(\{\theta_3\})$	$m(\{\theta_1\})$	$m(\{\theta_2\})$	$m(\{\theta_3\})$
t_1=5s	0.9789	0.0077	0.0134	0.9509	0.0189	0.0302
t_2=8s	0.5529	0.2850	0.1621	0.2322	0.1299	0.6379
t_3=16s	0.3216	0.0829	0.5955	0.4425	0.0993	0.4582
t_4=23s	0.1715	0.0703	0.7582	0.1951	0.0920	0.7129
t_5=26s	0.2365	0.1737	0.5898	0.2546	0.1956	0.5498

为了增强空域融合方法对冲突证据的处理能力，采用基于证据信任度和虚假度的证据组合方法 EC-CF 进行空域融合，运用 Dempster 组合方法和基于复合可靠度的时域证据组合方法 TEC-CRF 对采用 EC-CF 方法获得的空域融合结果 (表 9.9) 进行时域融合，各时刻的时域累积融合结果如表 9.10 所示。

表 9.10 m_{t_1} 与 m_{t_2} 交换后的时域累积融合结果

时间节点	Dempster 组合方法			TEC-CRF 方法			
	$m(\{\theta_1\})$	$m(\{\theta_2\})$	$m(\{\theta_3\})$	$m(\{\theta_1\})$	$m(\{\theta_2\})$	$m(\{\theta_3\})$	$m(\Theta)$
t_1=5s	0.9509	0.0189	0.0302	0.9509	0.0189	0.0302	0
t_2=8s	0.9105	0.0101	0.0794	0.5427	0.0751	0.3822	0
t_3=16s	0.9151	0.0023	0.0827	0.4300	0.0558	0.3441	0.1701
t_4=23s	0.7512	0.0009	0.2480	0.2854	0.0510	0.4868	0.1768
t_5=26s	0.5835	0.0005	0.4169	0.2321	0.1158	0.6521	0

对比表 9.10 和表 9.7 可看出:

(1) 运用 Dempster 组合方法时，除了 t_1 时刻的累积融合结果即该时刻的空域融合结果发生变化外，其余各时间节点的累积融合结果不会发生变化，表现出了与空域融合相同的特点，没有体现时域证据融合动态性的特点。

(2) 运用 TEC-CRF 方法进行时域证据组合时，在任一时刻获得的累积融合结果都与表 9.7 中对应的结果不同，由于 t_1 时刻的空域融合结果与后续的结果冲突较大，而后续各时刻的空域融合结果之间冲突较小，因此，可以认为系统在 t_1 时刻受到干扰或信息不准确而导致识别信息有较大偏差。随着时间的推移及目标融合识别的不断进行，t_1 时刻结果的可靠度逐渐降低，新获得的识别信息较为准确而且可靠度较高，因此，时域累积识别结果不断更新。可以看出：在新的情况下，根据 t_4 时刻的累积结果即可做出合理的决策，t_5 时刻的累积结果则进一步增强了决策的可信性，充分体现了时域证据融合结果的继承与更新。而且，基于 TEC-CRF 方法的过程和特点容易验证：使用 TEC-CRF 方法时，改变任何两个时刻间的融合结果都可能会带来时域融合最终结果的变化，这说明 TEC-CRF 方法对时间是敏感的，符合时域信息融合的特点。

同样，为直观分析 m_{t_1} 与 m_{t_2} 的交换带来的时域累积融合结果的变化，图 9.11 和图 9.12 分别给出了 m_{t_1} 与 m_{t_2} 交换后，分别采用 Dempster 组合方法和 TEC-CRF 方法融合获得的 Pignistic 概率变化趋势。

对比图 9.11 与图 9.9 可以看出：运用 Dempster 组合方法进行时域融合时，除了在初始时刻的 Pignistic 概率分布不相同以外，前两个时间节点信息的交换并不影响后续各时刻的 Pignistic 概率分布。

图 9.12 和图 9.10 进行对比可知：运用 TEC-CRF 方法时，m_{t_1} 与 m_{t_2} 的交换造成所有时刻的累积融合结果都发生了变化，这也进一步表明，TEC-CRF 方法可以充分体现时间因素对时域融合的影响。

以上数值和仿真算例的结果与比较分析表明，基于复合可靠度的时域证据组合方法 TEC-CRF 可以较好地处理时域信息间的冲突，对时间变化较为敏感，能够充分体现时域融合动态性的特点。

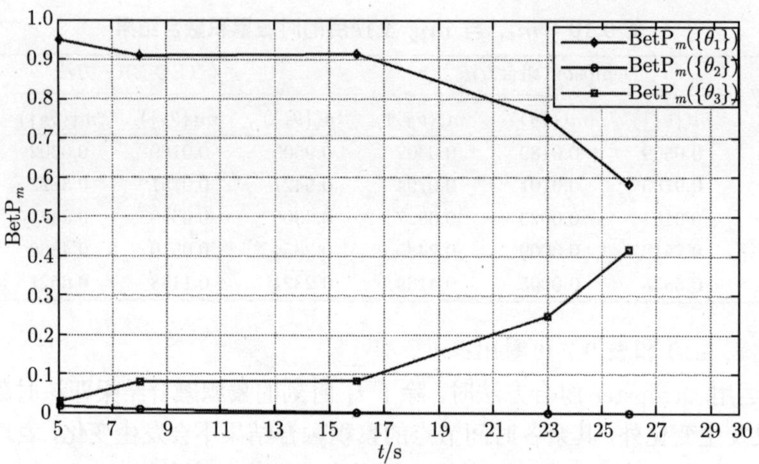

图 9.11　m_{t_1} 与 m_{t_2} 交换后 Dempster 组合方法获得的 Pignistic 概率

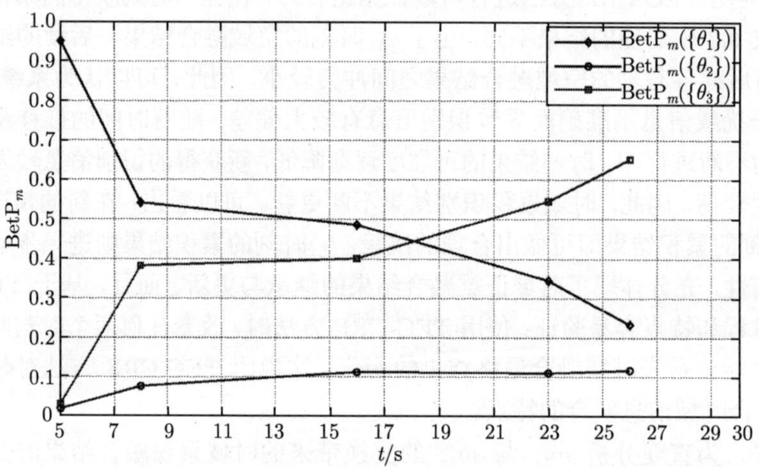

图 9.12　m_{t_1} 与 m_{t_2} 交换后 TEC-CRF 方法获得的 Pignistic 概率

参 考 文 献

[1] Losee R M. A discipline independent definition of information[J]. Journal of the American Society for Information Science, 1997, 48: 254-269.

[2] Bloch I, Hunter A, Appriou A, et al. Fusion: General concepts and characteristics[J]. International Journal of Intelligent Systems, 2001, 16: 1107-1134.

[3] 韩崇昭, 朱洪艳, 段战胜. 多源信息融合[M]. 2 版. 北京: 清华大学出版社, 2010.

[4] White F E. Data Fusion Lexicon[M]. San Diego: Joint Directors of Laboratories, 1991.

[5] Waltz E, Llinas J. Multisenser Data Fusion[M]. Boston:Artech House Radar Library,1990.

[6] Hall D L, Llinas J. Handbook of Multisensor Data Fusion[M]. Boca Raton: CRC Press, 2001.

[7] Boström H, Andler S F, Brohede M, et al. On the definition of information fusion as a field of research[R]. Informatics Research Centre, University of Skövde, 2007.

[8] 潘泉, 王增福, 梁彦, 等. 信息融合理论的基本方法与进展（II）[J]. 控制理论与应用, 2012, 29(10): 1233-1244.

[9] Sidek O, Quadri S A. A review of data fusion models and systems[J]. International Journal of Image and Data Fusion, 2012, 3(1): 3-21.

[10] Boyd J. A discourse on winning and losing[R]. Maxwell Air Force Base Lecture, 1987.

[11] Esteban J, Starr A, Willetts R, et al. A review of data fusion models and architectures towards engineering guidelines[J]. Neural computing and applications, 2004, 14(4): 273-281.

[12] Bedworth M, Brien J O. The Omnibus model: A new model of data fusion[C]. The 2nd International Conference on Information Fusion, 1999.

[13] Steinberg A N, Bowman C L, White F E. Revisions to The JDL Data Fusion Model[M]. Boca Raton: CRC Press, 2009.

[14] Hall D L, McMullen S. Mathematical Techniques in Multi-sensor Data Fusion[M]. 2nd edition. Norwood: Artech house, 2004.

[15] 王万请. 高层信息融合中可靠证据合成方法研究[D]. 郑州: 解放军信息工程大学, 2013.

[16] 何友, 王国宏. 多传感器信息融合及应用[M]. 北京: 电子工业出版社, 2007.

[17] Bosse E, Roy J, Wark S. Concepts, Models, and Tools for Information Fusion[M]. Norwood: Artech House, 2007.

[18] 何友, 王国宏, 关欣. 信息融合理论及应用[M]. 北京: 电子工业出版社, 2010.

[19] 杨万海. 多传感器数据融合及其应用[M]. 西安: 西安电子科技大学出版社, 2004.

[20] 潘泉, 于昕, 程咏梅, 等. 信息融合理论的基本方法与进展[J]. 自动化学报, 2003, 29(4): 599-615.

[21] Lee H, Lee B, Park K, et al. Fusion techniques for reliable information: A survey[J]. International Journal of Digital Content Technology and Its Applications, 2010, 4(2): 74-88.

[22] Zadeh L A. Fuzzy sets[J]. Information and Control, 1965, 8(3): 338-353.

[23] Atanassov K. Intuitionistic fuzzy sets[J]. Fuzzy Sets and Systems, 1986, 20(1): 87-96.

[24] Kruger K, Schade U, Ziegler J. Uncertainty in the fusion of information from multiple diverse sources for situation awareness[C]. The 11th International Conference on Information Fusion, Cologne, 2008:1-8.

[25] Khaleghi B, Khamis A, Karray F O, et al. Multisensor data fusion: A review of the state-of-the-art[J]. Information Fusion, 2013, 14(1): 28-44.

[26] Cozman F G. Graphical models for imprecise probabilities[J]. International Journal of Approximate Reasoning, 2005, 39(2): 167-184.

[27] Coupé V M H, van der Gaag L C. Properties of sensitivity analysis of Bayesian belief networks[J]. Annals of Mathematics and Artificial Intelligence, 2002, 36(4): 323-356.

[28] Thone H, Guntzer U, Kiebling W. Increased robustness of Bayesian networks through probability intervals[J]. International Journal of Approximate Reasoning, 1997, 17(1): 37-76.

[29] 梁洪泉. 动态贝叶斯网络在战场目标态势威胁评估中的应用[D]. 北京: 北京邮电大学, 2007.

[30] Dempster A P. Upper and lower probabilities induced by a multivalued mapping[J]. Annals of Mathematical Statistics, 1967, 38(4): 325-339.

[31] Shafer G. A Mathematical Theory of Evidence[M]. Princeton:Princeton University Press, 1976.

[32] Deng Y, Jiang W, Xu X, et al. Determining BPA under uncertainty environments and its application in data fusion[J]. Journal of Electronics(China), 2009, 26(1): 13-17.

[33] 康兵义, 李娅, 邓勇, 等. 基于区间数的基本概率指派生成方法及应用[J]. 电子学报, 2012, 40(6): 1092-1096.

[34] Han D Q, Dezert J, Tacnet J M, et al. A fuzzy-cautious OWA approach with evidential reasoning[C]. The 15th International Conference on Information Fusion, Singapore, 2012: 278-285.

[35] Dezert J, Liu Z G, Mercier G. Edge detection in color images based on DSmT[C]. The 14th International Conference on Information Fusion, Chicago, 2011: 969-976.

[36] 邓鑫洋, 邓勇, 章雅娟, 等. 一种信度马尔可夫模型及应用[J]. 自动化学报, 2012, 38(4): 666-672.

[37] 邱望仁, 刘晓东. 基于证据理论的模糊时间序列预测模型[J]. 控制与决策, 2012, 27(1): 99-103.

[38] 韩德强, 杨艺, 韩崇昭. DS 证据理论研究进展及相关问题探讨[J]. 控制与决策, 2014, 29(1): 1-11.

[39] Zadeh L A. A simple view of the Dempster-Shafer theory of evidence and its implication for the rule of combination[J]. AI Magazine, 1986, 7(2): 85-90.

[40] Yager R R. On the Dempster-Shafer framework and new combination rules[J]. Information Sciences, 1987, 41(5): 93-138.

[41] 孙全, 叶秀清, 顾伟康. 一种新的基于证据理论的合成公式[J]. 电子学报, 2000, 28(8): 117-119.

[42] Smets P. The combination of evidence in the transferable belief model[J]. IEEE Transactions on Pattern Analysis and Machine Intelligence, 1990, 12(5): 447-458.

[43] Dubois D, Prade H. Representation and combination of uncertainty with belief functions and possibility of measures[J]. Computational Intelligence, 1988, 4(3): 244-264.

[44] 邓勇, 施文康. 一种改进的证据推理组合规则[J]. 上海交通大学学报, 2003, 37(8): 1275-1278.

[45] 郭华伟, 施文康, 刘清坤, 等. 一种新的证据组合规则[J]. 上海交通大学学报, 2006, 40(11): 1895-1900.

[46] Lefevre E, Colot O, Vannoorenberghe P. Belief function combination and conflict management[J]. Information Fusion, 2002, 3(2): 149-162.

[47] Smarandache F, Dezert J, Tacnet J M. Fusion of sources of evidence with different importances and reliabilities[C]. The 2010 13th IEEE Conference on Information Fusion (FUSION), 2010: 1-8.

[48] Haenni R. Shedding new light on Zadeh's criticism of Dempster's rule of combination[C]. Proceedings of the Eighth International Conference on Information Fusion, Philadelphia,USA, IEEE, Piscataway, 2005: 879-884.

[49] Murphy C K. Combining belief functions when evidence conflicts[J]. Decision Support Systems, 2000, 29(1): 1-9.

[50] Deng Y, Shi W, Zhu Z, et al. Combining belief functions based on distance of evidence[J]. Decision Support Systems, 2004, 38(3): 489-493.

[51] 郭华伟, 施文康, 邓勇, 等. 证据冲突: 丢弃, 发现或化解[J]. 系统工程与电子技术, 2007, 29(6): 890-898.

[52] Daniel J, Lauffenburger J P. Fusing navigation and vision information with the transferable belief model: Application to an intelligent speed limit assistant[J]. Information Fusion, 2014, 18: 62-77.

[53] Lefèvre E, Elouedi Z. How to preserve the conflict as an alarm in the combination of belief functions?[J]. Decision Support Systems, 2013, 56: 326-333.

[54] Yang J, Wang Y, Xu D. The evidential reasoning approach for MADA under both probabilistic and fuzzy uncertainties[J]. European Journal of Operational Research, 2006, 171(1): 309-343.

[55] Yang J B, Xu D L. Evidential reasoning rule for evidence combination[J]. Artificial Intelligence, 2013, 205: 1-29.

[56] 刘希亮, 陈桂明. 一种自适应冲突证据检验与合成方法[J]. 控制与决策, 2014, 29(5): 929-933.

[57] 杨艺, 韩德强, 韩崇昭. 基于多准则排序融合的证据组合方法[J]. 自动化学报, 2012, 38(5): 823-831.

[58] 刘准钆, 程咏梅, 潘泉, 等. 证据冲突下自适应融合目标识别算法[J]. 航空学报, 2010, 31(7): 1426-1432.

[59] 周哲, 徐晓滨, 文成林, 等. 冲突证据融合的优化方法[J]. 自动化学报, 2012, 38(6): 976-985.

[60] 吴英, 蒋雯, 王栋, 等. 一种最优冲突证据组合方法[J]. 电机与控制学报, 2009, 13(S1): 178-182.

[61] Jousselme A L, Grenier D, Bosse E. A new distance between two bodies of evidence[J]. Information Fusion, 2001, 2(2): 91-101.

[62] Liu W R. Analyzing the degree of conflict among belief functions[J]. Artificial Intelligence, 2006, 170(11): 909-924.

[63] 蒋雯, 张安, 邓勇. 基于新的证据冲突表示的信息融合方法研究[J]. 西北工业大学学报, 2010, 28(1): 27-32.

[64] 胡丽芳, 关欣, 邓勇, 等. 广义幂集空间中证据冲突的原因分析[J]. 控制理论与应用, 2011, 12(28): 1717-1722.

[65] Destercke S, Burger T. Revisiting the notion of conflicting belief functions[C]. Proceedings of the 2nd International Conference on Belief Functions, Compiegne, 2012: 153-160.

[66] 邓勇, 王栋, 李齐, 等. 一种新的证据冲突分析方法[J]. 控制理论与应用, 2011, 28(6): 839-844.

[67] 王万请, 赵拥军, 黄洁, 等. 一种非对称的证据冲突度量方法[J]. 控制与决策, 2014, 29(3): 533-526.

[68] Jousselme A L, Maupin P. Distances in evidence theory: Comprehensive survey and generalizations[J]. International Journal of Approximate Reasoning, 2012, 53(2): 118-145.

[69] Bouchard M, Jousselme A L, Dore P E. A proof for the positive definiteness of the Jaccard index matrix[J]. International Journal of Approximate Reasoning, 2013, 54(5): 615-626.

[70] Guo H, Shi W, Deng Y. Evaluating sensor reliability in classification problems based-on evidence theory[J]. IEEE Transactions on Systems, Man, and Cybernetics-Part B: Cybernetics, 2006, 36(5): 970-981.

[71] Han D Q, Dezert J, Han C Z, et al. New dissimilarity measures in evidence theory[C]. Proceedings of the 14th International Conference on Information Fusion, Chicago USA, IEEE, 2011: 1-7.

[72] Smets P, Kennes R. The transferable belief model[J]. Artificial Intelligence, 1994, 66(4): 191-234.

[73] 许培达, 韩德强, 邓勇. 一种基本概率赋值转换为概率的最优化方法[J]. 电子学报, 2011, 39(3A): 121-125.

[74] Han D Q, Dezert J, Han C Z, et al. Is entropy enough to evaluate the probability transformation?[C]. Proceedings of the 13th International Conference on Information Fusion, Edinburgh, 2010: 1-7.

[75] 王万请, 赵拥军, 黄洁, 等. 基于不确定度的基本概率赋值概率转换方法[J]. 控制与决策, 2013, 28(8): 1214-1218.

[76] 王万请, 赵拥军, 黄洁, 等. 基于信息守恒的基本概率赋值概率转换方法[J]. 电子与信息学报, 2013, 35(2): 457-462.

[77] Elouedi Z, Mellouli K, Smets P. Assessing sensor reliability for multisensor data fusion within the transferable belief model[J]. IEEE Transactions on Syatems, Man, and Cybernetics-Part B: Cybernetics, 2004, 34(1): 782-787.

[78] Yang Y, Han D Q, Han C Z. Discounted combination of unreliable evidence using degree of disagreement[J]. International Journal of Approximate Reasoning, 2013, 54(8): 1197-1216.

[79] Liu Z, Dezert J, Pan Q, et al. Combination of sources of evidence with different discounting factors based on a new dissimilarity measure[J]. Decision Support Systems, 2011, 52(1): 133-141.

[80] 韩德强, 韩崇昭, 邓勇, 等. 基于证据方差的加权证据组合[J]. 电子学报, 2011, 39(3A): 153-157.

[81] 胡昌华, 司小胜, 周志杰, 等. 新的证据冲突衡量标准下的 D-S 改进算法[J]. 电子学报, 2009, 37(7): 1578-1583.

[82] Frikha A. On the use of a multi-criteria approach for reliability estimation in belief function theory[J]. Information Fusion, 2014, 18: 20-32.

[83] Frikha A, Moalla H. Analytic hierarchy process for multi-sensor data fusion based on belief function theory[J]. European Journal of Operational Research, 2015, 241(1): 133-147.

[84] 杨风暴, 王肖霞. D-S 证据理论的冲突证据合成方法[M]. 北京: 国防工业出版社, 2010: 95-155.

[85] Hong L, Lynch A. Recursive temporal spatial information fusion with applications to target identification[J]. IEEE Transactions on Aerospace and Electronic Systems, 1993, 29(2): 435-445.

[86] 洪昭艺, 高勋章, 黎湘. 基于 DS 理论的混合式时空域信息融合模型[J]. 信号处理, 2011, 27(1): 14-19.

[87] 刘永祥, 朱玉鹏, 黎湘, 等. 导弹防御系统中的目标综合识别模型[J]. 电子与信息学报, 2006, 28(4): 638-642.

[88] 吴俊, 程咏梅, 曲圣杰, 等. 基于三级信息融合结构的多平台多雷达目标识别算法[J]. 西北工业大学学报, 2012, 30(3): 367-372.

[89] Yager R R. An intuitionistic view of the Dempster-Shafer belief structure[J]. Soft Computing, 2014, 18(11): 2091-2099.

[90] Russell B. Vagueness[J]. Austral Philosophy, 1923, 1: 84-92.
[91] Zadeh L. 模糊集与模糊信息粒理论[M]. 阮达, 等, 译. 北京：北京师范大学出版社, 2005.
[92] Zadeh L. Fuzzy sets as a basis for a theory of possibility[J]. Fuzzy Sets and Systems, 1978, 1: 3-28.
[93] Zadeh L. Is probability theory sufficient for dealing with uncertainty in AI: A negative view[J]. Machine Intelligence and Pattern Recognition, 1986, 4:103-116.
[94] 刘林. 应用模糊数学[M]. 2 版. 西安: 陕西科学技术出版社, 2008.
[95] 陈水利, 李敬功, 王向公. 模糊集理论及其应用[M]. 北京: 科学出版社, 2005.
[96] 徐泽水. 直觉模糊偏好信息下的多属性决策途径[J]. 系统工程理论与实践, 2007, 27(11): 62-71.
[97] Xu Z S. Intuitionistic fuzzy aggregation operators[J]. IEEE Transactions on Fuzzy Systems, 2007, 15(7): 1179-1187.
[98] 雷英杰, 王宝树, 苗启广. 直觉模糊关系及其合成运算[J]. 系统工程理论与实践, 2005, 25(2): 113-118.
[99] 徐小来, 雷英杰. 直觉模糊三角模的剩余蕴涵及其性质[J]. 计算机科学, 2008, 35(11): 154-155.
[100] 徐小来, 雷英杰. 基于直觉模糊三角模的直觉模糊粗糙集[J]. 控制与决策, 2008, 23(8): 900-904.
[101] 雷英杰. 直觉模糊集理论及应用[M]. 北京: 科学出版社, 2014.
[102] Xia M M, Xu Z S, Zhu B. Some issues on intuitionistic fuzzy aggregation operators based on Archimedean t-conorm and t-norm[J]. Knowledge-Based Systems, 2012, 31: 78-88.
[103] 徐泽水. 区间直觉模糊信息的集成方法及其在决策中的应用[J]. 控制与决策, 2007, 22(2): 215-219.
[104] Li D F. Some measures of dissimilarity in intuitionistic fuzzy structures[J]. Journal of Computer and System Sciences, 2004, 68(1): 115-122.
[105] Szmidt E, Kacprzyk J. Distances between intuitionistic fuzzy sets[J]. Fuzzy Sets and Systems, 2000, 114 (3): 505-518.
[106] Boran F E, Akay D. A biparametric similarity measure on intuitionistic fuzzy sets with applications to pattern recognition[J]. Information Sciences, 2014, 255: 45-57.
[107] Beliakov G, Pagola M, Wilkin T. Vector valued similarity measures for Atanassov's intuitionistic fuzzy sets[J]. Information Sciences, 2014, 280: 352-367.
[108] Ye J. Cosine similarity measures for intuitionistic fuzzy sets and their applications[J]. Mathematical and Computer Modelling, 2011, 53(1): 91-97.
[109] Xia M M, Xu Z S. Entropy/cross entropy-based group decision making under intuitionistic fuzzy environment[J]. Information Fusion, 2012, 13(1): 31-47.
[110] Szmidt E, Kacprzyk J, Bujnowski P. How to measure the amount of knowledge conveyed by Atanassov's intuitionistic fuzzy sets[J]. Information Sciences, 2014, 257: 276-285.

[111] Xu Z S. Approaches to multiple attribute group decision making based on intuitionistic fuzzy power aggregation operators[J]. Knowledge-Based Systems, 2011, 24: 749-760.

[112] Wang J Q, Zhang H Y. Multicriteria decision-making approach based on atanassov's intuitionistic fuzzy sets with incomplete certain information on weights[J]. IEEE Transactions on Fuzzy Systems, 2013, 21(3): 510-515.

[113] Wu J, Huang H B, Cao Q W. Research on AHP with interval-valued intuitionistic fuzzy sets and its application in multi-criteria decision making problems[J]. Applied Mathematical Modelling, 2013, 37(24): 9898-9906.

[114] 万树平. 直觉模糊多属性决策方法综述[J]. 控制与决策, 2010, 11(11): 1601-1606.

[115] Garg H, Rani M, Sharma S P, et al. Intuitionistic fuzzy optimization technique for solving multi-objective reliability optimization problems in interval environment[J]. Expert Systems with Applications, 2014, 41(7): 3157-3167.

[116] Huang B, Zhuang Y L, Li H X. Information granulation and uncertainty measures in interval-valued intuitionistic fuzzy information systems[J]. European Journal of Operational Research, 2013, 231(1): 162-170.

[117] Feng T, Mi J S, Zhang S P. Belief functions on general intuitionistic fuzzy information systems[J]. Information Sciences, 2014, 271: 143-158.

[118] Wei G W. Gray relational analysis method for intuitionistic fuzzy multiple attribute decision making[J].Expert Systems with Applications, 2011, 38(9): 11671-11677.

[119] Joshib P, Kumar S. Intuitionistic fuzzy sets based method for fuzzy time series forecasting[J]. Cybernetics and Systems: An International Journal, 2012, 43(1): 34-47.

[120] Wang X D, Zhu J W, Song Y F, et al. Combination of unreliable evidence sources in intuitionistic fuzzy MCDM framework[J]. Knowledge-Based Systems, 2016, 97(4): 24-39.

[121] Song Y F, Wang X D, Lei L, et al. A novel similarity measure on intuitionistic fuzzy sets with its applications[J]. Applied Intelligence, 2015, 42(2): 248-261.

[122] 宋亚飞, 王晓丹, 雷蕾. 基于直觉模糊集的时域证据组合方法研究[J]. 自动化学报, 2016, 42(9): 1322-1338.

[123] 王亚男, 雷英杰, 雷阳, 等. 高阶直觉模糊时间序列预测模型[J]. 通信学报, 2016, 37(5): 115-124.

[124] 何迎东, 陈华, 周礼刚, 等. 广义直觉模糊加权交叉影响平均算子及其在多属性决策中的应用[J]. 控制与决策, 2014, 29(7): 1250-1256.

[125] 黄洁, 李弼程, 赵拥军. 直觉模糊集 Choquet 积分在目标威胁估计中的应用[J]. 信息工程大学学报, 2014, 15(1): 6-11.

[126] 周珍, 张强, 彭岩, 等. 基于直觉模糊集的电子商务第三方物流选择运筹与管理[J]. 2015, 24(5): 18-23.

[127] 牛彦杰, 于爱荣, 王智学, 等. 基于直觉模糊集的指挥控制群决策方法[J]. 指挥与控制学报, 2015, 1(4): 426-429.

[128] 陈云翔, 蔡忠义, 张诤敏, 等. 基于证据理论和直觉模糊集的群决策信息集结方法[J]. 系统工程与电子技术, 2015, 37(3): 594-598.

[129] 史超, 程咏梅, 潘泉. 基于直觉模糊和证据理论的混合型偏好信息集结方法[J]. 控制与决策, 2012, 27(8): 1163-1168.

[130] Dymova L, Sevastjanov P. An interpretation of intuitionistic fuzzy sets in terms of evidence theory: Decision making aspect[J]. Knowledge-Based Systems, 2010, 23: 772-782.

[131] Dymova L, Sevastjanov P. The operations on intuitionistic fuzzy values in the framework of Dempster-Shafer theory[J]. Knowledge-Based Systems, 2012, 35: 132-143.

[132] Sevastjanov P, Dymova L. Generalised operations on hesitant fuzzy values in the framework of Dempster-Shafer theory[J]. Information Sciences, 2015, 311: 39-58.

[133] 耿涛, 卢广山, 张安. 基于直觉模糊证据合成的多传感器目标识别[J]. 控制与决策, 2012, 27(11): 1725-1728, 1734.

[134] 江红莉, 何建敏, 庄亚明, 等. 基于直觉模糊集和证据理论的群决策方法[J]. 控制与决策, 2012, 27(5): 752-756.

[135] Levi I. Consonance, dissonance and evidentiary mechanisms[J]. Philosophy, 1983, 11(1): 27-43.

[136] Berger J O. 统计决策论及贝叶斯分析[M]. 贾乃光译. 北京: 中国统计出版社, 1998.

[137] Voorbraak F. On the justification of Dempster's rule of combination[J]. Artificial Intelligence, 1991, 48(2): 171-197.

[138] Smets P. Analyzing the combination of conflicting belief functions[J]. Information Fusion, 2007, 8(4): 387-412.

[139] Lefevre E, Colot O, Vannoorenberghe P, et al. A generic framework for resolving the conflict in the combination of belief structures[C]. Proceedings of the Third International Conference on Information Fusion, Rouen, France, IEEE, Piscataway, 2000, 1: MOD4/11-MOD4/18.

[140] Mitchell T M. 机器学习[M]. 曾华军等译. 北京: 机械工业出版社, 2003.

[141] Dubois D, Prade H. A set theoretical view of belief functions[J]. International Journal of Generalized Systems, 1986, 12(3): 193-226.

[142] Schmelzer B. Sklar's theorem for minitive belief functions[J]. International Journal of Approximate Reasoning, 2015, 63(1): 48-61.

[143] Lin G P, Liang J Y, Qian Y H. An information fusion approach by combining multigranulation rough sets and evidence theory[J]. Information Sciences, 2015, 314(Complete): 184-199.

[144] 王壮. C4ISR 系统目标综合识别理论与技术研究[D]. 长沙: 国防科学技术大学, 2001.

[145] Daniel M. Probabilistic transformations of belief functions[C]. Lecture Notes in Computer Science, 2005, 3571(1): 539-551.

[146] Gorzalczany M B. A method of inference in approximate reasoning based on interval valued fuzzy sets[J]. Fuzzy Sets and Systems, 1987, 21(1): 1-17.

[147] Zadeh L A. Outline of a new approach to the analysis of complex systems and decision processes interval-valued fuzzy sets[J]. IEEE Transactions on Systems, Man and Cybernetics, 1973, 3(1): 28-44.

[148] Song Y F, Wang X D, Lei L, et al. Combination of interval-valued belief structures based on intuitionistic fuzzy set[J]. Knowledge-Based Systems, 2014, 67: 61-70.

[149] Garibaldi J M, Jaroszewski M, Musikasuwan S. Nonstationary fuzzy sets[J]. IEEE Transactions on Fuzzy Systems, 2008, 16(4): 1072-1086.

[150] Gau W L, Buehrer D J. Vague sets[J]. IEEE Transactions on Systems, Man and Cybernetics, 1993, 23(2): 610 -614.

[151] Bustince H, Burillo P. Vague sets are intuitionistic fuzzy sets[J]. Fuzzy Sets and Systems, 1996, 79(3): 403-405.

[152] Hong D H, Kim C. A note on similarity measures between vague sets and between elements[J]. Information Sciences, 1999, 115(1-4): 83-96.

[153] Torra V. Hesitant fuzzy sets[J]. International Journal of Intelligent Systems, 2010, 25(6): 529-539.

[154] Torra V, Narukawa Y. On hesitant fuzzy sets and decision[C]. The 18th IEEE International Conference on Fuzzy Systems, JejuIsland, Korea, 2009: 1378-1382.

[155] Li J P, Yang Q B, Yang B. Dempster-Shafer theory is a special case of vague sets theory[C]. Proceedings of the 2004 International Conference on Information Acquisition, Hefei, 2004: 50-53.

[156] 邢清华, 刘付显. 直觉模糊集隶属度与非隶属度函数的确定方法[J]. 控制与决策, 2009, 24(3): 393-397.

[157] Xu Z S. Intuitionistic fuzzy aggregation operators[J]. IEEE Transactions on Fuzzy Systems, 2007, 15(6): 1179-1187.

[158] Chen S M, Tan J M. Handling multicriteria fuzzy decision-making problems based on vague set theory[J]. Fuzzy Sets and Systems, 1994, 67(2): 163-172.

[159] Hong D H, Choi C H. Multicriteria fuzzy decision-making problems based on vague set theory[J]. Fuzzy Sets and Systems, 2000, 114(1): 103-113.

[160] Nakahara Y. User oriented ranking criteria and its application to fuzzy mathematical programming problems[J]. Fuzzy Sets and Systems, 1998, 94(3): 275-276.

[161] Atanassov K. New operations defined over the intuitionistic fuzzy sets[J]. Fuzzy Sets and Systems, 1994, 61(2): 137-142.

[162] Xu Z S, Yager R R. Some geometric aggregation operators based on intuitionistic fuzzy sets[J]. International Journal of General Systems, 2006, 35: 417-433.

[163] Liao H C, Xu Z S. Intuitionistic fuzzy hybrid weighted aggregation operators[J]. International Journal of Intelligent Systems, 2014, 29(11): 971-993.

[164] Wang Y M, Elhag T M S. On the normalization of interval and fuzzy weights[J]. Fuzzy Sets and Systems, 2006, 157(18): 2456-2471.

[165] Li B, He W. Intuitionistic fuzzy PRI-AND and PRI-OR aggregation operators[J]. Information Fusion, 2013, 14(4): 450-459.

[166] Burillo P, Bustince H. Entropy on intuitionistic fuzzy sets and on interval-valued fuzzy sets[J]. Fuzzy Sets and Systems, 1996, 78(3): 305-316.

[167] Luca A D, Termini S. A definition of non-probabilistic entropy in the setting of fuzzy theory[J]. Information and Control, 1972, 20(4): 301-312.

[168] Szmidt E, Kacprzyk J. Entropy for intuitionistic fuzzy sets[J]. Fuzzy Sets and Systems, 2001, 118(3): 467-477.

[169] Mao J, Yao D, Wang C. A novel cross-entropy and entropy measures of IFSs and their applications[J]. Knowledge-Based Systems, 2013, 48(Complete): 37-45.

[170] Pal N R, Bustince H, Pagola M, et al. Uncertainties with Atanassov's intuitionistic fuzzy sets: Fuzziness and lack of knowledge[J]. Information Sciences, 2013, 228(Complete): 61-74.

[171] Hartley R V L. Transmission of information[J]. Bell Systems Technical Journal, 1928, 7: 535-563.

[172] Yager R R. Some aspects of intuitionistic fuzzy sets[J]. Fuzzy Optimization and Decision Making, 2009, 8(1): 67-90.

[173] 刘准钆, 程咏梅, 潘泉, 等. 基于证据距离和矛盾因子的加权证据合成法[J]. 控制理论与应用, 2009, 26(12): 1439-1442.

[174] Wen C, Wang Y, Xu X. Fuzzy information fusion algorithm of fault diagnosis based on similarity measure of evidence[C]. Advances in Neural Networks, Lecture Notes in Computer Science, Springer, Berlin/ Heidelberg, 2008, 5264: 506-514.

[175] 邓勇, 施文康, 朱振福. 一种有效处理冲突证据的组合方法[J]. 红外与毫米波学报, 2004, 23(1): 27-32.

[176] Han D, Deng Y, Han C. Weighted evidence combination based on distance of evidence and uncertainty measure[J]. Journal ofInfrared and Millimeter Waves, 2011, 30(5): 396-400.

[177] 许丽佳. D-S 理论在信息融合中的改进[J]. 系统工程与电子技术, 2004, 26(6): 717-720.

[178] Schubert J. Conflict management in Dempster-Shafer theory using the degree of falsity[J]. International Journal of Approximate Reasoning, 2011, 52(3): 449-460.

[179] 宋亚飞, 王晓丹, 雷蕾, 等. 基于混淆矩阵的证据可靠性评估[J]. 系统工程与电子技术, 2015, 37(4): 204-208.

[180] Galina L R, Vincent N. Reliability in information fusion: Literature survey[C]. Proceedings of the 7th International Conference on Information Fusion, 2004: 1158-1165.

[181] Mercier D, Quost B, Denœux T. Refined modeling of sensor reliability in the belief function framework using contextual discounting[J]. Information Fusion, 2008, 9(2):

246-258.

[182] 杨威, 贾宇平, 付耀文. 传感器可靠性相异的信任函数理论融合识别算法研究[J]. 信号处理, 2009, 25(11): 1766-1770.

[183] 付耀文, 贾宇平, 杨威, 等. 传感器动态可靠性评估与证据折扣[J]. 系统工程与电子技术, 2012, 34(1): 212-216.

[184] Zhu H, Basir O. Extended discounting scheme for evidential reasoning as applied to MS lesion detection[C]. 7th International Conference on Information Fusion, Stockholm, Sweden, 2004: 280-287.

[185] Chen L H, Hung C C, Tu C C. Considering the decision maker's attitudinal character to solve multi-criteria decision-making problems in an intuitionistic fuzzy environment[J]. Knowledge-Based Systems, 2012, 36(Complete): 129-138.

[186] Xu Z. An overview of methods for determining OWA weights[J]. International Journal of Intelligent Systems, 2005, 20: 843-865.

[187] Xu Z, Da Q L. The uncertain OWA operator[J]. International Journal of Intelligent Systems, 2002, 17: 569-575.

[188] Lee E S, Zhu Q. An interval Dempster-Shafer approach[J]. Computers and Mathematics with Applications, 1992, 24 (7): 89-95.

[189] Denoeux T. Reasoning with imprecise belief structures[J]. International Journal of Approximate Reasoning, 1999, 20(1): 79-111.

[190] Denoeux T. Modeling vague beliefs using fuzzy-valued belief structures[J]. Fuzzy Sets and Systems, 2000, 116(2): 167-199.

[191] Yager R R. Dempster-Shafer belief structures with interval valued focal weights[J]. International Journal of Intelligent Systems, 2001, 16(4): 497-512.

[192] Wang Y, Yang J, Xu D, et al. On the combination and normalization of interval-valued belief structures[J]. Information Sciences, 2007, 177(5): 1230-1247.

[193] Klir G J, Yuan B. Fuzzy Sets and Fuzzy Logic: Theory and Applications[M]. Upper Saddle River: Prentice-Hall, 1995.

[194] Klir G J, Smith R M. On measuring uncertainty and uncertainty-based information: Recent developments[J]. Annals of Mathematics and Artificial Intelligence, 2001, 32(1): 5-33.

[195] Dubois D, Prade H. A note on measures of specificity for fuzzy sets[J]. International Journal of General Systems, 1985, 10(4): 279-283.

[196] Maeda Y, Nguyen H T, Ichihashi H. Maximum entropy algorithms for uncertainty measures[J]. International Journal of Uncertainty Fuzziness and Knowledge-Based Systems, 1993, 1(1): 69-93.

[197] Harmanec D, Klir G J. Measuring total uncertainty in Dempster-Shafer theory[J]. International Journal of General Systems, 1994, 22(4): 405-419.

[198] Jousselme A L, Liu C, Grenier D, et al. Measuring ambiguity in the evidence theory[J]. IEEE Transactions on Systems, Man, and Cybernetics-Part A: Systems and Humans, 2006, 36(5): 890-903.

[199] Sevastianov P, Dymova L, Bartosiewicz P. A framework for rule-base evidential reasoning in the interval setting applied to diagnosing type 2 diabetes[J]. Expert Systems with Applications, 2012, 39(4): 4190-4200.